# 忽必烈潜邸幕僚形成研究

杜改俊 著

商务印书馆
The Commercial Press

图书在版编目（CIP）数据

忽必烈潜邸幕僚形成研究 / 杜改俊著. — 北京：商务印书馆，2021
ISBN 978-7-100-20086-8

Ⅰ.①忽… Ⅱ.①杜… Ⅲ.①政治人物－人物研究－中国－元代 Ⅳ.①K827=47

中国版本图书馆CIP数据核字（2021）第127113号

权利保留，侵权必究。

**忽必烈潜邸幕僚形成研究**
杜改俊　著

商　务　印　书　馆　出　版
（北京王府井大街36号　邮政编码 100710）
商　务　印　书　馆　发　行
三河市尚艺印装有限公司印刷
ISBN 978-7-100-20086-8

| 2021年9月第1版 | 开本 710×1000 1/16 |
|---|---|
| 2021年9月第1次印刷 | 印张 16 |

定价：78.00元

# 序

杜改俊教授是一位有思想、勤思考、接受新事物很快的学者。我与改俊教授认识是在2006年。那年8月，山西陵川召开了郝经暨金元文化的讨论会，我因之前发表过关于郝经的论文，被邀请参加了这次会议。会上我有一个发言，讲了元代文学研究的现状与走向问题。我的基本看法是，当时的元代文学研究已走入困境，其表现是研究队伍的萎缩和研究水平的下降，因而受关注度也很低。元曲研究在经历极盛后渐冷，前沿的研究转向关注元曲以外的其他文体，特别是诗文文论，这是一个需要研究但缺乏研究的领域，郝经当然就是重要的研究对象之一。客观认识一个时代和一个时代的文学，必须全面且整体的研究一个时代和一个时代的文学。这些思考发表在《民族文学研究》2006年第3期上，题目叫《元代文学研究的困境与出路》。我发言刚结束，就有一些人过来交流攀谈，还有人索要我的发言稿。应该是在会议中间休息时，改俊来与我交流，说她对我的发言很感兴趣，也介绍了她自己提交的会议论文。后来，她的会议论文刊发在《民族文学研究》上。这次会后，改俊与我保持着联系。2008年，改俊就在《文学遗产》第4期发表了《金莲川文人集团的文学创作》，并且被人大复印报刊资料《中国古近代文学》转载，对此，我很看重。因为那时，重要期刊发表元代文学研究论文的数量和研究界对元代文学研究的关注度都已经跌入低谷，而关注度的重要参照，就是二次文献的转载与摘录。元代文学研究要走出困境，必须吸引更多的年轻学者投身其中，特别是那些有学术敏感与学术眼光的年轻学者。我当时在关注忽必烈金莲川幕府文人，这是一个独特而又在元代影响深远的群体。我2007年开始在南开招收博士研究生，第一届的任红敏，我给她的题目就是"金莲川藩府文人文学研究"。改俊能敏感地抓住这样一个问题，并且肯定是自己找到的这一题目，且有论文发表在《文学遗产》上，我当然很看重。我建议她到南开来读博，尽管由于一些很具体的原因，她后来到北京读了博士，但研究方向一直没有改变，于是就有了这部《忽必烈潜邸幕僚形成研究》，这是她多年思考所得，她很珍惜。在即将出版时，希望我写几句话。我乐意借此机会，记下我与改俊教授的交往，也就相关问题，谈一些感受与看法。

杜改俊教授这部新著，讨论的核心问题是忽必烈金莲川幕府何以形成、如何形成，她要回答的有一个更深层次的问题：一位蒙古诸王，为何能被中原士人接受，最终成为中原之主、中国之主。围绕这样的问题，改俊教授的思考，很多是深刻、新异且能给人以启发的。她认为，忽必烈之所以能为中原士人接受和拥戴，源于三个"契合"：汉族士人的"天下观念"与忽必烈明君特质的契合，"蒙汉杂糅"的君臣观与"双向"忠君观的契合，蒙古统治者用人标准与幕僚成员"期于有用"人生态度的契合。她为什么要讲这么多"契合"？因为她要回答一个长期困惑学者的问题：元初北方士人的"华夷"观以及今人应该如何看待他们的"华夷"观，特别是第一个"契合"，她特别展开：在中国文人的心目中，天下与国家实是两个概念，国家是一家一姓之国，此国之兴亡与皇室家族及与此有密切关系的臣属有关；而与普通知识分子和一般百姓关系并不很大。但天下之安危则"匹夫有责"。由天下观念推出的另一种思想，就是任何一个属于"天下"的君王，只要有德有才，都可成为天下明君。而忽必烈"度量弘广、知人善任"，能行"仁政"，"虽在征伐之间每存仁爱之念"。忽必烈身上表现出的质朴、率性，吸引了汉族文士，这些特质符合了汉人心目中明君的特点，由此获得了当时北方士人的普遍拥戴。她这是从大中华民族观念出发作出的解说，是对长久困惑学者"华夷"问题的很好解答。有意思的是，清朝雍正皇帝著有《大义觉迷录》，他在书中论证清朝的正统性说："自古帝王之有天下，莫不由怀保万民，恩如四海，膺上天之眷命，协亿兆之欢心，用能统一寰区，垂麻奕世。……盖德足以君天下，则天锡佑之，以为天下君，未闻不以德为感孚，而第择其为何地之人而辅之之理。"忽必烈大约没有想过论证自己的合法性，他只是用自己的作为去证明，改俊教授替他作了辩说，其意恰与雍正之说近似。

很巧的是，我近来要回答如何客观评价元代文学问题，由于这一问题绕不开"华夷之辩"，也作了一些思考。在我看来，近代以来的不少学者，忽视或者忽略了"华夷"观的古今演变，将近代的"华夷"观上推到金元时期，用近代的"华夷"观审视、评价金元时期的相关问题，这是观念的错位。华夷，在古代本指中原华夏与边夷族群，如《晋书·元帝纪》载刘琨《劝进表》："天地之际既交，华夷之情允洽。"杜甫《严公厅宴咏蜀道画图》："华夷山不断，吴蜀水相通。""华""夷"同属"天下"，而"天下"是一体的，"莫非王土"。用现在的话说，"华夷"关系，是国内民族或地域关系。宋元时，"华夷"还有其时代含义，即指国家的疆域，如关汉卿〔南吕·一枝花〕《杭州景》套数："大元朝新附国，亡宋家旧华夷。"王季思注："宋元时称国家的疆域为华夷，因为它包括了少数民族地区。"到近代，"华夷"转而指中国与外国，"华夷"关系当然就演变成中外关系。如林则徐让人翻译鸦片战争前西洋人对中国的重要时事评论，编成《华事夷言》。魏源《海国图志》卷一《筹海篇一·议守上》说："攻夷之策二，曰调夷之仇国以攻夷，师夷之长技以制夷。""华"由中原衍变为中国，"夷"由边夷衍变为外国。元代的"华夷"问题，当然是国内问题。蒙古本来就是我国北方的一个边地民族，唐时称为蒙兀或称蒙兀室韦，居住在黑龙江额尔古纳河一带，唐时其居住地就在大唐的版图之内。用近代的"华夷"观念看待元代的"华夷"问题，当然就出现了很大问题。钱基博《中国文学史》痛骂元代诗文作家"认贼作父，歌功颂德，如不容口，而不知颡之有泚也。呜呼！哀莫大于心死，而丧心病狂以为盛德形容，斯诚民族之奇耻，斯文之败类已！"正是在这种观念错位下形成的认识，至今仍有这种观念错位的学者，可以读一读杜改俊教授的辨析。

新著有不少超越前人之论，比如说，忽必烈潜邸幕僚形成的媒介是宗教。宗教是当时蒙古社会文化的核心和主体。蒙古人当时信奉萨满教，萨满教是一种多神教，所以他们形成了对宗教非常宽容的态度。他们很容易把别的宗教中的神，理解为自己所信仰神中的一种。蒙古高层与中原文化的接触开始于宗教，是佛教和道教。而中原佛道人士，大多深受儒家思想影响，或者说其根子上是儒生。儒家治国之道，经由这样的途径，影响了忽必烈和其他蒙古高层。改俊教授特别指出，当时的佛、道人士，没有像其他宗教的"布道者"那样狂热地宣讲自己的宗教教义，而是根据现实的处境，重点宣讲现实中迫切需要的儒家仁政思想，这为后来忽必烈接受中原文化、重用汉儒奠定了基础。应该说，这一情况此前也有研究者注意，但却没有如此明确具体地揭示出来。这一揭示，对于认识元代政治与文化特点，具有更为普遍的意义。因为在元代历史上，佛道人士始终发挥着维系儒士与蒙古高层之间关系的重要作用。

改俊教授还敏锐地认识到蒙、汉文化在人伦观念上的契合点。以儒学为本体的中原文化，特别注重人伦关系，儒家哲学就是人伦哲学，中原政治就是人伦政治。而当时的蒙古社会结构，还处在以血缘为纽带的阶段。也就是说，人伦观念为当时蒙、汉社会所共有，这为金莲川幕府的形成提供了共同的思想基础，并且在其形成过程中发挥了重要作用。中原士人以人伦关系为纽带，将大批人才引入忽必烈幕府，而忽必烈对此是高度认可的。以人伦关系为联结的幕府成员，是金莲川潜邸幕僚中的"基础群体"。据改俊教授考察，属于"血缘人伦圈"中的人，超过了潜邸幕僚总数的三分之一。进一步，借助"伦理波纹圈"步步扩展，既为忽必烈网络了北中国的英才，又强化了幕府中人的内部结构。这些都见前人所未见，深刻、新颖且符合历史的实际。对认识这一群体，具有启发意义。

总之，这是一部有思想、见深致、多新意的著作，当然也是一部很有价值的著作。它的出版将会推进元代文学与文化研究，深化人们对相关问题的认识，纠正某些认识偏失，也希望改俊教授有更多、更具学术价值的成果问世。

查洪德<br>2021 年 4 月 16 日

# 目 录

绪　言 …… 1

## 第一章　忽必烈潜邸幕僚形成的媒介：宗教 …… 17

第一节　道家、佛家的"理性传道" …… 18
第二节　亦僧亦仕的刘秉忠 …… 33
第三节　先僧后仕的张易 …… 43
第四节　亦事王府亦事佛的商挺 …… 52

## 第二章　忽必烈潜邸幕僚形成的途径之一："血缘人伦圈"
　　　　　——潜邸幕僚中的"基础群体" …… 60

第一节　潜邸幕僚中"血缘人伦圈"形成的背景 …… 60
第二节　汉族"血缘人伦圈"中的幕僚成员 …… 63
第三节　少数民族"血缘人伦圈"中的幕僚成员 …… 78

## 第三章　忽必烈潜邸幕僚形成途径之二："伦理波纹圈"
　　　　　——潜邸幕僚中的"中坚群体" …… 98

第一节　潜邸幕僚"人伦波纹圈"形成的背景 …… 98
第二节　刘秉忠为中心的"人伦波纹圈"中的幕僚成员 …… 103
第三节　连环扩展"人伦波纹圈"中的幕僚成员 …… 118

## 第四章　忽必烈潜邸幕僚形成途径之三：征召与依附
　　——潜邸幕僚中的"临时参佐"与"高级顾问" …… 144

第一节　东平府被征召者 …… 145

第二节　真定府被征召者 …… 157

第三节　顺天府被征召者 …… 164

第四节　"四方"征召的名士 …… 171

第五节　主动依附、战争掳回及其他途径入幕的成员 …… 177

## 第五章　忽必烈潜邸幕僚形成的基础：价值观念的契合 …… 184

第一节　汉族士人的"天下观念"与忽必烈明君特质的契合 …… 184

第二节　"蒙汉杂糅"的君臣观与"双向"忠君观的契合 …… 203

第三节　蒙古统治者用人标准与幕僚成员"期于有用"的人生态度的契合 …… 220

**参考文献** …… 240

**后　记** …… 245

# 绪　言

## 一、"幕僚"概念与"潜邸幕僚"

忽必烈是蒙古帝王中与成吉思汗相并列的一位"众王之王"。忽必烈之后的元代帝王继位时颁告天下的诏文，总把忽必烈与成吉思汗相提并论。现举成宗、武宗即位时的诏文如下：

> 朕惟太祖圣武皇帝（成吉思汗）受天明命，肇造区夏，圣圣相承，光熙前绪。迨我先皇帝（忽必烈）体元居正以来，然后典章文物大备。临御三十五年，薄海内外，罔不臣属，宏规远略，厚泽深仁，有以衍皇元万世无疆之祚。①
>
> 昔我太祖皇帝（成吉思汗）以武功定天下，世祖皇帝（忽必烈）以文德洽海内，列圣相承，丕衍无疆之祚。②
> …………

在元代所有帝王中，唯有忽必烈可与成吉思汗相并列，太祖皇帝成吉思汗以"武功定天下"，世祖皇帝忽必烈"以文德洽海内"。在中国历代帝王中，对忽必烈的评价与秦皇、汉武、唐宗、宋祖相比肩，甚至更高。李治安撰写的《忽必烈传》概括其　生的建树时，写道：

---

① 《元史》卷十八《成宗一》，中华书局1976年版，第381页。
② 《元史》卷二十二《武宗一》，中华书局1976年版，第479页。

其一生最主要的功业建树，可概括为三项：少数族君主统一和治理南北的第一人，创立并实施"内蒙外汉"二元模式，多民族统一国家的推动者。这三者应是忽必烈对13、14世纪的中国及亚洲积极历史作用的集中体现，也是他可以超越秦皇、汉武、唐宗、宋祖和乃祖成吉思汗的地方。①

忽必烈作为一个少数民族的君主最后成为统一中国的帝王，能取得"超越秦皇、汉武"之功绩，其重要原因之一就是在潜邸时期曾拥有一个强大的"幕僚集团"。这个"幕僚集团"无论是对忽必烈政权的取得还是对元初的建设，及忽必烈一生的功业都起了非常关键的作用。

在幕府中为幕僚，古已有之。"幕府"的原意本指将帅在外的营帐，后来泛指军政大吏的府署。司马贞在《史记索隐》中引大颜说："凡将军谓之莫府者，盖兵行舍于帷帐，故称莫府。古字通用，遂作'莫'。"②可见，幕府在早期是指"兵行"时的军前指挥场所。"幕僚"则是指在幕府中由将帅临时聘用参议军机、帮助将帅指挥军事行动的人，也称为"僚属"。"幕僚"概念发生变化，始于两晋、南北朝时期。这个时期由于战乱频仍，四处皆为战区，各地都实行"军管"，地方长官多由武官兼任，于是将军左右的僚属也由单纯的"军官"转变为辅助将军"上马管军、下马管民"的文武兼任官职。由此"幕僚"一职的概念有所扩展，不再仅仅指临时帮助将帅指挥军事行动的人。到唐代，地方最高行政机关的州、府衙门设有长史、参军、录事等官职，这些官职皆被称为"幕僚"。显然，这些官职已与临时的军事行动无关。故"幕僚"一词，有广义和狭义之分，狭义的幕僚最初仅指服务于幕帐军事机构"参佐戎事"的僚佐，而广义的幕僚泛指文武官署中一切佐助人员。他们均非朝廷中的正式国家官吏，是由幕主自主聘任，幕主与幕僚的关系是主宾关系，而非上下级的隶属关系。所以幕僚出入幕府一般非常自由，如果宾主之间相处的关系非常融洽，亦宾亦主，亦僚亦友，为幕者则会长久留在府中，有的幕僚一生服务于一个幕主；若宾主不合，则速进速离；有的

---

① 李治安：《忽必烈传》，人民出版社2004年版，第754页。
② 司马贞：《史记索隐》，王潞、赵望秦整理，陕西师范大学出版社2018年版，第374页。

幕僚是幕主出于某些特殊或重要的事务，聘用专业或才智之士临时入幕，在具体事务完成之后，为幕者也就离开幕府。

忽必烈潜邸时王府中的幕僚成员，从作用上而言，既有广义的幕僚，也有狭义的幕僚。所谓广义的幕僚就是指其中的一批幕僚成员，他们长期服务于王府，帮助忽必烈全面处理王府中一切军政大事，辅佐忽必烈登上了帝位且主持参与规划了元初各个方面的建制工作。另一批属于狭义的幕僚，忽必烈出征时，在临时建立的幕帐中，征召一些人来"参佐戎事"，在短暂停留之后，离开王府。此外还有一部分人，既不曾进入王府服务，也不曾参与军务，而是单纯参与了王府中某一项具体工作。如忽必烈在治理封地的过程中，就聘用了一些人，尤其是治理邢台、河南、京兆这几个地方，这是潜邸时期非常重要的工作，这些地方在战争中遭受很大破坏，治理这些地方具有示范作用。这些"特区地方"属于初期的尝试、实验地，其治理成功与否对整个中原的治理工作至关重要。所以在治理这些地方时，王府中专门聘用了一批有才干之人参与，这些人自然也归属于潜邸时期幕僚成员。

## 二、"文化"特性是"潜邸幕僚"形成的主因

在潜邸幕僚集团中，为幕主的忽必烈是一个蒙古王子。蒙古帝国当时还处在行国社会，其文明程度与中原农业文明及周边其他民族相较有很大差距。但在潜邸幕僚集团中，聚集了当时各个民族中许多精英人才，中坚人物中的大部分是一批汉族中的士人，其中不乏硕贤大儒。以这样一种结构形式形成的幕僚集团在中国历史上是绝无仅有的。那么，这些人为什么愿意在一个异族王子帐下为幕僚？什么原因使这些人走到一起？每一个成员入幕的具体途径是什么？这些幕僚成员又为什么能够与忽必烈长时间地、很好地合作，成就了经天纬地之事业？通过一一考证幕僚成员具体入幕的途径，在考证基础上深入分析探究，发现"潜邸幕僚"形成过程中，起关键作用的是双方各自所具有的文化特性。各自所持有的民族文化特性是主因、内因，时代及其他因素是外因、条件。基于这样的认识，本书试图从跨文化的视角全面

深入地探讨"潜邸幕僚"形成的具体途径及原因。

人类学家泰勒（Edward B. Taylor）在他的《原始文化》一书中对"文化"所下的定义被人们广泛地接受，他说："文化或文明是一个复杂的整体，它包括知识、信仰、艺术、道德、法律、风俗以及作为社会成员的人所具有的其他一切能力和习惯。"这个概念定义的重点是"作为社会成员的人所具有一切能力和习惯"，这种"能力和习惯"是从社会环境中获得，需要人们暴露在一套特定的文化环境中。泰勒进一步说："大量渗透于文明的一致性大部分归因于一致的原因，从而引起了一致的行为。"① 忽必烈潜邸幕僚中的成员，他们很少是由一个单独个体入幕的，许多是由一个家庭中的几个人或社会中互相熟悉的一组人同时入王府的。潜邸幕僚中的大部分人，源于中国北方地区，这些地区原属辽金统治，他们的信仰、伦理道德及思想观念有许多的共同之处。正是这些共同之处，引发了他们入潜邸为幕的一致行为。

在各种文化因素中，宗教首先起了重要的媒介作用。对于当时的蒙古民族而言，宗教是他们文化的核心和主体。蒙古人信奉萨满教，萨满教是一种多神教。由于萨满教的这一特点，蒙古人很容易把别的宗教中的神，理解为自己所信仰神中的一种，由此蒙古统治者对宗教形成了一种宽容的态度。元初蒙古统治者与中原文化的接触正是开始于宗教，具体接触的人物就是佛门中的高僧与道家中的名士。而处在汉民族文化中的人，对于宗教的态度向来是非常开放的，几种宗教常常能够相安于一国、一家、一人之中；信仰不同宗教的人，经常在一起可以谈笑风生，和平相处，甚至举行聚会，这种现象在宗教专一的国家中是不可想象的。当蒙古统治者出于对中原宗教神秘感及其中一些"长生术"、"占卜"实用之技的需求，主动开始与中原的宗教界名人接触时，佛门、道家的人并没有像宗教专一文化圈中的"布道者"那样狂热地宣讲自己所信仰的教义，而是根据现实的处境与需要，在宣传本教教义的同时，乘机宣讲现实中迫切需要的治理天下的儒家"仁政"思想。对于这些"理性成熟"的宗教人士，他们清楚地知道，在当时的时代背景下，有可能劝止蒙古统治者武力杀戮行为的，唯有儒家的"仁政"思想。丘处机、印

---

① 〔英〕泰勒：《原始文化》，蔡江浓编译，浙江人民出版社1988年版，第1页。

简法师等人，向早期蒙古统治者极力宣传儒家的"仁政"思想。这些宗教人士的理性行为，源于中国文化之特性。中国宗教产生在周孔礼教之后，对于宗教人们大多能够理性地对待，对此梁漱溟先生曾如是说："唯中国古人得脱于宗教之迷蔽而认取人类精神独早，其人生态度，其所有之价值判断，乃悉以此（理性）为中心。"① 宗教人士前期的理性"宣讲"为后来忽必烈接受汉文化、重用汉幕僚奠定了重要基础，对忽必烈与后来的汉幕僚成员之间的接触起到了重要的媒介作用。具体作用可以概括为三点：首先，忽必烈因对佛教之信仰，召宁远的印简法师到其帐下讲经，印简带刘秉忠同行，僧人刘秉忠由此与忽必烈相遇，刘秉忠早期迈入王府，是潜邸幕僚形成的直接而重要的原因；其次，由于刘秉忠僧人的身份，易取得忽必烈的信任。在忽必烈对宗教的认识中，中国原来存续很久的佛教与藏传佛教是一体的，因此他认为刘秉忠所信仰佛教与自己的信仰是完全一致的。由于这种特殊的信任，刘秉忠便于为王府引进许多人才。因此刘秉忠之僧人身份成为潜邸幕僚形成的一个具体媒介；最后，在幕僚集团中，几位核心人物几乎都与佛教有关，高僧八思巴是帝师，曾经为僧人的张易是汉幕僚中地位相当显赫的人物，一直热心佛教事业的商挺是幕僚集团中核心人物。

在中国传统文化中，最为明显的特点之一就是对人伦关系的重视。"融国家于社会人伦之中，纳政治于礼俗教化之中"，是对中国文化主要特点的高度概括。这种文化特点具体的一种表现，就是对自然的血缘关系以及与此相关的社会关系非常之重视。源于血缘中的"孝"道，曾经成为某些朝代治理国家的国策，而当时的蒙古对人与人之间的血缘关系更为重视。因为当时蒙古民族的社会结构还处在以血缘为纽带的组织形式，社会的组织形式、阶层构成的主要依据源于血统。蒙汉在文化上对血缘关系的共同重视，使当时忽必烈王府中以"血缘关系"的途径形成了幕僚群体中的基础成员。源于血缘途径的成员，几乎占潜邸幕僚总数的三分之一。这部分成员大多数能够长期服务于王府并从事着侍卫、医药等各个方面的基础工作。

相对于蒙古民族单纯以血缘为纽带的社会组织形式，汉族文化中的人

---

① 梁漱溟：《中国文化要义》，学林出版社1987年版，第135页。

伦关系表现得更为复杂。费孝通先生在论述中国社会基本结构与西方社会不同时，曾有一个形象的比喻，他比喻西方社会之独立的人犹如"一捆一捆扎清楚的柴"，"我们的格局不是一捆一捆扎清楚的柴，而是好像把一块石头丢在水面上所发生的一圈圈推出去的波纹。每个人都是他社会影响所推出去的圈子的中心。被圈子的波纹所推及的就发生联系"①。考察忽必烈潜邸幕僚的形成，尤其是汉族"中坚成员"进入王府的途径，确如费孝通先生所言是由"一圈圈推出的波纹"被圈进来的。一个"波纹圈"在水面上扩散的大小，取决于投在水面上的石头重量及投石者的力量。印简法师引进刘秉忠，印简是一个绝好的投石者。他出家人的身份及当时在佛教界的威望，与历代蒙古帝王往来的关系，由此在忽必烈心目中形成很高的信任度；而刘秉忠丰富的人脉关系使他具备形成大"波纹圈"的份量。一个人的人伦社会关系是否丰富，取决于两点：一是他的家庭出身，二是个人经历。刘秉忠出身于辽代四大家族（韩、刘、马、赵）之一的刘姓家族；他个人经历又非常丰富，幼年求学、长而为吏、后出家为僧，因此有机会结识各种行业的人。由他推荐入王府的人，有出家人张易、至温，有同学李德辉，有学生王恂，有同乡马亨，有闻名者张耕、刘肃等。

由刘秉忠或他人举荐在忽必烈身边的幕僚成员再推荐自己熟悉的人进入王府。一个人物连接着另一个人物，在以刘秉忠为中心的"人伦圈"外，又形成另一个"连环扩展波纹圈"，潜邸幕僚中北方汉族中的重要人物多数通过这种途径入幕。忽必烈王府能够在短时间内涌入如此多的人才，形成一个大的团体，其汉文化中重"人伦"的特点起着重要的作用。如果中国人不是长期生活在重伦理文化中，"潜邸幕僚"这个大集团或许难以形成，即使形成也一定不是"这一个"样子。做一个类比，忽必烈潜邸幕僚形成类似于中国商业发展史上曾有的"徽商"、"晋商"团体。当时北方士人奔赴漠北之情景，与后来明清、民国年间山西、河北等地人的"走西口"有几分相似，只是士人当时"走西口"承担着更重的使命，而不似商人主要为谋生或获取经济利益。

---

① 费孝通：《乡土中国》，中华书局2013年版，第25—26页。

通过"人伦波纹圈"的推荐途径入王府的幕僚成员，多数人能够长时间地留在王府。分析其原因有三：一是因为这些人互相之间有许多相同的经历与感受，入王府之动机与行为目标相一致，在工作中互相容易理解，志同道合，能够共谋发展。二是互相之间兴趣爱好相同，精神有所寄托。如在治理京兆时廉希宪、商挺、智迁等在一起工作，史书记载他们之间"暇则讲说经训，以道义相切劘。官虽僚属，谊同师友"。工作之外的时间，他们能够进行学问交流。他们聚在一起，互相之间在精神上可以得到交流，由此不会觉得孤独。三是他们除了同僚关系，大多数人互相之间还具有某种人伦关系，由这种关系所产生的"情"与"义"，在中国文化的道德伦理中占有十分重要的位置，无论是在"大文化"还是在"小文化"中，它的核心价值都毋需怀疑。由于这种"情"与"义"的互相牵系，这些成员轻易不会单独离开。这个圈中的大多数人为潜邸事业竭其心力，鞠躬尽瘁，他们首先需做到不负推荐者之厚望。这种通过"人伦"道德所起的作用，在当时的社会背景下是其他制度与措施所难以达到的。因此通过"人伦波纹圈"形成的幕僚成员是潜邸幕僚中的"中坚群体"和"核心成员"。

潜邸幕僚成员以这种"人伦圈"的途径入王府，既是源于汉族文化重视人伦的原因，同时也是由当时蒙古社会的现实所决定的。政治是非常现实的，所谓好的政治策略，就是要与现实的实际情况相吻合，能够在现实中行得通并获得成功；相反，无论是超前或是滞后于现实的政策都注定要遭受失败。当时蒙古统治者用人标准主要依据是血缘与军功，在此背景下，互为推荐的方式是当时最能通行的用人途径。在忽必烈之前的窝阔台汗时期，耶律楚材曾经极力推行"设科取士"的用人政策，并在戊戌年（1238）进行了一次科举，而这次科举以没有结果或者说以失败为结果。因为它的最终结果不是像耶律楚材所设想的，通过科举取士使统治者能够重用儒臣治理国家，而仅仅是为列为儒户的儒士免其赋役而已。在同一时间，蒙古统治者对僧、道和伊斯兰教徒也通过采用考试的形式给予免除赋役的优待。当时有许多人以度牒受戒为名而躲避赋税，因人数太多以至于影响了朝廷的赋税收入，为此朝廷下令通过考试，淘汰僧道中的一些人。淘汰僧道考试也是在戊戌年间进行的，后来许多人把这次的科举考试看作选汰三教的组成部分，这与耶律楚材的初衷是完全违背的。对于耶律楚材而言，违背初衷的不仅仅是"科举选士"这一件事，在蒙古帝国缔造初期，他积极推行汉文化，在窝阔台汗时期经过千辛万苦的努力，曾经采用了一些他制定的政策，并取得了一定成就。但随着窝阔台汗去世，以乃马真皇后为首的保守的蒙古最高统治者对此极力进行干扰破坏，曾经采用的一些政策也弃而不用。耶律楚材是带着挫折感和失败的忧伤离开人世的。徐子方在分析元代文人的心态时，认为耶律楚材是一位先驱者、孤独者[①]。其实，先驱者有时候也必然就是孤独者。他失败的主要原因，就在于他所采用的政治措施与当时统治者的接受能力有一定的差距。而通过人伦关系引荐做幕僚的用人途径，比通过科举考试的形式让当时的蒙古统治者更易接受。对此有一个有趣的佐证材料：忽必烈潜邸幕府中的五位重要人物，杨奂、赵良璧、张文谦、许衡、董文用在耶律楚材主持的戊戌科考中都曾参加了考试，并被选中，但他们在当时并未被重用；而他们的被重用正是在后来通过人伦关系途径被举荐成为潜邸幕僚之后。同样的人，不同仕进途径，结果则全然不同。

在潜邸幕僚形成的过程中，忽必烈也曾主动征召一些人进入王府。所征召的人大致可以分为两种类型：一是闻名而召的名士类，这些人往往"有嘉言"，从宏观上为安定和统一天下设计方案并参与制定政策。另一种类型是属于实用型的人才，出于具体重大军政事务的需求而征召，这些人可以视为潜邸幕僚中的高级参谋和具体顾问。征召者无论是名流还是具体的专业人才，大多数出谋献计或是负责完成某项具体的事务后，就离开了王府。征召是潜邸幕僚形成的另一种途径，也是历朝历代幕僚形成的主要途径。

## 三、士人的价值观是"潜邸幕僚"形成的基础

潜邸幕僚中的大多数成员是当时北方汉族地区的文人、儒士，他们人生价值观中的主要部分与传统知识分子相一致。他们能够入幕，一定是"幕

---

① 徐子方：《挑战与抉择——元代文人心态史》，河北教育出版社 2001 年版，第 40 页。

主"能够满足他们人生价值观中的一些东西,或者与他们的价值观有一些契合之处。汉文化背景中的知识分子,人生价值观中最高的追求就是"平天下"。从"修身"开始最后到达"平天下",在这个过程中最大化地实现人生的自我价值。而要实现这一伟大的人生理想,"修身"是自我条件的必备,所生活的社会大环境是天时,此外能否遇到一位重用自己而自己又认可的值得辅佐的"明主"尤为重要,是实现士人理想的关键所在。处在宋元交际、天下混乱、生灵涂炭的现实环境中的士人,平天下的愿望更为强烈,寻求一位能够统一天下的君主的心理尤为迫切。当时金亡、宋弱,而蒙元统治者从成吉思汗传承到蒙哥汗时期,已从原有单纯的掠夺财物、人口,逐渐过渡到需要占有领土、稳定统治的时期。蒙元统治者中的一些先进、开明人物,也由原来仅仅重视中原的一些生活知识经验、技能,开始转向注意风教、礼俗思想方面的东西。这种转变,伴随着的是对这方面人才的需求。双方出于各自现实的需求,蒙古王子忽必烈与汉族士人之间的某些价值观形成一种契合,这种"契合",对潜邸幕僚的形成具有重要作用。

## (一)士人的"天下观念"与忽必烈明君特质形成契合

在历史发展的很长一段时间里,中国人心目中"天下"与"国家"是两个概念。"国家"是一家一姓之国,此国之兴亡与皇室家族及与此有密切关系的臣属有关,而与普通知识分子和一般百姓关系并不很大,但天下安危则与"匹夫有责"。忽必烈潜邸幕僚中多数成员源于中国北方地区,北方地区自五代以来一直受着契丹、党项、女真等少数民族政权的统治,这种状况前后延续近四百年,生活在这个地区的人们对正统观念、华夷之辩已经较为淡漠,反而对"天下观念"更为明确。由天下观念推演出的另一观念,就是任何一个属于中国人"天下"概念中的君王,只要"不辱于君人之名,有功于天下甚大,有德于生民甚厚"①,无论夷夏,同样可以视为中国的君主。对于士人而言,君王无论其民族是夏是夷,只要"有德于生民",就应该辅佐。

---

① (元)郝经:《立政议》,《郝经集校勘笺注》第十二册,田同旭校注,三晋出版社2018年版,第2564页。

辅佐君王之选择在于德之修养，而不在于"夷夏"之别。这种观点，从根本上符合先秦时期圣人对"君臣"关系意义的阐释。儒家"忠君"的概念内涵，原本是对个人修养之要求，既非"天理"之道，更非"伦理"之绝对服从。既是个人道德修养，就应该是对君、臣双方的要求，由此忠君也成为了双向之选择。孔子曰："君使臣以礼，臣事君以忠。"可见，臣之"忠"是建立在君之"礼"的基础上。孟子有关君臣关系的一段话，是许多人熟知的："君之视臣如手足，则臣视君如腹心；君之视臣如犬马，则臣视君如国人；君之视臣如土芥，则臣视君如寇仇。"① 君臣之间虽不能够完全在一个位置上平等，但他在本质意义上是对等的。"忠君"思想至宋代发生了大的变化，程颢、程颐等理学家把忠君思想与"理"相联系，与血缘人伦相对等，由此双向的君臣关系，变成了单向的臣对君的绝对服从。但"二程"的学术萌发在北宋末年，在北宋既未形成统一的学派，在当时也未产生大的影响。之后一百五十多年的时间，南北隔绝，文化未有交流。因此北方士人对儒家思想的继承及认识主要还是直接源于孔孟圣人的思想。忽必烈潜邸时的士人在劝谏忽必烈时动辄以孔孟言之，在赵复北上之前，北方许多人几乎不知道程朱理学的存在。以至于忽必烈曾经问张德辉："孔子没已久，今其性安在？"（张德辉）对曰："圣人与天地终始，无所往而不在。王能行圣人之道，即为圣人，性固在此帐殿中矣。"此对话，明确说出士人对忽必烈之期望与"要求"。而此时的忽必烈身上的确也显露出许多明君所应具有的品行。

忽必烈在甲辰年开始有了"思大有为于天下"的想法，《世祖本纪》言："岁甲辰（1244），帝在潜邸，思大有为于天下，延藩府旧臣及四方文学之士，问以治道。"受刘秉忠等汉族士人的熏染，忽必烈对中国历史上的明君开始怀有向往之情，并以唐太宗为自己效仿的偶像。郝经在《立政议》中说忽必烈："恭惟皇帝陛下，睿享仁慈，天锡智勇，喜衣冠，崇礼让，爱养中国，有志于为治，而为豪杰所归，生民所望久矣。"张德辉《岭北纪行》中谈到忽必烈："自度衰朽不才，其何以得此哉！原王之意出于好善而忘势。"《元史》评价忽必烈："及长，仁明英睿，事太后至孝，尤善抚下。"忽必烈"尤

---

① 杨伯峻译注：《孟子·离娄章句上》，中华书局2008年版，第186页。

善抚下"之特殊表现,在中国历代的帝王中是绝无仅有的。比如,他把自己帐下特别亲信的成员视为家庭成员的一分子,互相之间以兄弟相称。他常呼董家长子董文炳为"董大哥",且这种称呼延续至后代,元成宗(忽必烈之孙)即位后称董士选(董文炳次子)为董二哥。当然我们也可视此为习惯之称呼,然而作为皇室家这样的习惯,无疑具有非凡之意义。《元史·赵璧传》记载,忽必烈潜邸时曾"命后亲制衣赐之(赵璧),视其试服不称,辄为损益,宠遇无与为比"。如此平等亲近对待臣下行为,也只有草原王子的"朴实厚道"才可以做到。"尤善抚下"之外,自觉地吸收和学习中原明君的行为是忽必烈身上更为可贵的地方,忽必烈多次与身边的幕僚成员提到唐代明君李世民,唐太宗成为他塑造自我明君形象的一个重要的参照对象。他向李世民学习的重要一点,就是能够开言纳谏。征大理是忽必烈独立领导的首次大的征战,针对此战,他多次征求幕僚们的建议,在马背上他回答姚枢的建议:"汝昨所言曹彬不杀者,吾能为之。"趁徐世隆进献太常乐之机,忽必烈在日月山单独召见徐世隆,询问徐世隆攻打大理的建议,徐世隆进谏的主要内容也是"不嗜杀"。之后,忽必烈进攻大理时,"饬公(姚枢)尽裂橐帛为帜,书止杀之令,分号街陌,由是其民父子完保,军士无一人敢取一钱直者"(《姚文献公神道碑》)。忽必烈由此终生铭记了这一重要的进谏内容,"每有征伐,必谕以不杀"。

忽必烈身上所表现出的"仁主"的特质及所拥有的军事实力,使他有可能满足和实现士人们"平天下"之愿望,由此他成为了士人们选择辅佐的对象;当然,忽必烈对"用人"也有他自己选择的标准与要求。

## (二)忽必烈注重"实用"的用人标准与士人"期于有用"的人生观相契合

蒙古帝国起自朔漠,开始时官制非常简朴,蒙古汗廷的各项事务,皆由大汗的亲卫军怯薛充任。前期的几位大汗,在怯薛人员之外,所重用的汉人仅是巫医、卜筮及百工技艺之人才。忽必烈在用人方面与前期的几位大汗相比较有了很大的变化,但用人的主要标准仍然是出于现实的"实用"。忽必烈一生的用人政策大致可以分为五个阶段：初始阶段，1242—1244 年。忽必烈在壬寅年（1242）召见了当时中原的佛教领袖印简法师，法师邀刘秉忠同去谒见忽必烈。两年后印简法师南归，与他同去的刘秉忠留在了王府。邀请印简法师及刘秉忠的留驻王府，可以视为忽必烈思考延揽人才的开始。在此之前，他身边仅有的几位汉人，或为世袭子，或是出于现实需求招聘来的懂医术、精厨艺的技艺人才。第二阶段，1244—1250 年。《元史》载"岁甲辰（1244），帝在潜邸，思大有为于天下"。也就在这一年，忽必烈聘金状元王鹗入王府。之后三四年的时间中，王府中再没有引进人才，大概是因为这段时间乃马真后摄政，蒙古帝国整体排汉形势严峻，忽必烈难于进一步发展自己的力量。1246 年贵由汗即位，刘秉忠南归赴丧。在这段离开王府的时间里，刘秉忠推荐自己最亲近的朋友张易、张文谦、李德辉入王府。以刘秉忠为中心的"人伦圈"中的核心人物的入王府主要在这个时期。这个阶段王府中所引进的人才不仅仅是具有一技之长的人，也很少是纯儒者，多为综合型的人才，即既为儒士又有其他一技之能的人。第三阶段，1251—1259 年。这个阶段也是忽必烈尝试着利用"汉人治汉地"非常重要的一个阶段。1251 年其兄蒙哥登上了蒙古帝国的皇位，忽必烈成为皇弟，随之他奉皇兄之命承担了总领漠南军国事务的重任。这个期间所进之人，更多出于具体现实的需求。在治理邢州、河南、关中这几个地方时，聘用了各方面的专业人才。这些特区成功治理，增加了忽必烈进一步使用汉人儒者的信心。在这十年的时间里，王府中人才济济。第四个阶段，1260—1263 年，也就是忽必烈即位之初的中统年间。这个阶段的用人政策基本是第三阶段用人的继续和发展，建国初期许多重要岗位用的是潜邸幕僚时的人。第五阶段，1263—1294 年。这是忽必烈用人政策的最后一个阶段。这个阶段，由于李璮、王文统的背叛，忽必烈重用汉文人的情感受到沉重打击。因此在晚年，忽必烈用人政策开始倒退，回回人阿合马开始独揽朝廷左右部的财政大权，宠眷日隆。

纵观忽必烈的用人政策，与他的先辈相比较，能够在更大更广的范围使用人才，用人策略接近于中原皇帝。但有一点与他之前的蒙古帝王在本质是相同的，他同样看重的是具有实用性的人才，而根本不懂和不重用理论人才。他所重用的士人多为钱谷之士、经略之士、军事之才，或者兼有这两种或三种才能的人；而研究学问之"真儒"或诗文作家一类人才，几乎很少受到忽必烈的重用。他常常会谈到自己主张的"实用性"，而批判儒士的无用之学。廉希宪因忤旨，罢相赋闲在家读书，忽必烈得知后批评道："读书固朕所教，读之不肯见用，何多读为？"① 他曾与王府旧臣高良弼言："高丽小国，匠人某人皆胜汉人，至于儒人通经书，学孔、孟，汉人只是课赋吟诗，将何用？"② 所以忽必烈用人注重"实用"性，这与他的先辈是一致的。但他的"实用"范围更广，而不限于医巫、工匠之术。更为重要的一点，他在用人方面能够突破狭隘的民族观念，效仿汉地明君，重用天下四方有用之才，由此给予了一批汉族文臣武将建功立业的机会。

对于汉族士人，依照儒家的人生观，个人修养、学习的终极目的是能够效用于"天下"。处于金、元时期的知识分子，他们期于有用的心理比以往任何时期更为迫切。当忽必烈征召郝经时，郝经叹曰："读书为学本以致用也。今王好贤思治如此，吾学其有用矣！"③ 郝经所叹，是历代知识分子更是金元时许多士人共同的心声。以郝经为代表进入王府的文武之士，在"学以致用"中与传统知识分子相较，其先进性的认识在于，他们认为士不论在任何时代都应该有所作为，"无不可为之世，亦无不可为之时"，甚至认为无时而能够有为更为可贵："与时而奋者，众人也；无时而奋者，豪杰也。……人之于世，治亦有用，乱亦有用。天生斯人，岂欲其治而安于享利，乱而安于避祸，治亦无用，乱亦无用，徒乐其生、全其身而已乎？必有用也已。必有用，故亦必有为。必有为，故天下无不可为之世，亦无不可为之时。"④ 这种不受限制、期于人生有用的观点，是以郝经为代表的潜邸幕僚的共同心理。

与前代知识分子比较，金元时期的知识分子在追求所"用"时，其表现出的另一明显特点就是多数人注重"实用"之用。与之前知识分子鄙夷奇技淫巧不同，他们中的许多人在心怀"平天下"大志的同时，在现实生活中总有谋生的一技之长。刘秉忠善占术，郝经懂医术，李治是数学奇才，许衡知

---

① （元）苏天爵辑撰：《元朝名臣事略》，姚景安点校，中华书局1996年版，第136页。
② （元）苏天爵辑撰：《元朝名臣事略》，姚景安点校，中华书局1996年版，第229页。
③ （元）苟宗道：《翰林侍读学士国信使郝公行状》，《郝经集校勘笺注》第十五册，田同旭校注，三晋出版社2018年版，第3356页。
④ （元）郝经：《历志》，《郝经集校勘笺注》第七册，田同旭校注，三晋出版社2018年版，第1500页。

天文懂医学，窦默以针灸闻名。原先被歧视的一些职业，在当时知识分子也不得不为之。传统士人多视吏职为异途，宁可老死丘壑，也不愿屈身为吏；但在元代，充任胥吏成为儒人的一条主要谋生之路，王府中幕僚成员刘秉忠、李德辉都曾有过为吏的经历。许多儒学之士，往往具有了一技之长，成为了"复合型"的人才，而这一类型的人才正是忽必烈所器重的。

蒙古统治者用人政策基本走向，从开始只用僧、道、一技之长之人发展到后来用钱谷之士，进而用具有治理国家之才的人物。而中国士人们，从开始只愿有"平天下"之大用或为"不朽之盛事"，渐次学习一些实用之技术，慢慢接受向别的一些领域分流。两者各自向着自己相反的方向发展，而后在忽必烈"思大有为"之时，在金莲川这样一个空间相遇，形成一个"同盟体"，成就了一个大元帝国！

总之，忽必烈潜邸幕僚形成，正是蒙汉文化中各种因素互相碰撞、融合，有时候甚至是双方"误读"形成的结果。

## 四、研究意义与"期待价值"

元代在中国历史上是独具特色的一个时代，从纵向的文化传承历史进程观之，无疑是可以列入中华民族历史发展过程中的一段，"潜邸幕僚"们建立大元王朝之规模，是"仿汉而续唐"的；从横向的并列历史朝代相较，它与中国历代王朝又有着很大的不同。它是第一个由少数民族皇帝统一南北的朝代，是一个真正的多民族文化共存的帝国。从它所使用的语言可"窥视一斑"，在元代朝廷的正式公文中始终使用着蒙、汉两种语言，在忽必烈朝中所使用的语言有六种：蒙古语、汉语、畏兀儿语、波斯语、阿拉伯语、西夏语。元代铸钱也用两种文字，汉文与蒙文，至元年间曾经铸的一种钱币多达四种文字（汉、蒙、西夏、察哈台），这种"四体文钱"是"空前绝后"的。著名的《马可·波罗游记》的作者意大利人马可·波罗在忽必烈朝中任职十七年，他能够讲其中的四种语言。为宰相十多年的桑哥，是吐蕃噶玛洛部落人，通晓蒙、汉、畏兀儿、藏等多种语言。忽必烈潜邸幕僚成员中的一些人是蒙、汉语皆懂，这种多语种的同时并用，是当时现实中多民族交流之需要。幕僚成员赵璧常在马背上为忽必烈讲解儒家经典，为方便交流他把《大学衍义》翻译成蒙文。元代多语并存的现象，无疑是多元文化的显现。对于研究元代"多元文化"的人物与事件，从跨文化的视角去考察自然是一种值得尝试的研究方法。

本书采用跨文化视角，具体而言用跨民族、跨文化的研究方法，抓住蒙、汉文化中的相同点、差异处及由差异冲突甚至因"误读"形成的某些契合，分析论证"潜邸幕僚"的形成原因、具体途径。在研究过程中关于文化方面的观点多采用已有的权威学者的观点。以英国著名学者罗素对中国文化特点的分析，梁漱溟先生关于中国宗教的观点的总结，费孝通先生关于对中国伦理文化的阐释等。理论之运用与分析，必须建立在史实、事实的基础上，由此笔者尽其所能考证分析了潜邸幕僚90多位成员的生平事迹，此前学界对潜邸幕僚成员的考察最多者五十几位，是目前为止关于潜邸幕僚研究所考人数最多者。且本书对人物的考证，不是简单地叙述其生平事迹，而采取对一些人物常常围绕其生平中的一至两个问题，在叙述过程中加以考证分析。比如刘秉忠是一个许多读者熟悉的人物，本书围绕其生平中最为关键的出仕问题，从几种史料的比对分析中提出自己的看法，同时对学界刘秉忠写"万言策"具体时间之误加以纠正。在人物考察中，本书另一关注点，对幕僚成员互相之间的人伦关系加以多方面地考述。如刘秉忠与李德辉是同学关系，李德辉的长女是刘秉忠的弟弟刘秉恕之妻；刘秉恕受《易》于刘肃，互相之间有师生之谊；姚枢与杨奂是朋友关系，杨奂之女嫁给姚枢之侄姚燧；窦默与刘秉忠之间发展成翁婿关系等。厘清人物之间相互的这种关系，为其幕僚形成中以"人伦圈"为主要途径提供充分的依据。

本书对当下读者有何价值？这是"绪言"部分想讨论的最后一个问题。在忽必烈潜邸幕僚中许多成员是当时的精英人物，其中有元代大理学家许衡，文学家郝经，金代状元李俊民、王鹗，畏吾儿人中"廉孟子"……他们一个个为中华民族文化的赓续、南北文化沟通，及世界文化交流做出了不凡的贡献，普通读者对这些人物的行状、事业有所了解，对于提升中华历史意识和见识，大有裨益。其次，在当时宋、金、蒙各自统治隔绝的状态下，这些幕僚成员属于不同的国家、不同的民族，文化背景有差别，个人的家庭出身更是差异纷繁，但是他们走到一起，形成一个共同体，创立了中国历史上一个繁荣帝国。元代能够成为继唐、宋之后中华民族的一段历史，正是源于元帝国是由来自中华大地各个不同民族的人以"潜邸幕僚"为核心成员而共同参与缔造的。忽必烈由此成为与唐宗、宋祖相提并论、以"文德洽海内"的开国皇帝；幕僚中许多成员"扬历朝省，班布郡县"，成就了自己"治国平天下"的人生抱负。由此可见，具备不同文化背景的个体完全可以形成一个共同体，并完成一项伟大的事业！深入了解和全面研究"潜邸幕僚"，对于当下人类命运共同体的建设事业无疑具有现实的启迪意义；对于现在许多具有多元文化背景之个体，及不同文化个体、团体之间的和谐共处与合作会具有一定的借鉴意义。

# 第一章　忽必烈潜邸幕僚形成的媒介：宗教

13世纪初，成吉思汗以自己强大的武力统一了蒙古各部落，结束了草原地区长期混战的局面，建立了蒙古帝国。帝国建立之后，成吉思汗开始以世界上前所未有的强大的军事力量横扫欧亚大陆。伴随着大蒙古国对外土地征服的扩大，见闻的增加，蒙古人由原来单纯的财产掠夺，发展到开始注意许多外族的文化及多样的生活方式。他们由开始的新奇到尝试了解进而有选择地吸纳其他民族的文化。在所接触的文化中，蒙古人对外来宗教尤先容易产生兴趣，这是由他们自己的"接受屏幕"所决定的。对于当时的蒙古人而言，宗教是他们文化的核心和主体。蒙古人当时信奉萨满教，他们相信神灵，崇拜鬼魂。《元史》载"或曰，北陲之俗，敬天而畏鬼"[①]。帝国的创始人成吉思汗本人非常敬畏"长生天"，他把自己一生的征战、胜利、脱险甚至挫折都看作是与他所信仰的萨满教中的"长生天"有关，所谓"长生天"就是指萨满教中至高无上的神灵。萨满教的巫师——萨满，则是天与地、人与神之间的沟通者和传言者。蒙古人当时的这种信仰状态是符合人类文化发展的普遍规律的："人类文化初期之需要宗教，是当然的。因那时人类对于自然环境，一切不明白；由于不明白，亦就不能控制；由于不能控制，亦就受其威胁祸害，而情志遂日在惶怖不安之中。同时，其只能有极幼稚之迷信，极低等之宗教，亦是当然的。因那时人的知识文化，原只能产生这个。"[②] 比较农耕生产，自然对游牧民族的威胁更为严重和频繁。蒙古人信仰的萨满教，是人类在原始信仰基础上逐渐丰富与发达起来的一种民间信仰活动，在

---

① 《元史》卷七十二《祭祀一》，中华书局1976年版，第1780页。
② 梁漱溟：《中国文化要义》，学林出版社1987年版，第97页。

很大程度上基于对自然界各种现象的无法理解，对自然力的压迫无法抗争转而产生的强烈的信赖。

萨满教是一种多神教，在诸神的信仰之外，它以"天"即"长生天"为至高无上的神灵。由于萨满教的这种特点，所以蒙古统治者对宗教形成了一种非常宽容的态度。他们很容易把别的宗教中的神，理解为自己所信仰神中的一种；对天的崇拜，使蒙古人的信仰与别的宗教具有了一致性，世界上的许多宗教是敬仰天的。因此，蒙古统治者，无论是一统中国之前还是之后，始终对宗教采用了兼容并包的宽容政策。

当蒙古统治者开始接触汉文化时，首先感兴趣的是汉文化中具有宗教性质的那一部分内容。而对于中原士人，如果要与武力强大的蒙古统治者交流，最好的媒介也就是宗教文化。因此在成吉思汗时期，就有中原的一些宗教人士与"一代天骄"的蒙古帝王进行过沟通和交流。

## 第一节　道家、佛家的"理性传道"

在对待宗教的态度上，汉民族传统文化与西方文化及其他民族文化有很大的区别。其中最为明显的特点就是不固执于一种宗教，几种宗教常常能够相安于一国、一家、一人之中；普通民众于圣贤仙佛一例崇拜。汉民族传统文化中对宗教的态度与蒙古民族对宗教的态度相类似，极具包容性；但其原因是不同的，蒙古人是源于社会发展的初级阶段的表现，而汉民族对待宗教的态度是在周孔礼教产生之后才有的。所以有如此的态度，梁漱溟先生认为是因为理性的早熟所致，"而中国缺乏宗教，又由于理性开发之早"，梁先生进一步说因为有理性所以"唯中国古人得脱于宗教之迷蔽而认取人类精神独早，其人生态度，其所有之价值判断，乃悉以此为中心"[①]。理性的本质就是指人能够客观地识别、判断、评估实际理由而后使人的行为符合特定目的的智能和行为。由此，中国文化对待宗教不固执于一种。

---

① 梁漱溟：《中国文化要义》，学林出版社1987年版，第135页。

中国历史上著名道教人士丘处机、佛门高僧印简在中国历史的特殊时期的行为，应验了中国宗教文化的特点及这种特点为人类"和平"所能做的贡献。八百年前，当蒙古铁骑横扫欧亚，踏上了中原地区时，这两个在当时颇有名气的宗教人士，能够"理性地传道"，他们没有在当时蒙古统治者面前一味地宣讲自己所属的宗教教义，而是"理性"地把儒家的仁政思想，传授给了蒙古统治者。蒙古统治者通过宗教人士开始了解儒家仁政思想，由此进一步与其他士人接触，延续到成吉思汗的第三代，蒙古帝国的第五位皇帝忽必烈时，在他潜邸时期形成了一个以汉人儒士为核心的幕僚集团。在潜邸幕僚形成过程中，宗教人士起了非常重要的媒介作用。

## 一、成吉思汗与丘处机

当马背上的成吉思汗年事渐高，而他征服世界的欲望远没有满足时，听说山东东莱道人丘处机法术超人，有长生不老的灵丹妙药，于是派遣近臣刘仲禄持诏去请。由此有了丘处机的"西游"及其弟子李志常记载"西游"的《长春真人西游记》。

丘处机（1148—1227年），字通密，号长春子，后人称其为"长春真人"，登州栖霞人。十八岁入道于山东宁海州（今山东牟平）昆仑山烟霞洞。其时，逢王重阳从陕西游至山东布道，丘处机拜见王重阳于宁海全真庵，"重阳一见处机，大器之"，后成为全真道教七子中造诣最高的人。当时许多名流显贵期望与丘处机交往，包括许多皇室中的人，但多数时候被丘处机拒绝，不愿交往。《元史》载"金、宋之季，俱遣使来召，不赴"。太祖十四年（1219），远在乃蛮国（今阿尔泰山一带）的成吉思汗派遣他的近侍札八儿、刘仲禄前往山东征召丘处机，这次丘处机没有拒绝。丘处机曰："天使来召我，我当往。"[①] 翌年二月，丘处机从山东莱州出发，历时近三年，行程万余里，于太祖十七年三月在大雪山（今阿富汗兴都库什山）觐见了成吉思汗。太祖十八年，丘处机回到燕京。此后，成吉思汗令丘处机总领道门，蠲免其

---

① 《元史》卷二百二《释老传》，中华书局1976年版，第4524页。

教徒赋税、差发。丘处机觐见成吉思汗成为全真道发展史上的一件重要事件。

远在西征路上的成吉思汗为何要召见丘处机？丘处机拒绝了金、宋，为何历尽艰险又远赴西方去见成吉思汗？这两个问题是后来人常常提及和探讨的问题。有的学者认为成吉思汗把丘处机当作姜子牙、诸葛亮之类的人才，希望为己所用。这种认识是源于成吉思汗给丘处机诏书中的内容，在《召丘神仙手诏》中有："朕践祚以来，勤心庶政，而三九之位，未见其人。访问丘师先生，体真履规，博物洽闻，探赜穷理，道冲德著。怀古君子之肃风，抱真上人之雅操。……朕心仰怀无已。岂不闻渭水同车，茅庐三顾之事，奈何山川悬阔，有失躬迎之礼。"[①]但这份诏书实际是有着深厚儒学修养的耶律楚材撰写的，而耶律楚材这样的写法，只是例行公事的官样文章，其实当时的成吉思汗既不懂得也无暇去弄清楚"渭水同车，茅庐三顾"的意思。成吉思汗当时仅是一个具有简单欲望的征服者，他到处征伐的目的，就是为了掳掠人口、财物，掳掠之后仍北还朔漠。

成吉思汗征召丘处机的真正原因，就是为求得长生不老之药。可以从成吉思汗见丘处机之前的记载及见后所谈的话题得到证实。耶律楚材《西游录》记载："昔刘姓而温名者，以医术进。渠谓丘公行年三百，有保养长生之秘术，乃奏举之，诏下，征至德兴。"成吉思汗正是被"行年三百，有保养长生之秘术"的传说所吸引。求长生、期望自己万岁，成吉思汗这一愿望与历代帝王相同。他渴望得到长生不死的灵丹妙药。《长春真人西游记》记载了丘处机与成吉思汗相见的情形：

> 上遣大臣喝剌播得来迎，时四月五日也。馆舍定，即入见，上劳之曰："他国征聘皆不应，今远逾万里而来，朕甚嘉焉。"对曰："山野奉诏而赴者，天也。"上悦，赐坐。食次，问真人："远来，有何长生之药以资朕乎？"师曰："有卫生之道，而无长生之药。"[②]

---

① （元）耶律楚材：《召丘神仙手诏》，李修生主编：《全元文》第 1 册，江苏古籍出版社 1999 年版，第 5 页。
② （元）李志常：《长春真人西游记》，河北人民出版社 2001 年版，第 70 页。

成吉思汗见到远道而来的丘处机，寒暄之后第一个问题就是求长生之药。然而"丘神仙"的回答也许让成吉思汗有些失望，不过丘处机的诚实和勇气也使这位大汗感到愉悦，《长春真人西游记》记载"上嘉其诚实"。而从这简短的记载和对话中，除明证了成吉思汗见丘处机的动因外，也能够推测出丘处机行程万里来拜见成吉思汗的真实动机。有人曾分析丘处机本不愿意拜见成吉思汗，只是因为武力的胁迫，不得不去。从初次见面的对话中丘处机所表现出的从容淡定来看，这种推断也许并不成立。来到大汗面前尚能从容诚实对答，而在万里之外自己的屋檐下面对一个使者又有何畏惧？事实上，作为神仙的丘处机所忧虑的并非自己的安全，而是许多百姓的性命安全。另有学者认为丘处机见成吉思汗是把天下一统的期望赋予了成吉思汗，这种分析不是基于当时的历史现实，而是参合了"历史现实"之后发生的事件。在当时的现实下，丘处机没有理由把国家一统的期望寄托于成吉思汗。当蒙古入侵金朝时，金朝在华北一带的统治已近百年，经过数代君主的努力，金朝已经建立了适应中原汉地发展的政治、经济及文化制度；而南宋的文化已达到了封建社会的鼎盛时代；大蒙古国在成吉思汗时代，军事实力之外的一切都是非常落后的，丘处机对天下形势是了然于心的。

所以丘处机见成吉思汗的主要原因，或许是想尽己所能制止蒙古军的屠杀行为，救民于战火之中。成吉思汗在对内外征服过程中所实行的野蛮的屠杀，丘处机耳闻亲见了许多。金宣宗贞祐元年（1213）秋冬之季，蒙古兵分三路攻打金朝，河北、山东大部分州县陷落，生灵涂炭，城廓废墟，山东密州被屠城。密州与莱州邻境，丘处机居住在莱州，密州被屠之事定然知晓。而蒙古军军事力量的强大和不可抵挡，将来再次侵掠中原也是不可避免的事实，所以他跋涉万里觐见成吉思汗或许能够对这种屠杀有所减轻甚或制止。《元史》记载，丘处机在西去的路上，未见大汗之前就先驰表"止杀"："明年，宿留山北，先驰表谢，拳拳以止杀为劝。"[①] 见到成吉思汗"处机每言欲一天下者，必在乎不嗜杀人"。成吉思汗召见丘处机四年后，在太祖二十二年六月，终于下了不杀掠的诏书，丘处机的进谏起了重要的作用。丘处机觐

---

① 《元史》卷二百二《释老传》，中华书局1976年版，第4524页。

见成吉思汗一年之后返回，定居燕京。他得到了成吉思汗的圣旨"诏天下出家人皆隶焉，且赐以金牌，道家事一仰神仙处置"。丘处机在当时战乱频仍的年代，利用自己的特殊身份救民无数。《元史》载"时国兵践蹂中原，河南、北尤甚，民罹俘戮，无所逃命。处机还燕，使其徒持牒招求于战伐之余，由是为人奴者得复为良，与濒死而得更生者，毋虑二三万人"。① 丘处机持旨释放沦为奴隶的汉人和女真人两三万，并通过入全真教即可免除差役的方式，解救了一批汉族儒士。丘处机在西行路上寄燕京道友的诗中有："十年兵火万民愁，千万中无一二留。去岁兴逢慈诏下，今春须合冒寒游。不辞岭北三千里，仍念山东二百州。穷急漏处残喘在，早教身命得消忧。"② 从这首诗中也可看出正是为"念山东二百州"的百姓，七十多岁高龄的丘处机万里跋涉去见成吉思汗。清高宗乾隆曾撰写一副对联赞颂丘处机："万古长生，不用餐霞求秘诀；一言止杀，始知济世有奇功。"其中"一言止杀"四字高度概括丘处机见成吉思汗的重要意义。

丘处机去见成吉思汗而不见宋金统治者，他或许清楚地意识到自己对成吉思汗的影响力比对宋金统治者更大。成吉思汗能够从如此遥远的地方专门派使者来邀请他（丘处机称使者为"天使"，也许更多指遥远的距离，而无其他涵义），可见对他的重视；再则成吉思汗接触像他这样的汉人道士很少，稀则为贵；而宋金统治者接触类似于他这样的人物时或见之，并不为奇。据此，如果他善于利用这次机会，也许会与成吉思汗形成友好关系。如能这样，无论对道教的发展，及向蒙古统治者传播中原文化都能够起到一定的作用。后来丘处机与成吉思汗的关系正像丘处机所希望的那样得到持续的发展。《全元文》中收元太祖的诏书及文，一共不及二十篇，而给丘处机的就有五篇：《召丘神仙手诏》、《免丘处机等出家人差发税赋圣旨》、《优待丘处机诏》、《诏丘处机》、《慰问丘处机诏》。在《慰问丘处机诏》里，成吉思汗颇为深情地："我这里常思量著神仙你，我不曾忘了你，你休忘了我者。"同样的记载在《元史·释老传》中："朕常念神仙，神仙毋忘朕也"。

丘处机所以能够博得成吉思汗如此的深情信任，因为丘神仙（成吉思

---

① 《元史》卷二百二《释老传》，中华书局1976年版，第4525页。
② （元）丘处机：《复寄燕京道友》，杨镰主编：《全元诗》第一册，中华书局2013年版，第50页。

汗呼为神仙而不名）虽然没有给成吉思汗能够长生的灵丹妙药，但他很耐心地与大汗论道三次，细致地为他讲解了养生之道。成吉思汗把丘处机的养生之道视为"绝密"，令手下人记录下来，"使勿泄于外"。对于成吉思汗而言，最想听、最急于听的是长生之道；而对于丘处机，也许讲长生之道是他布道中的"诱饵"，其布道中最重要的内容是要引导"一代天骄"能够听进人间的"道理"。丘处机虽为道士，但他明白治理国家真正实用的还是儒家的"民本思想"。《元史》记载成吉思汗"及问为治之方，则对以敬天爱民为本"。他借用一切机会，给成吉思汗灌输儒家的忠孝之道。史载："一日雷震，太祖以问，处机对曰：'雷，天威也。人罪莫大于不孝，不孝则不顺乎天，故天威震动以警之。似闻境内不孝者多，陛下宜明天威，以导有众。'太祖从之。"① 对于世界的认识还处于敬天畏鬼时期的蒙古大汗，问雷震的原因，自然不是出于对科学的探讨，而是宗教的解释。丘处机知道和了解成吉思汗的"前理解"（成吉思汗是畏雷声的，《蒙鞑备录》中说"其俗最敬天地，每事必称天，闻雷声则恐惧，不敢行师，曰：天叫也"），于是他借此灌输儒家的天人合一的观点，而且把这种道理具体化为"孝"理，雷震是源于天下许多人的不孝。史载"太祖从之"，成吉思汗认可了这种解释。

丘处机与成吉思汗对话的核心内容是期望成吉思汗能够"爱民"，最起码是不屠杀生命。然而如何让一个马背上的民族领袖认识这一点，板着面孔严肃地讲授儒家的"仁政"思想，显然成吉思汗不感兴趣，也不能够理解；但是他的"敬天畏鬼"的信仰基础，可以诱导他"敬天爱民"，这正是丘处机的高明与智慧所在。虽然丘处机这次的西行并没有能够阻止成吉思汗的西征，也没有能够阻止成吉思汗及他后代的杀掠行为，但他此行的意义是非常重大的。其重大的意义之一，就是他开始了以道士的身份与蒙古最高统治者的亲密接触，他与成吉思汗的友好关系对后来的僧、道、儒士无疑具有激励和先导作用。丘处机的四传弟子志诚就告丞相安童"以修身治世之要"。"安童感其言，故其相世祖也，以清静忠厚为主。及罢还第，退然若无与于世者，人以为有得于志诚之言。"② 可见丘处机后来的一些弟子，也与蒙古统治

---

① 《元史》卷二百二《释老传》，中华书局1976年版，第4525页。
② 《元史》卷二百二《释老传》，中华书局1976年版，第4525—4526页。

者有着非常密切的往来。

## 二、元初帝王与印简大师

丘处机之外，给予元初帝王尤其是忽必烈帝重大影响的另一宗教人士就是印简法师。

印简（1202—1257），字海云，俗姓宋，山西岚谷宁远（今山西五寨北）人。父以慈善信服于乡里，里人称为虚静先生，"祖世奉佛不仕"。印简自幼聪敏过人，七岁时父亲授其《孝经》开宗明义章，"乃曰：开者何宗？明者何义？亲惊异，知非尘劳中人"。父亲带印简去见当地有名望的僧人颜公，颜公观其慧根不浅，于是带他去拜中观沼公为师。后深得中观师父的赏识，留在身边为侍者。

印简以僧人的身份与元初的诸位皇帝有过交往，多次被召见。印简十三岁时（1214），就"亲面圣颜"。蒙古军南伐，宁远城陷时，印简得以"稠人中亲面圣颜"[①]。窝阔台要求他敛髻，印简说："若从国仪则失僧相也。"窝阔台没有再坚持，"蒙旨如故，自此僧有不同俗民也"。这是印简与蒙古帝王最早的接触，年少的他镇定自如，胆识非凡。印简十八岁时（1219），蒙古军再次南下，木华黎军队进攻岚州，岚州的百姓四处逃散，中观师父劝其逃生，印简坚持留在师父身边，"侍中观如故"。城破之后，元帅史天泽、李七哥遇见印简，见其气宇非凡，应答不卑不亢，遂与其结为"金石友"。木华黎奏请成吉思汗，成吉思汗封印简为"告天人"，"大加恩赐"。第二年，中观师圆寂。由蒙古重臣任命，印简做过仁智寺、兴国寺、兴安寺、永庆寺及燕京大庆寿寺的主持，主持大斋会十余次，"名王才侯受戒律者百数"。《海云传》载：

> 乙巳，奉六皇后旨，于五台为国祈福。
> 丁未，贵由皇帝即位，颁诏命师统僧，赐白金万两，师于昊天寺建

---

① 当时南进的蒙古军统帅是术赤、察合台和窝阔台，成吉思汗去世后窝阔台称汗，印简当时所见是后来继汗位的窝阔台。

大会为国祈福。太子合赖察请师入和林，延居太平与国禅寺。尊师之礼非常。辛亥猛格（蒙哥）皇帝即位，颁降恩诏，顾遇优渥，命师复领天下僧事，蠲免差役。悉依旧制。①

"乙巳奉六皇后旨"，"六皇后"②是太宗窝阔台的皇后乃马真氏，太宗去世后，乃马真氏摄国四年。在蒙古帝国的历史上，这是一位非常有权势的女性。从《佛祖历代通载·海云传》中的记载可以看出，元初的四位皇帝都特别重视印简师父：十三岁时面见窝阔台，十九岁时成吉思汗降旨称其为"告天人"，贵由汗即位就下诏"命师统僧"，蒙哥汗继位"颁降恩诏"。元朝前四位皇帝对印简师或仳用或恩赐，皇后及王子都与师父保持着友好的关系，足见印简当时地位之显赫。同时也充分说明蒙元统治者对宗教的热衷和喜好。佛门出身的印简在当时山河破碎，百姓流离失所之际，不仅宣扬佛法，而且凭借自己特殊的身份和地位，劝化蒙古统治者，阻止蒙古统治者的野蛮行为，努力让强大的蒙古武力征服者接受和理解传统的中原文化。

如果说印简与窝阔台汗力争不"敛髻"，为佛教徒争取到了与俗不同的"僧相"；而他坚决反对朝廷为掠来的奴者打印，则为当时掠为奴隶的百姓挣得了与畜兽不同的"人相"，消除了蒙古统治者在历史上野蛮行为的一个印记。窝阔台汗八年（1236），"有司欲印识人臂，师力白于忽都护大官人曰：'人非马也，既皆归服国朝，天下之大，四海之广，纵复逃散，亦何所归，岂可同畜兽而印识哉。'由是印臂之法遂止"。在蒙古统治者把奴隶当作牛马一样进行管理，采取在臂上打印的管理办法时，印简师父据理力争阻止了这种野蛮的做法。印简明白阻止蒙古统治者的一些具体的行为对于改变其野蛮做法是非常有限的，关键是必须让统治者接受和理解先进农耕文化思想，提高其文明程度。所以他借助于自己的地位与身份，努力做一些恢复中原文化的事情。《佛祖历代通载》记载他为袭封孔子五十一代为衍圣公而去拜见当

---

① （元）释念常：《佛祖历代通载》，文津阁《四库全书》释家类卷二十一，第三五一册，商务印书馆2005年影印，第255页。
② 《剑桥中国辽西夏金元史》中认为"六皇后"可能是"大皇后"，即蒙古称号也可合敦（Yeke Khatun）的直译。"六"和"大"字形相似，后世作者写作的错误。

时的执政者：

> 初孔圣之后，袭封衍圣公。元措者渡河，复曲阜庙林之祀。时公持东平严公书谒师。师以袭封事为言于大官人，师为其言曰："孔子善稽古典，以大中至正之道，三纲五常之礼，性命祸福之原，君臣父子夫妇之道，治国齐家平天下，正心诚意之本，自孔子至此袭封衍圣公，凡五十一代，凡有国者使之袭承，祀事未尝有缺。"大官闻是言，乃大敬信，于是从师所言，命复袭其爵以继其祀事。师复以颜孟相传孔子之道，令其子孙不绝，及习周孔儒业者为言，亦皆获免其差役之赋，使之服勤其教为国家之用。①

上述事情发生在蒙古军攻破开封以后。窝阔台汗五年（1233），蒙古军攻下汴京，"汴梁将下，大将速不台遣使来言：'金人抗拒持久，师多死伤，城下之日，宜屠之'"。这是蒙古军的惯例，"旧制，凡攻城邑，敌以矢石相加者，即为拒命，既克，必杀之"。当时跟随军中的耶律楚材驰入奏曰："将士暴露数十年，所欲者土地人民耳。得地无民，将焉用之。"经耶律楚材的再三劝谏，汴京才得以免屠。"楚材又请遣人入城，求孔子后，得五十一代孙元措，奏袭封衍圣公②，付以林庙地"。

或许是封衍圣公之事是属于地方行政的管理，于是孔元措带着东平府严公的信找印简师父帮忙，请他出面与管理当地行政事务的蒙古官员协商批准此事。因为印简在蒙古最高统治者中有很高的威望，所以他向蒙古官员忽都护讲述了儒家治理国家的伦理道德及为政之道，指出"凡有国者使之袭承，祀事未尝有缺"。如此，忽都护就"从师所言"。印简师父对儒家的支持，或

---

① （元）释念常：《佛祖历代通载》，文津阁《四库全书》释家类卷二十一，第三五一册，商务印书馆 2005 年影印，第 255 页。
② 衍圣公：是从北宋宋仁宗至和二年（1055）开始赐封于孔子之后的。"衍圣"之意就是"圣道"、"圣裔"的繁衍接续，子孙可以世代相袭，辈辈相衍。这一封号一直承袭了三十二代，直到民国初年。在宋代相当于五品官职，在元代后来升为三品，明代更升为一品文官，洪武十五年，朱元璋曾下诏"衍圣公"有权设置官署，到了清代衍圣公不仅班列阁臣之上，还有在紫禁城骑马、宫中御道上行走的特权。

者说儒家文化对蒙古统治者的影响的重要作用不仅仅体现在一些具体事务的支持上，更重要的是借宣扬佛法的机会向统治者宣传儒家治国的"仁政"之道。

由上述分析可知，蒙古国前四位皇帝都与印简保持着极好的关系，而印简给予重大影响的是第五位皇帝忽必烈。早在乃马真后称制元年（1242），忽必烈就请印简师父赴自己帐下，请教佛法大道，《佛祖历代通载》详细记载此事：

> 壬寅，护必烈（忽必烈）大王请师赴帐下，问佛法大意。师初示以人天因果之教，次以种种法要，开其心地。王生信心，求授菩提心戒。时秉忠书记，为侍郎刘太保也。复问："佛法中有安天下之法否？"师曰："包含法界子育四生，其事大备于佛法境中。此四大洲，如大地中一微尘许，况一四海乎？若论社稷安危，在生民之休戚，休戚安危皆在乎政，亦在乎天。在天在人，皆不离心，而人不知天之与人，是其问别法于何行？故分其天也，人也；我释迦氏之法。于庙堂之论，在王法，正论品理固昭然，非难非易，唯恐王不能尽行也。又宜求天下大贤硕儒，问以古今治乱兴亡之事，当有所闻也。"①

在这段对话中，印简先以忽必烈感兴趣的佛家天人因果之论为导言，当忽必烈进一步开始探求"佛法中有安天下之法"时，印简先以佛理中天、地、人、政之间的关系做一解释，而后晓以具体的治国之法，引导他去求天下的"大贤硕儒"。元初统治者中许多人认为儒士是没有用的，致使多数儒士地位很低，故有"八娼九儒十丐"之说，这种说法固然不能当作"信史"，却是元代儒人所处社会地位的形象描述。在这样的背景下，潜邸时期忽必烈身边能够聚集一批"大贤硕儒"，与印简早期对忽必烈的开导有着直接关系。另据程钜夫《海云简和尚塔碑》记载：

> （海云）与公卿大臣言，必语以辅国安民。时相夏里之徒方事严刻，

---

① （元）释念常：《佛祖历代通载》，文津阁《四库全书》释家类卷二十一，第三五一册，商务印书馆2005年影印，第255页。

师劝以:"平政息役,以弭灾蝗;体仁本恕,以正刑赏。选俊乂,罢游猎,以养国体。孔孟之道,万世帝王法程,宜加表树,以兴学校。"①

可见,印简是不失时机地向他所能遇到的蒙古统治者灌输儒家的"仁政"思想。印简在元初特殊的社会背景下为宣扬儒家思想起了很大的作用。印简对元代统治者的贡献和影响还不仅仅是他自己所做的一切,更为重要的是在印简去谒见忽必烈时,他把刘秉忠带到了忽必烈身边。刘秉忠留王府对忽必烈潜邸幕僚的形成起了重要的作用,这是印简为元帝国做出的最大贡献。

### 三、忽必烈佛教信仰的确立

对于许多民族来说,宗教发展一般都要经历这样三个阶段:拜物教(万物有灵)——多神教——独神教。蒙古民族宗教信仰由多神教而改变为对一种宗教的信仰开始于忽必烈汗时期。"成吉思汗后人之首先偏重一种宗教者,盖为忽必烈汗也。时忽必烈汗业已归(皈)依佛教,而佛教已开始传播于蒙古人中"②。忽必烈弃萨满而尊佛教,有着多种"因缘"。

忽必烈(1215—1294),成吉思汗之孙,其父拖雷是成吉思汗的第四子。年轻时候父亲的突然去世对忽必烈弃萨满教有重大影响。忽必烈的父亲死于萨满巫师手中,在《蒙古秘史》中对此有详细的记载:

> 兔儿年(1231)斡歌歹(窝阔台的不同写法)皇帝征金国。命者别为头哨。遂败金兵过居庸关。斡歌歹驻军龙虎台。分命诸将攻取各处城池。斡歌歹忽得疾。昏愦失音。命师巫卜之。言乃金国山川之神。为军马虏掠人民。毁坏城郭。以此为祟。许以人民财宝等物禳之。卜之不从。其病愈重。惟以亲人代之则可。病稍间。忽开眼索水饮。言说我怎

---

① 程钜夫:《海云简和尚塔碑》,李修生主编:《全元文》第16册,江苏古籍出版社1998年版,第346页。
② 〔瑞典〕多桑:《多桑蒙古史》,冯承钧译,中华书局2013年版,第355页。

生来。其巫说此是金国山川之神为祟。许以诸物禳之皆不从。只要亲人代之。斡歌歹说如今我根前有谁。当有大王拖雷。拖雷说。洪福的父亲。将咱兄弟内选着教你做了皇帝。今我在哥哥根前行。忘了得提说。睡着时唤省。如今若失了皇帝哥哥呵。我谁行提说着。唤省着。多达达百姓教谁管着。且快金人之意。如今我代哥哥。有的罪业。都是我造来。我又生得好。可以事神。师巫你咒说着。其师巫取水咒说了。拖雷饮毕。略坐间觉醉。说比及我醒时。我将孤儿寡妇抬举教成立着。皇帝哥哥知也者。说罢。出去遂死了。其缘故是那般。①

《元史》上也有简单类似的记载："五月，太宗不豫。六月，疾甚。拖雷祷于天地，请以身代之，又取巫觋祓除釁涤之水饮焉。居数日，太宗疾愈，拖雷从之北还，至阿剌合的思之地，遇疾而薨，寿四十有阙。"②对于忽必烈的父亲拖雷死于萨满巫师这一历史事件，后世历史学者有着不同的解释：有人认为是萨满教为了削弱成吉思汗家族的势力借窝阔台汗之旨害死了拖雷；而另一种解释是窝阔台汗看到自己弟弟的实力发展日益壮大，担心危及自己的权力而借萨满巫师陷害拖雷。无论何种解释，一个确认的事实是萨满巫师毒死了拖雷。拖雷死于1231年，此时的忽必烈已经十七岁，对父亲去世这件事一定有着刻骨铭心的记忆。忽必烈弃萨满教，这或许是其中的原因之一。

忽必烈弃萨满教确立信佛，是由多种原因形成的。他自己经历中偶合的一些"佛缘"也应是其中重要的因素。当蒙古帝国的汗位在1251年终于传到了忽必烈父亲拖雷一族，忽必烈的长兄蒙哥继承了帝位。此后，忽必烈汉化的思想一直与其兄不一致，因此既有军事实力又有治国才能的皇弟忽必烈在一段时期里，成为皇兄怀疑的对象。宪宗六年（1256），当蒙哥决定亲征南宋时，命其六弟阿里不哥留守漠北，而三弟忽必烈则以足疾为由，命其在桓、抚间休息，剥夺了他的军事指挥权。第二年又派亲信对忽必烈设置的汉地官府机构和官员进行审查。此时的忽必烈忧惧非常，他带着全家到河西觐见皇兄蒙哥，以消除皇兄对自己的戒备心理，同时他想到了祈求佛的保佑。

---

① 额尔登泰、乌云达赉校勘：《蒙古秘史》校勘本，内蒙古人民出版社1980年版，第1050页。
② 《元史》卷一百一十五《睿宗传》，中华书局1976年版，第2887页。

元宪宗七年五月至七月，八思巴带着忽必烈的愿望前往佛教的圣地五台山朝拜，为忽必烈祈福消灾。之后不久，蒙哥对忽必烈的戒备心理渐渐消除，并再次开始重用忽必烈。第二年皇兄蒙哥就命令忽必烈前往开平府主持佛道两家的辩论，这使忽必烈有机会见证了八思巴卓越的才华。同年，蒙哥因为进攻南宋的东路军无力，改命忽必烈统帅东路军，由此恢复了他的军事权力，忽必烈因此安全度过了权力争斗过程中的危险期。梁漱溟在分析人类宗教信仰的原因时，认为是出于人心之忧惧，而这种忧惧，开始是对自然界的，"在此后，一般说来，人类对付自然之知能是进步了。而天灾虽灭，人祸代兴，情志不安的情形还是严重……尤其少不了宗教"①。对人祸的忧惧，更使人难于捉摸，因此也更易于依赖宗教。

　　宪宗八年，忽必烈受命主持了佛道的又一次辩论。佛道之辩源于佛道之间长期争夺最高地位的斗争。全真道在金末元初由于有成吉思汗的支持，在燕京、河北、晋北地区的势力迅速发展。在发展自己势力的同时，他们压制佛教的发展。《至元辨伪录·张伯淳序》中说，道教中的一些人"毁灭释迦佛像、白玉观音、舍利宝塔、谋占梵刹四百八十二所"②。与此同时，道家刊印和散发晋人王浮写的《老君化胡成佛经》及《八十一化图》。晋代《化胡经》出现后成为道教徒攻击佛教的依据之一，认为道教地位在佛教之上，也因此引起了佛道之间的激烈冲突。为了解决此种冲突，唐高宗时期就对此经的真伪召集过辩论，之后唐高宗、唐中宗曾下令烧掉"化胡图"，禁止流传此书。在元宪宗时期《化胡经》再次广泛流传，由此佛教与道教发生了激烈冲突。为了平息冲突，蒙哥在佛教界的强烈要求下前后召集了两次佛道两教的辩论会。第一次是在元宪宗四年（1254），蒙哥令其弟阿里不哥在和林万安阁召集佛家福裕长老与李志常道士进行一对一的辩论，辩论后阿里不哥向蒙哥汗汇报了辩论的结果，蒙哥认为道家行为不当，《化胡经》为伪经，并将李志常与福裕等召到身边面讯，"李志常等义堕辞屈，奉旨焚伪经，还佛寺三十七所"（《至元辩伪录·张伯淳序》）。但在具体落实的时候，道士们不愿意交还佛门的庙产，而《老君化胡成佛经》也继续在社会上流传。宪宗七

---

① 梁漱溟：《中国文化要义》，学林出版社1987年版，第97页。
② （元）释祥迈：《大元至元辨伪录》，张伯淳序言，中华再造善本，北京图书馆出版社2002年影印。

年，当蒙哥准备南下攻宋时，佛家的代表人物那摩国师跟随蒙哥一起来到六盘山，为蒙哥出师祈祷，并乘机汇报了道教人士未还佛家庙产，还在到处散布"老子化胡经"。蒙哥对道教首领未执行自己的旨意非常地不满，于是决定第二年的春天在开平再次公开举行一次大规模的佛道大辩论，辩论由在家"养病"的弟弟忽必烈主持。

宪宗八年，忽必烈召集了佛道各派代表在开平府公开举行大辩论。这次佛道两教的辩论是中国宗教历史上规模宏大、规格颇高的一场宗教辩论大会，对各教派在中国的发展、对中国宗教文化的发展产生了深远的影响。佛教方面以那摩国师为首，西藏萨迦派教主八思巴、噶玛派教主二世活佛噶玛拔希、西番国师、外五路僧、大理国师、少林寺长老、五台山长老等300余人参加；道教方面参加的有全真派的掌门人张真人、道录樊志应、通判魏志阳等200余人；忽必烈手下谋士姚枢、窦默等儒士及其他官员200余人被聘为公证人。此次辩论中，八思巴雄辩的口才、缜密的逻辑思维能力，得到了充分的展示。在经过一段激烈的辩论后，道家最后持出了《史记》进给忽必烈，这让八思巴再次找到了一个有力的论据：

> 帝师（八思巴）又问："汝《史记》有化胡之说否？"曰："无。""然则老子所传何经？"曰："《道德经》"。"此外更有何经？"曰"无"。帝师曰："《史记》中既无，《道德经》中又不载，其为伪明矣。"道者辞屈。尚书姚枢曰："道者负矣！"上命如约行罚，遣使臣脱欢将（道）者樊志应等十有七人诣龙光寺削发为僧，焚伪经四十五部，天下佛寺为道所据者二百三十七区，至是悉命归之。①

辩论之前，佛道两家自约"道胜则僧冠首而为道，僧胜则道削发而为僧"，所以道败后依约而行。

这场辩论的胜负可以说未开始就有预设的结果了：首先"老子化胡"之说本身就荒诞无稽，只能当作"小道"、小说之类阅读，而不能当作真正的

---

① （元）释祥迈：《大元至元辨伪录》卷五，中华再造善本，北京图书馆出版社2002年影印。

"史实"或"事实"论证,在这样众多的佛教高僧及儒家学者面前这类"小道"自然难圆其说;其次主持辩论的忽必烈亲王本人就是"胡人",对于"老子化胡"天然地不会有好感,而且在此之前他已经皈依了佛教。这次大辩论,八思巴在忽必烈面前再此显示了自己的才华。元宪宗三年,忽必烈在驻军六盘山时,八思巴就曾拜见了忽必烈。八思巴(1235—1280)本名洛珠坚赞,西藏高僧,佛教萨迦派的第五祖。八思巴曾多次为忽必烈讲论佛经,并为忽必烈与察必王妃在军中举行了密宗的喜金刚灌顶仪式[①]。1255年,随忽必烈回到王府,之后八思巴几乎长居潜邸王府,时常为忽必烈讲经说法,他以自己渊博的学识、超群的智慧用佛教的形式与语言向忽必烈讲治国之政,忽必烈由此奉八思巴为自己精神上的导师,二人之间确立了师徒关系。1260年,忽必烈即位后,封八思巴为国师,赐玉印。至元元年,设置了管理全国佛教的专门机构——总制院(后改名为宣政院),八思巴以国师的身份兼管总制院。1280年,八思巴在萨迦寺圆寂,年仅四十六岁。八思巴对忽必烈的信仰自然产生很大的影响,同时为佛教在元代的至尊地位奠定了基础。从八思巴受封帝师开始,元朝在朝廷常设帝师一职。

八思巴能够对忽必烈产生如此重大的影响,八思巴个人才华之外,重要的因素之一是佛教本身的教义、教理比萨满教更为细密、合理。个人的经历、早期与印简师接触及佛教理论的优势,促使忽必烈放弃了蒙古族长久以来对萨满教的信仰而确立佛教信仰。随着忽必烈对佛教信仰的确立,后来的皇帝以及很多的贵族以至一般民众也有许多人逐渐信奉藏传佛教,藏传佛教后来成为元朝的主要宗教,进而成为国教。在元代,皇室大事如新帝即位、帝后驾崩、出征、宫廷大婚、出行等大事,一定要作佛事,忽必烈本人每遇重大事情一定要向佛祈祷。在他攻伐南宋时,八思巴在巨州(涿州)兴建一座神殿,内塑护法玛哈嘎拉(藏传佛教最重要的护法神之一)主从之像,帝师亲自为之开光。占领临安的战争结束之后,指挥这次战役的统帅伯颜在北归时带领南宋幼主赵㬎和被俘的南宋朝廷官员还特意到涿州告祭玛哈嘎拉神像。从此,元廷每有重大的军事活动,都要向玛哈嘎拉祈祷。

---

① 灌顶:佛教密宗的一种仪式,源于印度古代国王即位时取四大海水灌于头顶表示祝福的仪式。

《历代佛祖通载》谈及元代佛教密宗地位时说："统元中，天子以大萨思伽法师有圣人之道，尊位帝师。于是秘密之法日丽乎中天，波渐于四海。精其法者，皆致重于朝廷，敬慕于殊俗，故佛事之旧一变于齐鲁。"（《历代佛祖通载》卷22《大正藏》）"精其法者，皆致重于朝廷"。而能够精于佛法又能够精于政治的人，自然是忽必烈最为看重和欣赏的人。也正因为如此，刘秉忠成为忽必烈幕僚中最早受重用的人物之一。与其说是印简把刘秉忠带到了忽必烈身边，毋宁说是共同的宗教信仰是他们君臣之间强有力的纽带。刘秉忠是披着袈裟进入忽必烈的藩府的，二十二年中一直以僧人的身份跟随在忽必烈身边。

在潜邸的幕僚中，刘秉忠之外，张易也由僧而仕，商挺则一生热衷于佛事。在潜邸时期他们都是王府中的高级幕僚；忽必烈即位后，他们是元帝国的高级官员。由于相同的信仰，忽必烈对他们有种特殊的信任与敬重，由宗教信仰而产生的信任往往比共同政治目标所建立的信任更为牢固和久远。

## 第二节 亦僧亦仕的刘秉忠

刘秉忠（1216—1274），初名为侃，字仲晦，自号为藏春散人，出家后法名子聪，至元元年（1264），忽必烈令其还俗，改名为秉忠。祖先在金、辽做官，为当时的大族。祖上原居瑞州，曾祖父世袭为邢州节度使的副使，后丁母忧，返回瑞州，留刘秉忠的祖父刘泽于邢州落户，刘泽一生未曾出仕。成吉思汗十五年（1220），木华黎率兵攻打河北地区，邢州归降，木华黎在邢州建立了元帅府，蒙古人照惯例任用当地降人管理已降的地区。刘秉忠的父亲刘润被推为副都统，后任为顺德路（今河北邢台）长官录事（负责民事治安等）。刘秉忠自幼卓荦不凡，八岁上学，能日诵数百言，同伴们佩服不已。十三岁时，因父亲刘润仟录事官，被送到邢州都元帅府做质子[①]。

---

① 质子：即人质。蒙古统治者为了防止下属的背叛，采用以下属之子为人质的管理办法。成吉思汗的护卫军，即"四大怯薛军"，全部由万户长、千户长、百户长、十户长的儿子组成，实际也是通过这种办法加强汗庭对他们的控制，防止他们反抗。这种管理办法，也用于后来归降的汉人为官者。

十七岁时,刘秉忠被招到节度使赵公幕下,为邢州节度使府的令史。窝阔台汗十年(1238),二十三岁的刘秉忠弃令史一职隐居于武安山,成为全真教道士。当时主持清化天宁寺的禅师虚照闻知刘秉忠之事,爱惜其才,派弟子召刘秉忠,刘秉忠遂在邢州的天宁寺落发为僧。当年七月,邢州遭蝗灾,粮食缺乏,虚照师父的妹婿请虚照去云中,虚照带刘秉忠同往。灾年过后,虚照返回邢台,刘秉忠则留在云中讲学。乃马真后元年(1242),忽必烈遣使召印简,印简经过云中,见刘秉忠"奇其才",于是约刘秉忠同去忽必烈潜邸。"既至,(忽必烈)见公洒落不凡,及通阴阳天文之书,甚喜。"[1]一年后,海云大师南还,刘秉忠没有跟随回到寺庙,而是留到了王府中,从此开始了他一生不凡的政治生涯,先为潜邸的高级幕僚,后为元朝的经世重臣。

刘秉忠是元代乃至中国历史上由避世到出世,由僧而仕最为成功的人士之一。这种道路的选择,是其自觉的选择,还是偶然的机遇促成?我们可以从关于刘秉忠出家的几种不同记载的比较分析中看出端倪。

一日因案牍事有不惬意,投笔叹曰:"吾家奕世衣冠,今吾乃汨没为刀笔吏乎?丈夫不得志于世间,当求出世间事耳。"即弃去,隐于武安山岩谷间,草衣木石以求其志。(王磐《神道碑》)

戊戌春,公忽有所感,谓人曰:"人生有限,世事宁有极耶,吾其息乎。"乃遁居武安之清化。(徒单公履《墓志铭》)

戊戌春,遂决意逃避世事,遁居于武安之清化,迁滴水涧。(张文谦《行状》)

一日,因案牍事有不惬意,投笔叹曰:"吾家奕世衣冠,今乃汨没为刀笔吏乎!"即弃去,隐于武安山。(苏天爵《元朝名臣事略》)

居常郁郁不乐,一日投笔叹曰:"吾家累世衣冠,乃汨没为刀笔吏乎!丈夫不遇于世,当隐居以求志耳。"即弃去,隐武安山中。(《元史·刘秉忠传》)

---

[1] 张文谦:《故光禄大夫太保赠太傅仪同三司谥文贞刘公行状》,李修生主编:《全元文》第22册,江苏古籍出版社2001年版,第281页。

在这些记载中，张文谦的《行状》应该是最早的，张文谦是在刘秉忠去世之后奉旨而写《行状》的。忽必烈所以指定由张文谦为刘秉忠写《行状》，因张文谦是最熟悉刘秉忠的人。张文谦与刘秉忠是同窗，张文谦的父亲张英与刘秉忠的父亲刘润又是同僚，刘润在都元帅府任副都统时，张英在邢州都元帅府任军资库使。张文谦比刘秉忠小一岁，"自入小学，与太保刘公秉忠同研席，年相若，志相得"①。后又同为忽必烈的幕僚。刘秉忠去世，张文谦拭泪写了刘秉忠的《行状》，张文谦的《行状》应该是记载刘秉忠较为详细的文献，对刘秉忠的先世、曾祖、祖父、父亲及母亲都有叙述，但对刘秉忠出家之事却叙述简单，仅寥寥数语："戊戌春，遂决意逃避世事，遁居于武安之清化，迁滴水涧。"在刘秉忠人生中如此重要的事情竟然没有交代原因，没有记录过程。我们认为张文谦不是不知道此事的重要，只是他不愿意过多细说，他不愿意道出刘秉忠是想通过避世、出家而求得更有作为的入世，这有违于刘秉忠一生所树立的形象。刘秉忠一生的形象是"淡泊宅心"，并无所求："上在潜邸，士之所以涉远道冒风霜而至者，往往有所陈诉祈请，惟公（刘秉忠）独无所求。"②如果写出隐居是为求终南捷径，对刘秉忠的整体形象有所损害。正如新历史主义的观点，"过去不可能以纯粹的形式呈现在我们面前，而总是以'再现'的形式"，亲历历史的人叙述的历史并非就是完全真实和全面的历史，因为他所叙述的只能是叙述者心中的历史。张文谦出于"厚描"刘秉忠的淡泊形象，而"薄描"了他事功的动机。

王磐的《神道碑》是根据张文谦的《行状》写的，多为赞美之词。即便如此，在刘秉忠"出家"这一件事上，他还是比《行状》多了一些叙述，认为刘秉忠的出家是因为在人世间的"不得志"。苏天爵《元朝名臣事略》直接取材于王磐的《神道碑》，记叙没有变化，说明苏天爵认可王磐的观点。徒单公履《墓志铭》仅是常理的臆测。《元史》在此事上的记载应该是客观真实的，虽然《元史》在时间上晚于上述几条记载，虽然有许多学者认为《元史》成书较为仓促，仅是前人的一种实录，然而在《刘秉忠传》中，我们还是可以看出史家犀利的眼光、洞察事物的深刻见解。在看似与前人相同的记

---

① （元）苏天爵辑撰：《元朝名臣事略》，姚景安点校，中华书局1996年版，第143页。
② （元）苏天爵辑撰：《元朝名臣事略》，姚景安点校，中华书局1996年版，第114页。

载中，却蕴含着全然不同的叙事视角，如把"一日因案牍事有不惬意，投笔叹曰"改叙为"居常郁郁不乐，一日投笔叹曰"，增加了"居常郁郁不乐"的叙述。事实上，像刘秉忠这样的人物，绝不会因为"一日的不惬意"而隐居。"隐居"、"出家"这样的人生大事，一定是长久酝酿在心的，所以应该是"常郁郁不乐"。而且刘秉忠在令史的位置上做得非常出色，《神道碑》："年十七为邢台节度使府令史，以养其亲，干敏精洁，诸老吏咸服其能。"在兵荒马乱的年代，在读书人地位很低的时代，能够谋到这样一个位置，以常人来看，已经是相当难得，且刘秉忠又是极孝顺父母的一个人："丙申岁，丁母忧毁脊骨立，疏食水饮，哀思无穷，恒衣一绵裘，昼夜不解带者三年，见之者无不感叹也。"(《行状》)刘秉忠隐居时，父亲在堂，对此他不会不考虑。所以刘秉忠的隐居出家，绝非是一般士人的在世不得志，而是谋求更大的人生价值的实现。《元史》称刘秉忠"当隐居以求志耳"，这句话的叙述是合乎情理的。如果不是为了实现更大的抱负，刘秉忠是不会隐居出家的。

刘秉忠从小的天性并非是"淡泊"，在张文谦的叙述中是："生而秀异，丰骨不凡，在嬉戏中，便为群儿所推长，或举之为帅，或拜之为师，居然受之不疑，随即教令挥斥之，性刚而有断，非理不屈于人。"这是张文谦对儿时伙伴的印象，有如此心性的人物，如何能够甘于一生在空门？刘秉忠出家隐居时，已经二十三岁，有了丰富的人生经历，对当时的社会有相当的认识。他十三岁在帅府为人质时，就被元帅看重，"元帅一见谓同僚曰：'此儿甚贵，他日不可量也。'命师教以文艺，不使列质子班，公遂致力于学道，自益进，同辈莫能及"[①]。十七岁为邢州节度使的令史，节度使赵公也非常欣赏他。可以说在当时的社会中，刘秉忠的人生已经非常顺利，但与他自己的远大志向相差很远。或者说，这种顺利反倒让他认识到走正常仕途难于实现他个人的价值，纵有元帅的赏识、节度使的青睐，他也仅仅是做了一个令史这样小吏，而且已经做了很长的时间，所以他应该采取另外的途径，实现自己的个人价值。

全真道在当时北方地区非常兴盛，兴盛的直接原因是丘处机与成吉思汗

---

① （元）徒单公履：《故光禄大夫太保刘公墓志》，文津阁《四库全书》第396册，别集类《藏春集》卷六附录，商务印书馆2005年影印，第225页。

的会见。关注天下的刘秉忠，对如此的"要闻"一定耳熟。丘处机所居的太极宫被成吉思汗改赐为"长春宫"，刘秉忠隐居后自号为"藏春散人"。刘秉忠有没有寓意自己将来像丘处机那样，有一日也拜见"大汗皇帝"呢！根据刘秉忠后来的行踪，有理由做如此小小的猜想。后来虚照派弟子来召，他欣然而往，并在天宁寺落发为僧。由此也可以看出，刘秉忠并非执念于道或佛的某一种宗教信仰，而是以此为途径，实现自己现实人生中的理想与价值。在当时的背景下，以及此前佛门、道门中高人与蒙古统治者往来的关系，从事佛、道是他最有可能有机会与蒙古最高统治者接触。所以刘秉忠跟随印简去漠北看似偶然，实际是有更多的必然蕴含其中。对于他跟随印简去漠北，王磐在《神道碑铭》中记载："闻公博学，多艺能，求相见。既见，约公俱行。公不可，海云固要之，不得已随行。"对于印简邀请刘秉忠同去见忽必烈，我们也许认为他应该是欣然同意才是正常的心理，为什么会有"公不可，海云固要之，不得已随行"这样的情形呢？由此可以看出刘秉忠隐居后，对再"出山"是非常谨慎的。犹如诸葛孔明在卧龙岗，不遇"真天子"绝不轻易出世。忽必烈召见海云法师的时间是在乃马真后元年（1242），而当时蒙古帝国的政权还在窝阔台一系，太宗窝阔台去世后，由皇后乃马真称制，忽必烈只是成吉思汗家族中一个普通的王子，地位与才能均未表现出特异之处，蒙古帝国未来汗权落在哪一系，是未知数，这也许是刘秉忠并不急于去见忽必烈的主要原因。所以这次刘秉忠与忽必烈的相见，其实是双方的一种互相认可和赏识。虽然在历史记载中并没有记载刘秉忠的反应，但印简南回，他留下未返就是一个很好的明证，他认可了忽必烈是一个可以辅佐的帝王。

刘秉忠通过佛门迈进了蒙古上层统治者的门槛，且终生被忽必烈信任，究其原因，他的僧人身份和他具有的神秘的阴阳之术起着重要作用。刘秉忠初见忽必烈被留在潜邸的原因是："既至，见公洒落不凡，及通阴阳天文之书，甚喜。海云老南归，公遂见留。"（张文谦《行状》）刘秉忠去世后，"帝闻惊悼，谓群臣曰：'秉忠事朕三十余年，小心慎密，不避艰险，言无隐情，其阴阳术数之精，占事知来，若合符契，惟朕知之，他人莫得闻也。'"[①] 忽必

---

[①] 《元史》卷一百五十七《刘秉忠传》，中华书局1976年版，第3694页。

烈初见刘秉忠即喜的原因之一，是因为刘秉忠"通阴阳天文之术"。三十年随从，盖棺论定，忽必烈首先想到的还是刘秉忠的"阴阳术数之精"。刘秉忠的确是很精通术数，《元史·李俊民传》载："时之知数者，无出刘秉忠之右。"刘秉忠正是以僧人的身份，术数的技能及"应对称旨"，取得了忽必烈的信任。

对刘秉忠而言，佛教理论和术数技能也许仅是一种与蒙古王子沟通的手段，他的志向是要做"帝王师"，造就一个安天下的儒家理想的帝王。随着刘秉忠与忽必烈关系的日益亲近，"自是礼遇渐隆，因其顾问之际，遂辟用用人之路"。正是刘秉忠早期对忽必烈"用人之路"的进言，此后才有忽必烈身边幕僚集团的形成。刘秉忠指出用人之道的同时，更是利用日常的一切机会，为忽必烈灌输儒家的帝王之道，集中为忽必烈讲述儒家治国大道的是他那篇著名的"万言策"。① 刘秉忠1242年随印简拜见忽必烈后留在王府，1246年的冬天他的父亲去世。忽必烈"温言慰谕"，于次年春天赐刘秉忠黄金百两，遣使将刘秉忠送回邢州赴丧。1248年的冬天，刘秉忠丁忧未满，忽必烈派人急召刘秉忠回到潜邸。忽必烈此次召回刘秉忠与当时蒙古帝国汗位的继承应该有着直接的关系。1248年的春天，贵由汗去世。围绕着汗位的继承问题，成吉思汗家族再次出现了激烈的斗争。成吉思汗在位的当年，具有汗位继承权的四个儿子之间就因汗位的继承问题有过剧烈的斗争，斗争的结果在四人之间形成了两大营垒：长子术赤与四子拖雷（忽必烈父亲）互相支持，成为一派；次子察合台与三子窝阔台互相联手，最后三子窝阔台胜出而继承了汗位。窝阔台儿子贵由汗去世后同样的问题再次出现，在这两大营垒之间再次展开斗争：以拔都（术赤之子）为代表的术赤一系，推举蒙哥（拖雷长子）为大汗，而窝阔台、察合台两系的诸王反对。《元史·宪宗本纪》记载："岁戊申，定宗崩，朝廷久未立君，中外恟恟，咸属意于帝（蒙哥），而觊觎者众，议未决。诸王拔都、木哥、阿里不哥……咸会于阿剌脱忽剌兀之地。拔都首建议推戴。"② 刘秉忠被忽必烈急召回去，与这场汗位继承的斗

---

① 许多人撰文时认为刘秉忠的"万言策"是写于1250年，《全元文》也采用此说。但从"万言策"中内容以及当时的形势推测，应该是写于1251年蒙哥汗即位以后。
② 《元史》卷三《宪宗》，中华书局1976年版，第44页。

争有直接关系。1249年的春天，刘秉忠回到了忽必烈的王府。汗位的继承问题，是王府进一步向前发展最为关键的问题。如果汗位能够由拖雷（忽必烈的父亲）一系继承，忽必烈"思大有为天下"的理想、刘秉忠造就儒家帝王的目标就有了实现的条件。

许多学者及《全元文》把刘秉忠上"万言策"的时间认定在1250年，但1250年皇位未定并处在激烈角逐中，在此情况下刘秉忠不可能呈上治国的"万言策"。1251年，经过激烈的斗争，最后拖雷一系取胜，忽必烈的长兄蒙哥继承了汗位。蒙哥的继位对忽必烈、刘秉忠是莫大的鼓舞。刘秉忠感觉自己可以开始施展自己的政治理想了，由此他上了"万言策"。从"万言策"中的一些内容也可以断定，呈献此策是在蒙哥即位后。其中言：

> 愚闻之曰"以马上取天下，不可以马上治"。昔武王，兄也；周公，弟也。周公思天下善事，夜以继日，每得一事，坐以待旦，以匡周室，以保周天下八百余年，周公之力也。君上，兄也；大王，弟也。思周公之故事而行之，在乎今日。千载一时，不可失也。①

"君上，兄也；大王，弟也"，这句话明确说出写此文时忽必烈之兄长已经取得了帝位，而且对于刚刚取得帝位的拖雷一系，刘秉忠认为这个家族中最有实力的忽必烈必须全力以赴，先稳定汗位。这篇万言献策，既是写给忽必烈也是写给刚接皇位的蒙哥看的。若蒙哥看到刘秉忠让忽必烈做历史上周公这样的人物，自然会非常高兴。结尾又言："今新君即位之后，可立朝省，以为政本。其余百官，不在员多，惟在得人焉耳。"② 这里的"新君即位"，明确指蒙哥刚继王位，而不可能是别的君王。所以这篇"万言策"，无疑是在蒙哥汗即位后不久，刘秉忠呈献给忽必烈的。在这样一个时候，无论是新继皇位的兄长蒙哥，还是作为皇弟的忽必烈都是最愿意听取兴邦治国良策的时候，刘秉忠抓住这样一个"千载一时"的机会，进献了此策。

刘秉忠的"万言策"，是第一篇中原人士把儒家治国的道理和经验撰写

---

① 《元史》卷一百五十七《刘秉忠传》，中华书局1976年版，第3688页。
② 《元史》卷一百五十七《刘秉忠传》，中华书局1976年版，第3692页。

成文，献给草原王子。而这个草原王子很有可能变成一个未来的中原皇帝。这应该是刘秉忠一生神机妙算中最为重要的一次。这篇"万言策"①以儒家理论开篇："典章、礼乐、法度、三纲五常之教，备于尧舜，三王因之，五霸败之。"随后则把成吉思汗纳入了中原历史帝王序列中："天生成吉思皇帝，起一旅，降诸国，不数年而取天下。"把中原文明史与草原皇帝融到一起，以使草原皇家子弟欣悦接受。全篇的要点有这样几个方面：首先，谈用人制度的重要性，在内要用相安民，在外要用将安四方，"内外相济，国之急务，必先之也"；并且用人要建立奖惩制度，"治者升，否者黜"；其次，言减差税，少徭役，招逃亡者复业，制止"百官自行威福"是目前安民的重要措施；其三，天子要"以天下为家，兆民为子，国不足，取于民，民不足，取于国"；其四，经济政策，"关市津梁正税十五分取一，宜从旧制。禁横取，减税法……率天下百姓务农桑，营产业，实国之大益"；其五，要重视教育："古者庠序学校未尝废"，"宜从旧制，修建三学"；其六，恢复礼仪制度："孔子为百王师，立万世法"，"宜令州郡祭祀"，礼乐"实太平之基，王道之本"；其七，养天下名士宿儒，使不致穷困："明君用人，如大匠用材，随其巨细长短，以施规矩绳墨"；其八，要广开言路："大开言路，所以成天下、安兆民也。""且蔽天之明者，云雾也；蔽人之明者，私欲佞说也"；其九，建立法制："纪纲正于上，法度行于下，是故天下不劳而治也"。刘秉忠的"万言策"，从政治、经济、教育、法律各个方面提出了建议和具体的措施。这些建议有的是针对蒙古统治者当时的弊政提出，如第七条摆脱儒士穷困境遇，是针对蒙元统治者对儒生的不重视甚至歧视而提出的，有的是当前急需要做的，有的是作为一个中原皇帝将来必须做的。刘秉忠的这篇"万言策"，与其说是呈给当时为王子的忽必烈，不如说是呈予将来为皇帝的元世祖。他以先进的中原文明经验和儒家的治国措施，为草原统治者制定了立国之策，对忽必烈实行汉法、蒙元帝国政治建设产生了长远的影响。忽必烈即位前后的许多诏令都与此策相合，是"万言策"细化后的指导具体实践的指令。如：宪宗四年的《增修文庙的令旨》，中统元年的《止贡献诏》、《均赋

---

① "万言策"在《全元文》中的题目为《陈治要》。

役诏》《求直言诏》，至元七年的《劝农桑诏》等。

蒙哥即位之后，让忽必烈分管漠南汉地："岁辛亥，六月，宪宗即位，同母弟惟帝最长且贤，故宪宗尽属以漠南汉地军国庶事，遂南驻爪忽都之地。"这对于"思大有为于天下"的忽必烈，真乃天赐良机！"爪忽都"就是现在的开平金莲川。此后忽必烈继帝位前大部分时间停留在这里，在此地形成了潜邸幕僚集团。潜邸幕僚中的大部分成员是在刘秉忠入府之后才聚集起来的，其中半数以上的人又集中在忽必烈留驻金莲川之后。

刘秉忠的一生是独特、非凡的，他二十二年一直是以佛家僧人的身份跟随在忽必烈的身边，完成着载入史册的一件又一件的宏大事业。刘秉忠一生做了许多丰功伟绩的事情，如果从文化角度看，他所有的业绩是围绕着一个主题进行的，就是把中原文化与草原文化融化在一起。1260年五月，忽必烈终于登上了蒙古帝国的皇位，即位一月，刘秉忠等汉族臣僚就建议建立"中统"年号；至元八年（1271），刘秉忠又建议忽必烈，取《周易》"大哉乾元"之义，建国号为"大元"。草原上的黄金家族真正变成中原皇帝可以说是从此开始，从忽必烈继位开始有了象征中国正统封建王朝的年号、国号，由此完成了华夏民族唐、宋之后的又一个王朝。唐、宋、元成为华夏民族历史的排序，而刘秉忠也成为中国历史人物吕尚、伊尹、留后、召公排列中的一员。徐世隆所撰《祭太保刘公文》说：

> 数靖皇极，祸福能决，谁其似之，邵君康节。诗咏高逸，方外神游，谁其似之，碧云汤休。字画清劲，笔中法具，谁其似之，黄山文孺。扈从王师，柔服哀牢，公于是时，蜀之韦皋。堂上出奇，鄂江飞渡，公于是时，晋之杜预。天王既尊，山人自晦，公于是时，唐之李泌。相宅卜宫，两都并雄，公于是时，周之召公。①

阎复在《藏春集》序言中有类似的评价：

---

① 徐世隆：《祭太保刘公文》，李修生主编：《全元文》第2册，江苏古籍出版社1999年版，第399页。

>　　文贞公学参天人，思周变通。早慕空寂，脱弃世务，一旦遭际圣主，运应风云，契同鱼水，有若留侯规画以兴汉业，召公相宅以营都邑，叔孙奉常绵蕝以定朝仪。陆贾诗书之语，贾生仁义之说。当云霾草昧之世，天开地辟，赞成文明之治。

阎复的评价是得当的，与历代的贤相、忠臣相较，刘秉忠不仅仅是辅佐了一代君王，或一朝盛世，而且是延续了中华历史的文明。正是刘秉忠及其同僚的前赴后继，使我们大中华的文化在这个时期不曾断裂。

刘秉忠与历代名臣的另一不同点，是他的僧人身份，他在朝中二十二年一直是僧相。如果他不是空门弟子，如果他不是一直保持着"聪书记"的身份，他是否能够完成如此大业？首先僧人的身份，便于他与蒙古统治者的沟通及信任；其次受佛学观念的影响，他个人修养更注重于超现实的追求，而淡漠现实的欲望。刘秉忠信奉的是佛教中禅宗一派，禅宗所重是"明心见性"，是一种内在自觉。由禅宗说来，一旦大彻大悟，即可立地成佛，"于是修行佛法，可以不必再出世，即在尘俗中，一样可成正果"①，所以刘秉忠以僧人而入尘世。佛教理论无论何说，它的终极道理是一个"空"字，"毕竟空"是佛学的常理。信奉着这样一种理论，刘秉忠对现实中"暂时"的利益就淡泊了许多。《元史》记载"世祖尝赐秉忠白金千两，辞曰：'臣山野鄙人，侥幸遭际，服器悉出尚方，金无所用。'世祖曰：'卿独无亲故遗之邪？'辞不允，乃受而散之……"足见他对钱财的淡漠。至元五年为避免繁琐事务，刘秉忠辞掉参领中书省事职位，可见他对权力的淡泊。刘秉忠没有子嗣，直到五十五岁，奉旨结婚，五十九岁端坐长歌一夜逝去，足见他对世俗儿女后事的不在意。在现实人生的小圈②中，刘秉忠似乎什么都没有留下；而在人生的大圈中，刘秉忠做到了类似于伊尹、周公的功业。《元史》载："古者三公之职，寅亮天地，燮理阴阳，以论道经邦者也。元初，以太师、

---

① 钱穆：《中国思想通俗讲话》，生活·读书·新知三联书店2005年版，第58页。
② 钱穆把人生分为大圈与小圈，他认为凡属人生小圈中的事，当知皆属虚幻不实，当下即成空，现实的满足，立刻满足立刻消失，譬如美味的东西在舌尖仅停留一秒钟，人生小圈是当下即可否定的；人生大圈是能够永恒的东西却是绝不能否定的。

太傅、太保为三公,自木华黎国王始为太师,后凡为三公者,皆国之元勋,而汉人则惟刘秉忠尝为太保,其后鲜有闻矣。"①在元代汉人能够做到"三公"位置的唯有刘秉忠。

在许多人的认识中,是忽必烈成就了刘秉忠,如陈基所言:"故非世祖之雄略英断,不能以用公;非公之博文应变,不足以佐世祖。"(《夷白斋稿》卷一二《刘文正公小像赞并序》)其实,与其说世祖成就了刘秉忠,不如说时代与佛成就了他。在那个时代里,"佛缘"使他认识和交往了蒙古最高统治者;佛家的思想赋予了他那样一种对待现实的态度,这种态度对他一生的成功起着重要的作用。

## 第三节 先僧后仕的张易

张易(约1215—1282)的人生经历与刘秉忠有几分相似,由僧人而成为忽必烈潜邸时的幕僚。在忽必烈即位之后,曾任参知政事、中书右丞、平章政事、枢密副使等重要职位,是有元一代少有的政治地位显赫的汉人之一。因牵连谋杀阿合马的事情被诛后,估计在元代当时直接记载张易的完整文字材料保留得甚少,后来明人编写《元史》也不曾为之立传。《元史》不为立传大概是因为时间关系而不是政治原因,《元史》不到一年草创而成,许多史料是用元人记载的实录,自然没有时间在零星的资料中去整理张易的传记。清代顾嗣立编的《元诗选癸集》中有《张枢密易》简单传记,并选其诗一首。据此传及元代的其他零星的文献资料可以勾勒出张易大致生平行踪。

《姚燧集》附录四《年谱》中"至元四年丁卯"条下面记载:

《先君日记》云:"中统二年,奉旨令右丞相公于平阳、太原行中书省。"平阳、太原,河东山西也。是中统、至元,皆尝行省其地。右丞则前书记张公也,本姓鲁,父名聚,社日生,小字社住。太原临州临

---

① 《元史》卷一百十《三公表》,中华书局1976年版,第2769页。

泉县使君庄人。父为人所杀，其母负公行丐于市，至郝太守家，有张孔目者，无子，携去，养以为子，因冒张姓。长祝发为僧，及遇知世祖皇帝，得所攀附云。①

这应该是一条确信的有关张易生平的记载，姚燧在这里所言《先君日记》是指他的伯父姚枢的日记。姚枢与张易是同僚，在《元史》宰相年表中，中统四年的右丞是南合、张启元，左丞是阔阔、张文谦、姚枢。《元史·百官七》中记载"中统、至元间，始分立行中书省，因事设官，官不必备，皆省官领其事。其丞相皆以宰执行某处省事系衔"。丞相分管地方的行中书省，是元初的常规制度。史书记载的这些内容，也证明了《先君日记》的确切性。从《先君日记》的简短记载，大致可以看出张易的生平：张易幼时名为鲁社住，山西太原临州临泉县使君庄人，父亲为人所杀，母亲背着他乞讨为生。行乞到郝太守家遇到张孔目，张孔目因无子收养了鲁社住，于是改名为张易，号启元，长大成人冠字为仲一。元人王恽《中堂事记》中记载："参知政事张易，字仲一，太原交城人。"②《张枢密易》有同样的记载："易字仲俦，一作字仲一，太原交城人。"③而姚燧在《先君日记》所记张易的籍贯为"太原临州临泉县使君庄"。三处有关张易籍贯记载并不一致。对此唐长孺先生《补元史张易传》一文中推断："若临州为张易原籍，交城则张孔目之贯，易既冒张姓，遂为交城人。"④张易被抱养后，籍贯随之而改。

而《姚燧集》的记载，除明确了张易的籍贯、出身之外，也让我们粗略地知道张易童年的苦难生活。父亲被人所杀，母亲背着他乞讨为生，后被别人抱养。父亲是如何被杀的，缺乏史料的记载，难于详知。从母亲背着他乞讨，说明在父亲被杀时他非常幼小。根据白钢《论元初杰出政治家张易》一

---

① 查洪德编校：《姚燧集》，人民出版社 2011 年版，第 685 页。
② （元）王恽：《中堂事记》上，文津阁《四库全书》别集类卷八十，第四〇一册，商务印书馆 2005 年影印，第 326 页。
③ （清）顾嗣立编：《元诗选癸集》乙集，秀野草堂原本，清嘉庆三年补刻，第 6 页。
④ 唐长孺：《补元史张易传》，《山居存稿》，中华书局 2011 年版，第 601 页。

文考证，张易可能出生于乙亥（1215）年春二月初一①。而这个时间正是蒙金战争最为激烈的阶段，甲戌（1214）年五月，金国皇帝放弃中都，迁到汴京，留太子守中都。至七月，太子也退到汴京。金王朝的皇家气势荡然无存，成吉思汗的大军长驱直下，乙亥年春二月，也就是张易出生的时间，木华黎率军一路攻克了辽宁、内蒙的十五座城市。戊寅（1218）年，张易约四岁时，太原被攻克。"十三年戊寅秋八月，……木华黎自西京入河东，克太原、平阳及忻、代、泽、潞、汾、霍等州"②，在攻占绛州时实行了屠城，或许张易的父亲就死于战乱中。

张易人生中另一重大事件，就是有关他参与谋杀阿合马的事件。在《元文类》中保存了张易《送鲁斋先生南归》的一首诗，从这首平常的送别诗中能够反映出他对阿合马的极度愤慨：

衮衮诸公入省闱，先生承诏独南归。道逢时否贫何病，老得身闲古亦稀。行色一杯燕市酒，春风三月故山薇。到家已及蚕生日，布谷催耕陇麦爬。③

这是一首送别诗，但开头一句以极度不平之语气，说出许衡辞职南归的原因及惋惜之情。"衮衮诸公入省闱"指的是阿合马当时领尚书省六部之事，权倾朝野，阿合马的许多亲信入朝为官；而贤士许衡因反对阿合马擅权却要独自南归。对"衮衮诸公入省闱"表示愤慨，对先生的南归十分的惋惜。许衡时任中书左丞，他为人刚正不阿，对阿合马的擅权谋私，满朝文武官员不敢直言，独许衡敢于上奏。《元史》记载：

未几，阿合马为中书平章政事，领尚书省六部事，因擅权，势倾朝野，一时大臣多阿之，衡每与之议，必正言不少让。已而其子又有金枢密院之命，衡独执议曰："国家事权，兵民财三者而已。今其父典民与

---

① 白钢：《论元杰出政治家张易》，《晋阳学刊》1988年第8期。
② 《元史》卷一《太祖》，中华书局1976年版，第20页。
③ （元）苏天爵编：《元文类》，四库文学总集选刊，上海古籍出版社1993年版，第1367—1392页。

财，子又典兵，不可。"……阿合马由是衔之，极荐衡宜在中书，欲因以事中之。①

此后许衡"因谢病请解机务"，告辞回到家乡覃怀。张易的这首诗可能就写于许衡这次谢病回家之时。全诗第一句有些激愤，之后的情感反而非常平静，显示不出一般送别诗的离愁别绪。设身处地从许衡的角度出发，感觉"老得身闲"也是好事；共饮一杯离别酒，想象故乡三月的山上该有薇菜了吧！等先生到家时蚕该出生了，麦子已经长得很好了。从张易仅留下的笔迹可见他情感的素朴、实在。反映出更重要一个真实信息，是他对阿合马的行为早已非常不满意。送别许衡是在至元七年，阿合马被杀在至元十九年。在这十几年的时间中，张易与阿合马在很长时间内是同僚。至元七年忽必烈立尚书省，以阿合马为平章尚书省事，以张易为同平章尚书省事。至元九年正月，忽必烈下令并尚书省入中书省，张易被任命为中书平章政事，仍与阿合马为同僚。对于阿合马的种种罪恶他应该非常了解。从他诗中所反映的情感，及对阿合马的了解，可以推断刺杀阿合马是他所期望的并在行动上积极给予支持。《元史·阿合马传》中所说的"易莫察其伪，即令指挥使颜义领兵俱往"是不符合事实的。张易应该是很清楚王著刺杀阿合马的行为，然后给予了积极的配合，《元史·高觿传》中的记载得以证明这一点：

> 顷之，枢密副使张易，亦领兵驻宫外。觿问："果何为？"易曰："夜后当自见。"觿固问，乃附耳语曰："皇太子来诛阿合马也。"夜一鼓，忽闻人马声……烛影下遥见阿合马及左丞郝祯已被杀。②

阿合马被杀的当晚，高觿宿卫宫中，亲见亲历了这一事件，而《元史·阿合马传》中所说的"易莫察其伪"是出于对张易的保护。《元史·张九思传》记载：

---

① 《元史》卷一百五十八《许衡传》，中华书局1976年版，第3727页。
② 《元史》卷一百六十九《高觿传》，中华书局1976年版，第3979页。

贼之入也，矫太子命，征兵枢密副使张易，易不加审，遽以兵与之，易既坐诛，而刑官复论以知情，将传首四方。九思启太子曰："张易应变不审，而授贼以兵，死复何辞！若坐以与谋，则过矣，请免传首。"皇太子言于帝，遂从之。①

《元史》这三处记载有关张易参与杀阿合马事情的所为是不很一致的。其不一致的关键处，在于张易是在知情的情况下发兵去杀阿合马还是"不知其伪"或"不加审"造成了错误的发兵行为。在这些记载中，刑官的判断应该是正确的。高觿与张九思都是当天晚上宿卫宫中，亲身经历了这件事的始末，但他们传记中所言不同。张九思说"张易应变不审"完全是出于对张易的保护，他自己心里也该清楚事情的真相。官方最后对张易的定论是"不知其伪"错误发兵，而不是"坐以与谋"。这个结论的形成，一是阿合马的死许多人认为罪有应得，死有余辜，故而同情张易并加以保护，同时说明张易在同僚中有着很好的人际关系；二是皇家对张易的信任度很高，从太子到皇上，从情感心理都不期望把他"坐以与谋"，"将传首四方"。张易的事情也就如此定论，后来忽必烈知阿合马罪行后，阿合马被抛尸野外，但朝廷也未曾对诛杀阿合马的人加以平反，故而张易这样一个大人物不曾在《元史》中留有记录，这自然成为一件憾事。

根据白钢的考证，张易是在"岁丁未"（1247）由刘秉忠推荐进入忽必烈藩府的。《张枢密易》中也明确记载"入侍元世祖潜邸"。张易与刘秉忠交往甚密，两位是非常知心的朋友。原因大概有三：一是他们为同学关系，二是有共同的出家为僧的经历，三是在藩府工作中政见相同，能够共同谋事。屠寄的《蒙兀儿史·宰相年表》记载了张易与刘秉忠是同学关系："张易，字启元，忻州人，与刘秉忠同学。"②齐履谦《知太史院事郭公行状》有相同的记载："时，太保刘文贞公（刘秉忠）、左丞张忠宣公、枢密张公易、赞善王公恂，同学于州西紫金山。"③刘秉忠与张易的认识，唐长孺先生推断："据《元

---

① 《元史》卷一百六十九《张九思传》，中华书局1976年版，第3980页。
② （清）屠寄：《蒙兀儿史记》卷第百五十七，《宰相年表》第六，世界书局1981年再版。
③ （元）苏天爵编：《元文类》，四库文学总集选刊，上海古籍出版社1993年版，第1367-647页。

史·刘秉忠传》，秉忠为僧后，游云中，随海云禅师北行，遂留世祖潜邸，疑秉忠游云中途出太原，因与张易相识。其时易已为僧。"① 在刘秉忠的《藏春集》中有六首诗词是写给张易的，其中的内容证实了他们之间深厚的友谊关系：《别张平章仲一》写他们离别时的不舍之情，"穷通此际难开口，离合中年易动情，恨杀溪流与山色，天南地北送人行"；《六盘会仲一饮》写他们相聚时推杯共盏、抒发肝胆之情，"塞下相逢一杯酒，贵倾肝胆略无疑"；《途中寄张平章仲一》刘秉忠认为唯张易是自己的知己，知道自己的甘苦，"惟君胸次明如镜，照我区区两鬓班"；《寄张平章仲一》写对张易的思念之情，"玄鸟欲归黄鸟断，诗哦伐木正思君"；《朝中措·赠平章仲一》一词，刘秉忠告诉张易要尽量把中原人才吸引到朝廷中，"好把中原麟凤，网来祥瑞皇家"，让他们能够为有用之才，而"莫教系定匏瓜"；《因张平章就对东坡海棠事三首遂赋一首》是与张易就海棠花的酬和之作。刘秉忠僧人出身，晚年才有家室，少"儿女柔情"的抒情之作，可知张易确实是难得的知己。

张易在忽必烈潜邸为幕僚时，很早就受到了重用，姚枢在"日记"中称他为"前书记"，应当为忽必烈潜藩时候的书记，幕府中的书记官是很重要的一个职位，因此当时藩府中许多重大事情，张易是参与其中的。从《元朝名臣事略》卷七记载廉希宪的一件事中，可以知道张易扈从忽必烈参加了南征，并且与廉希宪等人共同推举了王文统。李璮叛乱后，王文统受牵连被诛，平章赵璧平素忌讳廉希宪，于是乘机向忽必烈说王文统是由廉希宪、张易引荐的，忽必烈向廉希宪问及此事：

　　一日夜半，中使召公（廉希宪）入，从容道潜邸事，良久及赵言，公曰："向行跸驻鄂，贾似道以木栅环城，一夕而办，圣谕谓扈从诸丞曰：'吾安得如贾似道者用之？'秉忠、易进言：'山东一王文统，才智士也，今为李璮幕僚。'诏问臣，臣对：'亦闻之，其心固未识也。'上曰：'然，朕亦记此。'"②

---

① 唐长孺：《补元史张易传》，《山居存稿》，中华书局2011年版，第601页。
② （元）苏天爵辑撰：《元朝名臣事略》，姚景安点校，中华书局1996年版，第132—133页。

这是君臣共同回忆藩邸时期的事情。从廉希宪与忽必烈的对话中，得知在忽必烈进兵鄂州时张易是"扈从诸丞"中的一员，在用人、军事方面张易属于忽必烈身边的重要决策者。从许衡给刘秉忠、张易的一封信中，也可看出刘秉忠与张易是忽必烈身边两个相提并论的人物。1255年许衡恳辞京兆提学未被允许时，修书与张易、刘秉忠，求两位为他在忽必烈面前说情，许衡的《与仲晦仲一》中言：

> 某顿首再拜两君子执事：将春，敬惟雅况清裕。某山野鄙人，虚名过实，不胜愧负。仲一过京兆，以稠人中不克欸附所怀。继荷仲晦公特书慰勉，使某宽而居，安而待，其时已为士君子家托二三子相从正句读，今复十数矣。……
> 
> 恩旨令某充京兆提学，某之寡陋，先生素知，使依先所降恩，命教人家子弟，已愧不称；况提学之职，必习知举业、场屋有声者，可得为之。……是以倾输悃幅，冒渎陈说仲晦、仲一二君子，所愿奉致此意，何由使某得守先命，少缓士林之议，便风不乏，伏赐诲药。迩者从宜李公来，传道二君子雅意，佩感！但病中不能作书为谢尔！①

从许衡一并写给刘秉忠、张易的信，可以推断刘秉忠、张易在潜邸为幕僚时常常在一起工作，而且两人经常有机会同时拜见忽必烈，许衡也深知他们两人的关系非常密切，否则许衡不会把一封私人的信件同时写给两个人，并且求他们一同向忽必烈说情。

中统元年（1260），忽必烈在开平即位后，张易参与了元朝政权建设的许多重大活动。从中统元年，到至元十九年被诛，张易先后任参知政事两年，中书右丞两年，平章政事七年，枢密副使六年，从参领政务、财务最后到参与军机事务。中统三年李璮叛乱，王文统被诛后，忽必烈对汉族儒臣开始疏远并有所猜忌，逐渐转而依靠以阿合马为首的回回商人集团，但对张易的信任并未受到影响。至元三年（1266）正月，设立制国用使司，以阿合马

---

① （元）许衡：《与仲晦仲一》，李修生主编：《全元文》第2册，江苏古籍出版社1999年版，第450页。

为使。二月，以张易同知制国用使司事。此后阿合马专权横暴，打击异己，许多汉人因此被排挤出朝廷，但张易并未受到损害，而一直与阿合马并立在朝中，直到暗中支持王著杀死了阿合马，为民除害。

张易从幕僚至官场，一直能够受到忽必烈的信任和重用，其原因首先是张易具有非常的政治才干。王恽《中堂事记》评价张易："资刚明尚气，临政善断。"① 此外，张易出家的经历，洞究术数、精通阴阳的学问是更为重要的一个原因。在潜藩时期，元宪宗九年（1259）忽必烈就遣张易向李俊民问祯祥之事。《元史·李俊民传》中载"又尝令张仲一问以祯祥，及即位，其言皆验"。李俊民是金代状元，精通术数，"人服其先知。俊民在河南时，隐士荆先生者，授以邵雍《皇极》数。时之知数者，无出刘秉忠之右，亦自以为弗及也"②。忽必烈让张易去问李俊民祯祥一事，张易绝不仅仅是一个传话者，而是能够很好地理解李俊民所言的意思，或者说能够与李俊民共同探究一些问题。张易辞别李俊民时，李俊民送一首诗，诗云："丹凤衔书下九霄，山城和气动民谣。九潜龙虎声相应，未戮鳣鲵气尚骄。万里江山归一统，百年人事见清朝。天教老眼观新化，白发那堪不肯饶。"③ 由此诗可见，张易问李俊民的事情是有关忽必烈继承皇位的大事。余嘉锡先生对此诗分析道："观其《赠张仲一》诗，盖言人心归向，必登大位。故有'龙虎'之句，比世祖为潜龙，而诸王大臣为虎也。"④ 此条记载可以明证两点：第一，张易应该是一个很懂术数的人；第二，忽必烈对张易已经是非常信任，否则不会派遣他去做这样一项"问鼎天下"绝对机密的事情，而且从"及即位，其言皆验"，说明张易很准确地向忽必烈传达了这一件属于"天机"之密事。

忽必烈即位之后，张易凭借自己的佛、道学识，承担了一些常人难以胜任的工作。至元八年太庙损坏，张易建议进行修理。《元史》载"八年九月，太庙柱朽。从张易言，告于列室而后修，奉迁栗主金牌位与旧神主于馔

---

① （元）王恽：《中堂事记》上，文津阁《四库全书》别集类卷八十，第四〇一册，商务印书馆2005年影印，第326页。
② 《元史》卷一百五十八《窦默传》附《李俊民》，中华书局1976年版，第3733页。
③ （元）李俊民：《赠张仲一》，薛瑞兆、郭明志编：《全金诗》第3册，南开大学出版社1995年版，第313页。
④ 转引自詹杭伦：《金代文学思想史》，成都科技大学出版社1990年版，第249—250页。

幕殿，工毕安奉。自是修庙皆如之"。张易不仅为当时修庙提出了具体方案，而且为后世人修庙提供了"示范"，"自是修庙皆如之"。《授时历》的修撰无论在忽必烈时期还是在元代的科技史上，都是一项重要的工作。刘秉忠早就向忽必烈提议进行修撰，国家统一之后，忽必烈开始着手这项工作，张易成为这项工作的"主领"。《元朝名臣事略》载："十三年，立局改治新历。先时，太保刘公以《大明历》自辽、金承用二百余年，浸以后天，议欲修正而薨。至是，江左既平，上思用其言，遂以公（郭守敬）与赞善王公帅南北日官，分掌测验推步于下，而忠宣、枢密二张公为之主领裁奏于上，复共荐前中书左丞许公能推明历理，俾参预之。"① 参与这项工作的多为知天文的"日官"，郭守敬是元代著名的科学家，而张易能够成为此项工程的"主领"，自然应该是深知天文知识。至元十四年（1277）上都发生了火灾，"妄谈风水"的人劝说忽必烈迁都，张易与张文谦在朝廷之上"力议不可"，与谈风水的人在朝廷上辩论，最后说服了忽必烈，由此可知张易在阴阳风水学说方面也应有很深的造诣。张易反对迁都的理由有二：一是劳民伤财，二是上都地址的选择是刘秉忠所选，如果因火灾而迁都在某种程度上是对已故刘秉忠的否定。张易、张文谦都是刘秉忠生前的好友，从情感而言自然不会同意。失火原本就是"居民常事"，多加防范即可。从以上两件事看，张易在某些方面是刘秉忠的继承者和维护人，他完成了刘秉忠生前想做而没有来得及做的事情，坚持了刘秉忠生前已经做过的工作，足见其对朋友之谊的始终如一。张易不仅懂得阴阳风水之术，而且对道家理论有一定的研究。至元十八年十月，忽必烈诏张易等人参校道家著作，"己酉，张易等言：'参校道书，惟《道德经》系老子亲著，余皆后人伪撰，宜悉焚毁。'从之，仍诏谕天下。"② 忽必烈选择张易做这一项工作，自然是源于对张易在这方面的学识的认可。同年，忽必烈采取和礼霍孙的建议，"以平章政事、枢密副使张易兼领秘书监、太史院、司天台事"。秘书监是元朝中央政府掌管图书收藏的机构，太史院掌管观测天象、编制历书等天文历数的事务，司天台就是古代观象台，元代始建。元灭金、宋后，将原来金、宋都城开封和杭

---

① （元）苏天爵辑撰：《元朝名臣事略》，姚景安点校，中华书局1996年版，第187页。
② 《元史》卷十一《世祖八》，中华书局1976年版，第234页。

州的司天监人员都集中到了大都,由王恂和郭守敬带领,改筑大都城的东南角楼为司天台,并且制作了浑仪、简仪、圭表、浑象等观测仪器,由张易兼管这些机构。

张易由僧人而成为忽必烈潜邸王府中的幕僚,在潜藩时期成为忽必烈绝对信任的一员,在元初又成为汉人中少有的一位高官。无疑,这种信任与他早期的僧人经历有着必然的关系,及与这种经历相联系的是他拥有佛、道、阴阳知识,这是取得忽必烈信任的一个很重要的原因。

## 第四节 亦事王府亦事佛的商挺

商挺是刘秉忠、张易之外在潜邸幕僚中又一位与佛结缘的重要人物。

商挺(1209—1288),字孟卿,自号为左山老人,曹州济阴(今山东菏泽)人。父亲商衡在金朝时任陕西行省员外郎,死于战场。蒙古军攻破汴京,商挺北逃,后投靠山东大族赵天锡,曾经与当时著名的文人元好问、杨奂交往。东平府的严实在当时势力强大,统领着齐、鲁、魏的五十四座城市,严实喜欢招养名士,聘请商挺为自己的几个儿子讲解经学。严实去世后,其子严忠济承袭东平万户侯,任命商挺为经历官。在严府期间,商挺帮助严忠济为东平一带培育了许多人才:"会复官经历,赞忠济大兴学校,聘康晔说《书》,李昶说《春秋》,李祯说《大学》,学生百余人,养之优厚,督于课试,后皆通显。东州多士,公实作之。"[①] 商挺所开的课程科目皆为儒家的经典,而聘任的都是当时的名儒。处在战乱年代,当时几乎无人能够顾及教育,商挺在严实父子的庇护下致力于儒学人才的培养。

宪宗三年,忽必烈在潜邸"闻挺名,遣使征至盐州"。商挺觐见忽必烈后"入对称旨,字而不名",忽必烈常称商挺为"商孟卿",而不呼名。商挺在潜邸为幕僚期间,主要做了两件事,一是协助杨惟中一起治理关中:

---

① (元)苏天爵辑撰:《元朝名臣事略》,姚景安点校,中华书局1996年版,第218页。

诏以京兆分世祖,教杨惟中宣抚关中,公为郎中。焚斩之余,八州十二县户不满万,皆惊忧无聊,赖公佐惟中,进贤良,黜贪暴,明尊卑,出淹滞,定规程,主簿责,印楮币,颁禄稍,务农薄税,通其有无。期月,秦民乃安,诛一大猾,群吏咸慑。明年,惟中罢,教廉希宪来使,登公副之。①

整治关中的过程,充分显示了商挺治理地方的行政能力,及管理经济的才干。此后忽必烈又派遣他治理怀孟,他采取恩威并重的手段:"取豪猾杖于市,一郡惧,乃济之以恩,怀人至今屡道其善。"治理"关中"与"怀孟"显示了商挺的治理才干。在潜邸时期,商挺所做的另一件大事,是帮助忽必烈夺取和巩固帝位,由此充分表现了他的军事才能。宪宗蒙哥去世时,忽必烈正在渡江攻宋,听从幕僚们的建议,他立即班师北返。途中召张文谦、商挺计议大事,商挺提醒忽必烈此时在军中一定要严守符信,以防奸诈。忽必烈豁然大悟道:"无一人为我言此,非商孟卿几败大计。"连忙派遣使者到军中立约。不久,与忽必烈争夺帝位的阿里不哥的使者就暗中来到忽必烈军中,因提前做好防备的措施,即刻发现被斩。

阿里不哥(?—1266)是拖雷的幼子,与蒙哥、忽必烈、旭烈兀同为唆鲁禾帖尼所生。依照幼子继承父亲家业的蒙古风俗,阿里不哥随母亲同住,并继承母亲宫帐的产业。阿里不哥与蒙哥政见一致,素来反对忽必烈的汉化政策,当蒙哥亲征南宋时,留阿里不哥驻守蒙古大本营和林。蒙哥突然驾崩后,阿里不哥立即调动军队加强和林的防务,并与支持自己的蒙古显贵们结盟,凭借据守首都和林的优势,以监国摄政及忽里勒台(选汗大会)召集人的身份,向四方遣使,发布敕令,要求诸王、那颜们赶来和林为蒙哥举哀发丧,并出席忽里勒台选举新汗。忽必烈迅速北返抵达了自己的王府所在地开平,而未前往和林吊丧。同时有部分在和林的成吉思汗家族的诸王、贵族也赶往开平支持忽必烈。当时忽必烈对于称汗位有些犹豫,"公(商挺)与廉公希宪参大议,潜进言曰:'先发制人,后发人制。天命不敢辞,人情不敢

---

① (元)苏天爵辑撰:《元朝名臣事略》,姚景安点校,中华书局1996年版,第218页。

违，事机一失，万巧莫追。'上颔之"。商挺、廉希宪进言后的第二天，在诸王及幕僚成员们的建议下，忽必烈在开平召开了"选汗大会"，并登上了皇位。然而，按照蒙古族的惯例，选汗应该在斡难河（今蒙古鄂嫩河，是成吉思汗即位的地方）之地举行，并且必须邀请所有成吉思汗家族各系的宗王参加，而忽必烈在汉地自行举行的选汗大会，显然有违蒙古族的传统，缺乏正统的依据。故此，在忽必烈称汗不久，阿里不哥也在和林召开了选汗的会议，在部分蒙古宗王及权臣的拥戴下，阿里不哥也登汗位，出现了"两汗并立"的政治僵局。为了独掌全国，阿里不哥决定南下与其兄忽必烈争夺天下。1260 年夏天，阿里不哥调动原由蒙哥控制的蒙古汗国的主力军南下，命阿兰答儿调兵至西凉府（今甘肃武威），与原据六盘山的浑都海、哈剌不花军会合，占据关陇，再自西路向燕京进军。针对当时的军事形势，商挺向廉希宪分析道：

"为六盘，有三策：悉锐而东，直捣京兆，上策也；聚兵六盘，观衅而动，中策也；重装北归，以应和林，下策也。"希宪曰："彼将何从？"挺曰："必出下策。"①

根据商挺的建议，布置兵力，两军大战于甘州东，杀大将阿兰答儿、浑都海，大获全胜。忽必烈获知得胜的消息后，称赞商挺说："商孟卿，古之良将也。"此战役基本决定了忽必烈与阿里不哥兄弟之间的胜负。在忽必烈继位及巩固帝位的过程中，商挺起到了至关重要的作用。至元元年，商挺入拜参知政事。

至元九年，忽必烈封忙哥剌为安西王（忙哥剌是忽必烈第三子），"赐京兆为封地，驻兵六盘山"。安西王府应运而生，建立了开城府，商挺为王相。安西王驻扎在六盘山，目的在于分制陕西、四川等地，制管此地非常重要，当时元朝的政治中心还在上都开平，所以开平、六盘山、四川是三点一线。忽必烈嘱咐商挺"王年少，河迆西尽以委卿"，足见世祖对商挺的信任。

---

① 《元史》卷一百五十九《商挺传》，中华书局 1976 年版，第 3739 页。

商挺到任后向安西王进十策："睦亲邻、安人心、敬民时、备不虞、厚民生、一事权、清心源、谨自治、固本根、察下情，王为置酒佳纳。"① 姚燧描写当时安西王到长安的情景及政绩：

> 当至元九年，诏立皇子为安西王，以渊龙所国国之。明年至长安，营于素浐之西，垩殿中峙，卫士环列，车间容车，帐间容帐，包原络野，周四十里，中为牙门，讥其入出。故老望之，眙目怵心，齌咨啧啧，以为有国而来，名王雄藩，无有若是吾君之子威仪盛者。其时犍河之外，秦固内地，教令之加，于陇于凉，于蜀于羌，诸侯王、郡牧、蕃酋，星罗棋错于是间者，靡不与金箧帛，效马献琛，辐辏庭下，勃镤竭蹶，如恐或后。其大如军旅之振治，爵赏之予夺，威刑之宽猛，承制行之。自余商贾之征，农亩之赋，山泽之产，盐铁之利，不入王府，悉邸自有。②

这段话较为细致地描写了当时安西王的威仪及所在地的政绩，这种兴盛局面的开拓，商挺起着非常重要的作用。安西王受封之后的第二年，又"诏安西王益封秦王，别赐金印，其府在长安者为安西，在六盘者为开成，皆听为宫邸"③ 此时安西王实际是一藩二印并有两府，府邸在长安的曰安西，在六盘的称为开成。安西王类似于皇帝的"两都巡幸"，采用"两府巡幸"，冬居于安西府，夏居于开成府。安西王实际是皇帝经营陕西、四川的直接代理人，他有权派遣官吏巡视和督战，在特殊情况下还可以发布类似于皇帝的命令，为了有别于天子的"敕"，安西王的命令称为"教"。王府中的许多政令出于商挺，安西王有时把一些事情全权委托于商挺。如"十四年，诏王北征，王命挺曰：'关中事有不便者，可悉更张之。'"至元十七年安西王去世，王妃让商挺请命于朝廷，以其子阿难答继位，帝曰："年少，祖宗

---

① （元）苏天爵辑撰：《元朝名臣事略》，姚景安点校，中华书局1996年版，第222页。
② 查洪德编校：《姚燧集》，人民文学出版社2011年版，第146页。
③ 《元史》卷一百八《诸王表》，中华书局1976年版，第2736页。

之训未习,卿故行王相府事。"① 在一段时间里忽必烈把王府的事情全权交予商挺管理。

商挺从进入忽必烈藩府"入对称旨,字而不名",到"卿故行王相府事",及安西王说"关中事有不便者,可悉更张之",商挺取得了忽必烈父子两代人如此信任,他的政治才能是一方面,此外也与他对佛教的信仰有关。商挺在安西王府施行王政的管理之外,另一重任则是自觉地进行佛教传播工作。商挺何时皈依佛门,史料没有明确的记载,但从他撰写的《创修崆峒山宝庆寺记》看,应该是在他的早年。在这篇碑记中,商挺说安西王受封后自己是以受戒弟子的身份随从。他受戒于国师的叔父檠里吉察思揭兀相,后来王府中的王妃、公主、王子等人,都受戒于商挺,"安西王妃逊多礼、世子阿难丹、帖古思不花、阿董赤,公主讷论普演、怯力密失咸受戒于商,师事之惟谨"②。从中可以判断商挺一定有很深的佛学理论修养及从事佛事的资历,否则皇家的人不会受戒于他。在王府期间商挺是"旦夕持诵,小心精进,不懈益虔"。作为王相的商挺早晚都要诵读佛经,可见对佛之虔诚。商挺还建议安西王出资在崆峒山修建了宝庆寺作为道场,商挺主持了这座寺庙的修建工作,且为此写了碑文。寺庙落成之后,安西王和王妃亲自去崆峒山宝庆寺拜祀,"周视规制,嘉其精敏,特授陕西、四川、西夏等路释教统摄,仍刻银比三品印畀之。平生行业,及主持修建始末,命作文以志诸石"。商挺在这座寺庙的建设中花费了很大的心血,而他的这篇碑文,记载了七百多年前一桩鲜为人知的佛教文化盛事,也为我们研究商挺提供了可靠的史料。在这篇碑记的结尾,商挺道出了他与佛及王家之间的关系:

> 佛如来灭度后,及今千五百有余岁,缁衣祝发称沙门弟子者,不啻亿万计。然其槁木空山,扫迹灭景者,盖亦有人。未若檠思吉亦里拣卜八黑思八大士,由西土入帝廷,拱揖雍容,为一代人天师,非其学识洞微,沉几先物,岂能臻此。惟商亦能戒律自饬,淡泊为心,出入王家,

---

① 《元史》卷一百五十九《商挺传》,中华书局1976年版,第3741页。
② 商挺:《创修崆峒山宝庆寺记》,李修生主编:《全元文》第2册,江苏古籍出版社1999年版,第507页。

始终如一，即其知遇之深，宠赉之厚，岂非严洁精进，真实勤恪，累积之效与！二师之道，有欲以佛图澄、鸠摩罗什比之，是可为无愧矣。①

商挺认为槊思吉亦里拣卜八黑思八大师的功德可与佛图澄、鸠摩罗什相比较。槊思吉亦里拣卜八黑思八是从西土而来，在忽必烈朝廷中从事佛教工作，曾经主持修建了上都西南的寺庙；而佛图澄、鸠摩罗什是古龟兹国的两位高僧，在佛教东传中国的两个关键阶段，做了转折性的开拓工作。佛图澄是佛教在中国北方地区广泛传播的开拓者，他培养了大批佛教徒，使得佛教信仰在民间很快普及并深入。但是随着信仰者的增加，拥有大批僧侣和信众的中国佛教面临佛教经典翻译和解释方面的困难，在这个传教的关键时刻，鸠摩罗什来到中国，翻译出了佛教中的"大乘经典"，培养了大批学问僧。佛图澄解决了信众的问题，而鸠摩罗什解决了经义的问题。他们在不同的阶段、不同的层面上，为佛教在中国的传播与发展做出了很大的贡献。商挺把在帝廷中从事佛教工作、负责修建寺庙的大师与佛图澄、鸠摩罗什的功德相比并，认为他们的功德远远超于一般"缁衣祝发沙门弟子"，意在说明朝廷中从事佛教工作的重要性。在元初特殊的社会背景下，商挺的这种认识是合理的。其言外之意也自然蕴含了他自己工作的意义，他也正是这样一位在王廷中一边处理政务一边传播着佛教思想的人。以他自己感受而言，他认为自己从事的这两项工作是互为促进的，他所以能够在朝中"知遇之深，宠赉之厚"是因为他能够"戒律自饬，淡泊为心"。商挺在王府中很好地完成了这两项工作，政绩显著，佛教的影响深远，不仅当时王府上下许多人皈依佛教，而且崆峒山在后世也成为了著名的道、佛圣地。由于商挺的影响，王子忙哥剌也专研佛经，帝师八思巴曾专门为王子撰写了《皇子忙哥剌父母造广、中、略三种槃若华严经的说明》、《受皇子忙哥剌之教戒—吉祥串珠》。

元明善在《参政商文定公墓碑》中称商挺为一代英杰："公具文武才，明允公亮，慷慨有大志。遭际世祖圣神之主，道同气合，获展宏略，功在社稷，德洽黎元，庆流子孙，可谓一代英杰者矣。虽囗安西之狱，事旋昭雪，

---

① （元）商挺：《创修崆峒山宝庆寺记》，李修生主编：《全元文》第 2 册，江苏古籍出版社 1999 年版，第 508 页。

克终令名，盖有以也。"①用"道同气合"评价商挺与忽必烈的关系是恰切的。"道同气合"中无疑包含着宗教信仰的一致性，由宗教信仰的一致，形成的信任度往往比政见一致所形成的信任度更为牢固和长久。因此商挺虽与王文统背叛的事有牵连，但很快因成都公务所需，被"陛下宽赦"起用；安西王府擅杀赵炳，虽有人诬陷牵连到商挺，也很快昭雪被释。至元二十五年，一日忽必烈问中丞董文用："'商孟卿今年几何？'对曰：'八十。'帝甚惜其老，而叹其康强。"是年冬天，商挺去世。商挺晚年"遂葺其小圃于都城之南以居，澹然与造物者游。朝士及僧道日造门问遗不绝，益为世所重"②。晚年的商挺"益为世所重"的原因，自然不是"朝事"而是"佛事"。

　　刘秉忠、张易、商挺三人无论在潜邸做幕僚时期，还是后来忽必烈即位后作为元初的官员，都取得了忽必烈非常的信任。探讨其中的原因，除他们所具有的政治才能以外，最重要的原因就是他们对佛学有着很深的造诣，尤其是对佛教的共同信仰成为他们君臣之间互相信任的重要纽带。刘秉忠在朝廷中一直是出家人的身份，商挺在朝中是"旦夕持诵"佛经，张易在入潜藩前是僧人，并始终信仰佛教。忽必烈在政策上对各种宗教是包容的，但他自己的信仰始终是佛教，他奉八思巴为国师，与八思巴确立了师徒关系。从《元史·世祖本纪》记载看，忽必烈世祖时期从事佛事活动是非常频繁的。中统、至元年间所记载的盛大佛事就有二十多次，其规模宏大惊人，有时竟然"集诸路僧四万余"，其僧人中有西藏僧、有汉人僧、有维吾尔僧、有高丽僧，这自然促成了民族文化的交流。而做佛事的财政消耗也是惊人的，有时在一座庙里作佛事，可以赏赐"银一万五千两"。可见忽必烈对佛教信仰的虔诚与狂热。任何教派的教徒总希望别人尤其是自己亲近的人与自己有着相同的信仰，忽必烈也如此，他曾命自己的近臣廉希宪受戒于八思巴，廉希宪拒绝说"臣已受孔子戒"。忽必烈希望自己的近臣能够信仰佛教，而对已经信仰佛教的人，自然就多一份信任与亲近。

---

① （元）元明善：《参政商文定公墓碑》，李修生主编：《全元文》第24册，江苏古籍出版社2001年版，第379页。
② （元）苏天爵辑撰：《元朝名臣事略》，姚景安点校，中华书局1996年版，第223页。

蒙古统治者始终痴迷于佛法，忽必烈的兄长蒙哥汗据《元史》载："酷信巫觋卜筮之术，凡行事必谨叩之，殆无虚日，终不自厌也。"[1] 与儒道相比较，蒙哥汗认为"孔、老之教，治世少用，不达性命，唯说现世，止可称为贤人"，而"佛之垂范，穷尽死生善恶之本，深达幽明性命之道，千变万化，神圣无方，是真大圣人也"[2]。从忽必烈开始，终元一代佛教被奉为国教。元顺帝的太子曾言："李好文先生教我儒书多年，尚不省其义。今听佛法，一夜即能晓焉。"[3] 由此可见，佛教对于蒙元统治者是非常易于接受的，这是由他们原有的认知"接受屏幕"决定的。因此在与外来文化交流时，宗教自然是最好的媒介。

---

[1] 《元史》卷三《宪宗》，中华书局1976年版，第54页。
[2] （元）释祥迈：《大元至元辨伪录》卷二，中华再造善本，北京图书馆出版社2002年影印。
[3] 《元史》卷四十六《顺帝九》，中华书局1976年版，第962页。

# 第二章　忽必烈潜邸幕僚形成的途径之一："血缘人伦圈"
## ——潜邸幕僚中的"基础群体"

中国封建社会后期，汉文化在其他方面遥遥领先于其他周边民族，但在重视人伦这一点上，与其他周边民族则能够相互认同并行。由于汉蒙对血缘关系在社会组织形式中所起作用能够相互认同，故在忽必烈潜邸时，由"血缘人伦"的途径形成了潜邸幕僚集团中的基础群体。

## 第一节　潜邸幕僚中"血缘人伦圈"形成的背景

13世纪初，蒙古帝国统治的社会结构还处在以血缘为纽带的组织形式，"共同血统观念在13世纪初依然是蒙古社会组织的基本纽带"[①]。1206年成吉思汗建立了草原游牧蒙古帝国后，开始着手建制一系列的重要制度。其重要的一项就是在原有的十进制的军事编制的基础上设立了千户制，全体草原牧民被统一编制在九十五个千户内，千户之下又有百户、十户。各千户的户数，并非就是整数或相等的数目，但战时都可以提供千名战士。千户制既是蒙古军队的编制，也是蒙古国地方行政编制单位。千户成员"上马则备战斗，下马则屯聚牧养"（《元史》卷九十八《兵志》）。在千户的编组划分时，蒙古统治者充分利用由同族意识所产生的凝聚力，在编组中对始终跟随着成

---

① 姚大力：《蒙元制度与政治文化》，北京大学出版社2011年版，第111页。

吉思汗的部落或主动投靠依附的部落，一般不予拆散，按原有的部落划分改编为若干千户或百户，由原来的部落首领任千户长、百户长，这中间许多人是有着直系的血缘关系。另一部分是蒙古在统一战争中覆灭瓦解了的不同部族中的人混合组合在一个新千户中，但是一些人口数量较大的部落，在被编进千户百户时并没有完全离散。有的即使离散了，按照成吉思汗的命令，又分别被出自该部落的某一功臣重新收聚在一起，变为另一新的千户。把原属于同一部族的成员集中编在一个千户或百户中，是成吉思汗千户制所采纳的基本原则。当时的整个蒙古帝国被分为九十五千户，分封千户那颜[①]八十八人。七十八位是功臣，十位是驸马，其中有三位驸马合计统领十千户。千户作为全体蒙古人军民合一的组织，结束了旧有蒙古草原上氏族部落林立的旧体制形式。千户制设立之后，在1207—1214年期间，按照蒙古草原家产分配的习俗，成吉思汗把千户中的其中一部分及蒙古东西两翼之地，分授给诸子和兄弟。成吉思汗的四兄弟合撒儿、哈赤温、斡赤斤、别里古台封地在蒙古东部，被称为"东道诸王"。成吉思汗的三个嫡子术赤、察合台、窝阔台的封地在阿勒台山之西，被称为"西道诸王"。其幼子拖雷（忽必烈的父亲），继承管领了成吉思汗的四大斡耳朵（大汗宫帐）和中央兀鲁思所属的千户，并有吉儿吉思的封地。拥有封地封民的成吉思汗诸子诸弟，各自建立起自己的"兀鲁思"封国领地，领地中管理游牧民的千户长实际就是他们的家臣。

确立千户制的同时，成吉思汗组建了万人的怯薛护卫军。"怯薛者，犹言番直宿卫也"（《元史》卷九十九《兵志》）。怯薛源于草原贵族的亲兵，带有浓厚的父权色彩。1204年成吉思汗在大举进攻乃蛮前对他统领下的蒙古部众进行过一次整编，建立了一支五百五十人的怯薛军。在此基础上，扩建成万人的大怯薛：一千名宿卫，一千名箭筒士，八千名散班。怯薛护卫人员称为怯薛歹，主要从千户长、百户长、十户长的儿子中挑选有技能、身体健壮者充当。充当怯薛歹的人根据出身不同，可带不同数量的伴当和弟弟。《蒙古秘史》载："若是千户的子，每人带弟一人，带伴当十人。百户的子，每

---

① 那颜：蒙古语"官人"。十户长称为那儿班那颜，白户长称为札温那颜，千户长称为敏军那颜，万户长称为土绵那颜。

带弟一人，伴当五人。牌子并白身人子，每带弟一人，伴当三人。"①被带来的这些人可以视为"准怯薛"成员。怯薛集中了草原游牧帝国最精锐的部队，号称"大中军"。其职司主要是保卫大汗金帐，随从大汗并分管汗廷的各种事务。怯薛在番值期间"密近天光"，拥有很多"随时献纳"的机会，对大汗的决策常常能够施以影响。其次他们作为官僚的后备军，是元朝高级官员的一种最为重要的来源。忽必烈即位后，相继设立了中书省、枢密院和御史台，但怯薛制一直伴随着元朝始终。"然四怯薛歹，自太祖以后，累朝所御斡耳朵，其宿卫未尝废。是故一朝有一朝之怯薛，总而计之，其数滋多，每岁所赐钞币，动以亿万计，国家大费每敝于此焉。"②核心的怯薛成员拥有参与廷议的法定权力。

从以上简单的梳理描述中，可以看出当时蒙古社会的结构，无论是百姓的千户制，还是皇家的分封，以及皇帝身边的最高侍卫队的形成，都源于血统。克莱德曾说："蒙古人极快地（可能不是第一次地）从氏族的血缘组织过渡到一个帝国政治组织。他们将父系血缘联系的遗产带进了帝国时期。根据这种血缘的联系，每一个蒙古人，从最低身份的人到最高身份的人，都是汗的家属。"③这种从大汗、诸王、千户、百户的逐级授民分封疆土的结构，类似于中国历史上西周时代的封土建侯制。在周朝时代，为官的主要途径就是血统和军功。到春秋末战国时期，"游说"成为另一条途径，苏秦当被认为是这一途径最为典型成功的事例。汉代才有选举之途，曹操的"唯才是举"在一直视德行为第一的用人传统中，是一次破天荒的举动。考试制度开始于隋唐，中国的用人制度的改革只有在科举制度出现后，人伦关系才有所削弱。世袭是血统关系，举荐是社会关系，魏晋的门第是血统人伦关系与社会人伦关系的混合产物。忽必烈所处的蒙古社会的用人制度完全处于以血统与军功为主的这样一个阶段。如果有外来成分（没有血缘关系）融入，则"用编造系谱，用神话传说的祖先给血统上无关的各部分提供虚构的血缘亲

---

① 额尔登泰、乌云达赉校勘：《蒙古秘史》，内蒙古人民出版社1980年版，第1022页。
② 《元史》卷九十九《宿卫志》第四十七，中华书局1976年版，第2525页。
③ 〔美〕劳伦斯·克莱德：《封建主义与中世纪鞑靼人的制度》，《社会与历史的比较研究》1958年第1期。

属关系来实现的"①。在蒙古帝国这样的用人体制背景下，王府中幕僚集团以"血缘人伦圈"的途径形成，正是忽必烈非常愿意接受和鼓励的。在当时蒙古统治者的认识中，共同的血统形成的相互义务是最为可靠的。"血缘人伦圈"就是指潜邸幕僚中的一些人或为父子、或为兄弟、或是因为父亲的军功及其他原因而进入王府中。他们入王府的途径是源于某种血缘伦理关系。这部分成员有的来自汉族、有的来自维吾尔族、有的是回族……他们来自于各个不同的民族。这部分成员属于潜邸幕僚中的基础群体。

## 第二节 汉族"血缘人伦圈"中的幕僚成员

血缘关系是由婚姻或生育而产生的人与人之间的关系，以及由此派生的其他亲属关系。在伦理关系的分类中它是属于"先赋型"的，即先天注定、无法选择也无法抛弃。血缘关系在人类社会产生之初就已存在，是最早形成的一种社会关系。在原始社会中，血缘关系是社会的基本关系，是社会组织的基础，对社会生产及人们的生活起着决定性作用。血缘关系在人类社会初期的这种重要性，是由当时的社会形态及生产力所决定的。马克思在《1857—1858年经济学手稿》中集中论述了人类的三大社会形态：人的依赖关系是最初的社会形态，在这种形态下，人的生产能力只是在狭窄的范围内和孤立的地点上发展着。以物的依赖性为基础，人具有一定的独立性，是第二大社会形态，在这种社会形态下，才形成普遍的社会物质变换，多方面的需求以及全面的能力的体系。而建立在个人全面发展和他们共同的社会生产能力成为他们的社会财富这一基础上的自由个性，是第三阶段的社会形态。概括而言，就是当"人的生产能力只是在狭窄的范围内和孤立的地点上发展着"的时候，人与人之间的伦理关系也就只能限制在"狭窄的孤立的"血缘关系中，"家庭起初是唯一的社会关系"②。另一方面，在社会发展的进程中，

---

① 〔德〕傅海波、〔英〕崔瑞德编：《剑桥中国辽西夏金元史》，中国社会科学出版社1998年版，第483—484页。
② 《马克思恩格斯选集》第一卷，人民出版社1974年版，第33页。

具有不同文化的不同国家不同民族,其"血缘关系"在社会中的地位、作用也不相同。在汉民族的传统文化中,一向重视血缘关系。中国历史发展到元代,汉族文化在其他方面遥遥领先于周边民族,但在重视血缘关系这一点上,则与其他周边民族能够相互认同。由于对"血缘关系"的共同看重,当时在忽必烈潜邸幕僚中有许多成员是因"血缘关系"而进入王府的。

马克思把血缘关系分为家庭关系、家族关系、宗族关系、氏族关系、种族关系这样五种类型。在对潜邸幕僚成员分类时,首先以民族关系加以分类,之后再以家庭关系进行分类考述。汉族中的幕僚成员,多数来源于中原地区。具有血缘关系的幕僚成员,具体可以分为两种类型:一种是同一家庭中的几位成员共同在王府中为幕僚成员,他们或为父子关系或为兄弟关系;另一种是因父辈之职或功勋而进入王府的成员,入王府是源于父辈的血统;有些人这两种情形兼而有之。具体考述如下。

**许国祯、许扆父子**

许国祯(约1200—约1275),字进之,绛州曲沃(今山西闻喜)人。祖、父两代人业医,许国祯母韩氏亦以能医且善调和食物而侍奉忽必烈的母亲庄圣太后。许国祯"博通经史,尤精医术",世祖在潜邸时期"国祯以医征至翰海,留守掌医药"[①]。许国祯不仅负责王府的医药之事,同时也参与忽必烈王府中一些重要的政务。乃马真后二年(1243)许国祯曾和赵璧受命到保州征聘名儒王鹗,由此可知许国祯入府的时间是在1243年之前。征云南大理,是忽必烈独立领导的第一次重大战役,当时有许多重要的幕僚成员相随,许国祯是其中一员。他随从忽必烈,"朝夕未尝离左右,机密皆得参与"。忽必烈即位之后,许国祯官至提点太医院事、礼部尚书,拜集贤大学士,进阶光禄大夫。每进见时,忽必烈呼许国祯为"许光禄"而不名,足见君臣关系之亲近。

许扆,字君黼,生卒年未详。许国祯之子,从其父侍奉忽必烈于潜邸王府,入备为宿卫。《山西通志》载:"从父侍潜邸。进退庄重,世祖喜之,赐

---

① 《元史》卷一百六十八《许国祯传》,中华书局1976年版,第3962页。

今名。"①许扆为人忠慎小心，世祖非常喜欢他，赐其蒙古名字忽鲁火孙。因为从小生长在王府中，有很好的语言学习环境，由此学会了多种语言，"每外国使至，必命与之语，辞理明辨，莫不倾服"②。世祖即位，拜礼部尚书，提点太医院事。在《元史·许国祯传》中载这样一件事：在许扆任提点太医院时有人盗走了大安阁祭祀神仙的钱币，忽必烈得知后很愤怒，命令诛杀此人，提点太医院许扆劝谏说："敬神，善事也。因置人于死地，臣恐神不享所祭。"忽必烈"即命释之"③。成宗即位后，命以中书右臣署的太常事，后改陕西行中书右丞。许氏父子是汉人中较早进入王府的幕僚成员。

**董氏昆仲三兄弟**

在忽必烈建立政权的过程中，汉族的同一家庭成员中贡献最大的是藁城的董氏昆仲三兄弟。三兄弟分别是董文炳、董文用、董文忠。董氏昆仲三兄弟，无论是在忽必烈潜邸时期，还是在忽必烈统一中国建立政权之后，兄弟三人都做出重大贡献。他们进入王府既是因为父亲的军功，同时也因兄弟关系的互相影响。董氏兄弟的父亲董俊是藁城著名的世侯。董俊（1186—1233），字用章，世居藁城（今属河北石家庄市藁城区）县，世代业农。董俊"少力田，长涉书史，善骑射"。金贞祐间，边事告急，藁城县令募兵，董俊以射击技能选拔为将领，"众莫能弓，独俊一发破的，遂将所募兵迎敌"④。岁乙亥，蒙古国王木华黎帅兵南下时，董俊归降。当时蒙古统治者对地方归降者，一律就地授官，或授予原职不动，或改授高职，但依旧管辖原有地盘，承认他们对地方的管辖权力，并且这种权力可以永久世袭。只是必须承担两项义务：出兵从征和缴纳贡赋。归降后，董俊知中山府事，多次立功，后升为龙虎卫上将军，驻扎藁城行元帅府事，所带领的军队被封为"匡国军"。壬辰年（1232），蒙古军对金展开大规模的袭击，金统治者从汴梁逃往归德府，董俊在追击过程中战死，时年四十八岁。《元史》载董俊有六子，

---

① （清）觉罗石麟、储大文编：雍正《山西通志》卷一一〇，中华书局2006年版，第2841页。
② 《元史》卷一百六十八《许国祯传》，中华书局1976年版，第3964页。
③ 《元史》卷一百六十八《许国祯传》附《许扆》，中华书局1976年版，第3964页。
④ 《元史》卷一百四十八《董俊传》，中华书局1976年版，第3491页。

他非常重视对后代的教育，在攻克汴京时，得知侍其轴很有学问①，于是延请侍其轴于家中教育诸子。曾对自己儿子说："射，百日事耳；《诗》、《书》非积学不通。"并屡次告诫自己的子弟："吾一农夫耳，遭天下多故，徒以忠义事人，仅立门户。深愿汝曹力田读书，勿求非望，为吾累也。"②然董氏的后代，并没有像董俊所期望的那样"力田读书"，而是在仕途上比董俊"走得更远"，更为显贵。董俊去世后，其长子董文炳世袭藁城县令。藁城属于真定地区，当时真定是忽必烈母亲唆鲁禾帖尼的分邑，根据蒙古制度，凡诸王贵戚封地的官员，必须将子弟送往封君处作人质，唆鲁禾帖尼指名藁城令董文炳之弟董文用为质子。董文用于是最早进入忽必烈王府，在忽必烈身边主管文书工作。

董文用（1224—1297），字彦材，董俊第三子。在董氏兄弟中，董文用最为儒雅。《元史》本传中载"文用学问早成，弱冠试词赋中选"。正是因为董文用的"文采"，使注重文化教育的庄圣太后（忽必烈之母）看中了董文用："时以真定藁城奉庄圣太后汤沐，庚戌太后使择邑中子弟来上，文用始从文炳谒太后于和林城。世祖在潜藩，命公主文书，讲说帐中，常见许重。"③董文用是在庚戌年（1250）以邑中子弟的身份进入忽必烈王府的。由于董文用儒学修养深厚，忽必烈特命董文用"授皇子经"。同时让他担当一项特殊重要的任务，在潜邸时期，专任董文用聘用儒士。"又使为使，召遗老于四方，而内翰窦公默、左丞姚公枢、鹤鸣李公俊民、敬斋李公冶、玉峰魏公璠偕至。于是王府得人为盛。"④所列举的这些人，皆是忽必烈王府中非常重要的人物。在忽必烈招贤纳士的过程中，董文用起了很重要的作用。忽必烈潜邸时期许多重大事情董文用参与其中。忽必烈征云南大理时，董文用与其弟董文忠负责军需事务。攻打鄂州时其兄董文炳为先锋，"帅敢死士

---

① 侍其轴，字乘之，当时著名的学者。苏天爵的《志学斋记》记载侍其轴曾为当时真定郡的学官："当是时，为郡学官者，则有侍其先生乘之，吴先生臣盖，砚先生伯固，张先生世昌。"侍其轴后与董氏结姻好，董文炳长子董士元之妻侍其氏是侍其轴的女儿。《故武卫将军侍卫亲军千户侍其氏夫人碑铭》云："夫人侍其氏，醱泽世家，父松冈先生讳轴。……先生素刚正有文行，尝提举真定八州学校，忠献公闻其贤淑，求配长嗣士元。"
② 《元史》卷一百四十八《董俊传》，中华书局1976年版，第3492页。
③ 《元史》卷一百四十八《董俊传》附《董文用》，中华书局1976年版，第3495页。
④ （元）苏天爵辑撰：《元朝名臣事略》，姚景安点校，中华书局1996年版，第280页。

数十百人",文用、文忠请偕行。忽必烈为兄弟三人"亲料甲胄,择大舰授之"。大败宋军渡江后,忽闻宪宗蒙哥汗去世,忽必烈犹欲待城破后,再回朝中,"公一日三谏,以神器不可久旷,宜俟登位后,以一偏师来,即了江南事,遂班师"①。在忽必烈登皇位的过程中董文用起了重要的推动作用。忽必烈即位后,中书左丞张文谦宣抚大名路,奏董文用为左右司郎中。李璮叛乱后,文用跟随元帅阔阔统兵平乱。至元七年除山东道劝农使,"五年之间,政绩为天下劝农使之最"。至元十三年,董文用为卫辉路总管,在任期间他免去境民接运江南图籍、金玉、财帛等繁重劳务,改用州县吏卒完成这一接运工作。刚平南宋时,"图藉金玉财帛之运,日夜不绝于道",天天有数千人在道路上运输,董文用以为长时间劳民"吾民弊矣,而又重妨稼事,殆不可"。董文用建议罢免民众的运输任务,"民得以时耕"。其间重要政绩有:立法置驿,民力以舒;驳议开沁水之役,保卫州、大名、长潞之平安。与政绩相比较,董文用身上更为可贵处在于能够立朝之大节,为官一生始终能够守正不阿,多次面折奸臣。至元二十年董文用为礼部尚书,时中书右丞卢世荣以理财聚货而得宠,朝中无人与之抗衡,唯董文用敢于直面与辩,《元朝名臣事略》载:

>　　(卢世荣)乃建议曰:"我立法治财,视常岁当倍增,而民不扰也。"诏下会议,人无敢言者,公(董文用)阳问曰:"此钱取诸右臣家耶?将取之民?取诸右臣家,则不敢知;若取诸民,则有说矣。牧羊者岁常两剪其毛,今牧人日剪其毛而献之,则主者固悦其得毛之多矣。然而羊无以避寒热,即死且尽,毛又可得哉!民财亦有限,取之以时,犹惧其伤残也,今尽刻剥无遗垒,犹有百姓乎!"世荣不能对。丞相安童公谓坐中诸君曰:"董尚书真不虚食俸禄者。"议者出,皆谢公曰:"公以一言,折聚敛之臣,而厚邦本。"仁人之言,其利博哉,岂不信然。②

董文用所言其实是常理,朝臣也都能够认识此理,只是多数大臣明哲保身不

---
① (元)苏天爵辑撰:《元朝名臣事略》,姚景安点校,中华书局1996年版,第280页。
② (元)苏天爵辑撰:《元朝名臣事略》,姚景安点校,中华书局1996年版,第283页。

愿、不敢说出,皆为"虚食俸禄者"。至元二十五年,董文用拜为御史中丞,是时权奸桑哥当国,恩宠方盛"自近戚贵臣,见桑哥皆屏息逊远,无可谁何"。文用独不附之,"乃摭拾台事百端,公日与辨论,不为屈"。董文用仕宦五十余年,历事三朝。在诏修《世祖实录》时"公于祖宗世系功德、戚近将相世家勋绩,皆记忆贯穿,史馆有所考订质问,公应之无所遗失"。这不仅是因为文用亲历之故,更是世臣硕德的修养所致。董文用一生"以片言折权奸定国是者,不可胜纪"。三兄弟中最为儒雅的董文用其独立不挠的勇气,并不逊于其兄文炳、其弟文忠。

董文忠(1231—1281),字彦诚,董俊第八子。据《董文忠神道碑》记载:董文忠"年二十有二,始入侍世祖潜邸"。据此可知,董文忠是在壬子年(1252)始入侍忽必烈王府。这个时期,蒙古帝国的政权刚刚落入拖雷一系,忽必烈在蒙古帝国中的地位骤然提高,成为皇弟,统领漠南军国大事,处在急需用人之际,董文忠在这个时期进入王府,应该与当时王府急需人才有关。董文忠因是分邑的子弟,又有兄长在王府,很容易取得世祖的信任,所以初入王府就成为重要的一员,参加了当时许多重要的工作。董文忠跟随忽必烈南征大理,与其兄董文用共同负责督办粮草,供给军事所需。己未年(1259),忽必烈攻宋,董文忠兄弟三人帅勇士百人为先锋,三战三捷,得宋百艘战船,而后才有围攻鄂州的战役。忽必烈即位后,董文忠授符宝郎,至元十八年,升符宝局为典瑞监时,董文忠随之升为典瑞卿。符宝局的主要责任在《元史·典瑞院》中载"掌宝玺、金银符牌"。负责此项工作的人,必须是皇上绝对信任的人。而一旦从事这项工作后,则更为"居益近密"。由于与皇上特别亲近的关系,"上尝不名,惟第呼董八,亦异数也。而公不为容悦,随事献纳"。董文忠不因与皇上的亲近而"容悦",更多是利用这种机会,随时献纳、进谏。他所进谏之内容,有系国家命运之大事,也有小民性命之细事。太子真金能够监国决策庶政,是源于董文忠的进谏。真金是忽必烈的第二子(长子早逝),忽必烈即位不久,潜邸汉族旧臣依"旧制"把建立皇储作为"定国本"之大事提到议事日程。中统二年,皇子真金被封为燕王,至元十年(1273)真金被正式册封为太子,并命其兼管中书令与枢密院。但从册立太子到董文忠向忽必烈上奏之前,真金"终守退让",并不真正参政。至元十六年董文忠上奏：为固国之本，以为太子应该参政，而太子多年不参政原因在于遇政事"夫事已奏决，而始启太子"。大臣遇事总是先请皇上裁决，而后才启太子，因此太子就没真正参政的机会。董文忠奏言后，"帝即日召大臣，面谕其意，使行之。复语太子曰：'董八，崇立国本者，其勿忘之。'"①太子从此开始监国。太子真金监国，能够明于听断，得到朝中许多大臣拥护；若不早逝，当是元代一位难得的英明之主。类似于这样重大奏言，董文忠一生多次为之，所以"元臣故老奉朝请者，上所存问，及有欲言，皆由公传达，权幸不敢谗危之"②。攸关性命的普通民众之事，董文忠也每每进谏。一次，有人告皇上说：一汉人殴伤了蒙古人，太府监属卢甲偷剪了一块官布，皇上勃然大怒，诏令速将两人处死，以儆众人。侍臣们见皇上盛怒，无人敢言一词。唯董文忠犯颜进谏曰："今刑曹于囚罪入死者，已有服辞，犹必详谳，是事未可因人一言，遽置重典。宜付有司薄责阅实，以俟后命。"于是，世祖派董文忠调查卢甲之事，近臣突满核实"殴伤"之事，结果"兼得其诬状"，后将无辜者释放。帝因此斥责侍臣"方朕怒时，卿曹皆不敢言。非董文忠开悟朕心，则杀二无辜之人，必取议中外矣"。为此，世祖赐给董文忠一只金尊，以示奖励。太府监属卢甲得救后，为感谢董文忠的救命之恩，带着一份厚礼感激涕零去答谢董文忠。董文忠言："吾素非知子，所以相救于危急者，盖为国平刑，岂望子见报哉！"③太子裕宗也曾言："方天威之震，董文忠从容谏正，实人臣难能者。"进谏并非是董文忠主要和必须的工作，"掌宝玺、金银符牌"及乘舆之事才是董文忠的本职工作。董文忠对自己工作之尽职更为朝臣中少见。"凡乘舆、衣服、鞶带、药饵，大小无虑数百十橐，靡不司之。中夜有需，不须烛索，可立至前。风雨寒暑，饥渴骏奔，心无怠萌，口绝勳语，属属乎惟以执事不恪获谴为惧，故能滋久眷宠弥深"④。他每天工作的时间是"鸡一鸣而跽，烛入而出"，有时遇到朝中有事，长时间值班，连续四十日不能回家。枢密院的院臣奏军务时看到

---

① 《元史》卷一百四十八《董俊传》附《董文忠》，中华书局1976年版，第3504页。
② 查洪德编校：《姚燧集》，人民文学出版社2011年版，第233页。
③ 《元史》卷一百四十八《董俊传》附《董文忠》，中华书局1976年版，第3503页。
④ 查洪德编校：《姚燧集》，人民文学出版社2011年版，第232页。

董文忠的工作，曾感慨地说："在他人不可一日强志勉力为者，何可几及！"至元十八年，又一日"鸡鸣，将入朝忽病仆"，抢救不及而亡，年五十有二。姚燧评价董文忠"其感孚圣心，得是见与，有举一世亿万维人所未能者。为臣则然。其在家出门，弟弟敦宗，贤贤信友，渊毅而明炳，逊恭而易直，伦理之间，人文粲然"①。

董文炳（1217—1278），字彦明，董俊长子。父亲去世时，董文炳始十六岁，"率诸幼弟事母李夫人"，"自幼俨如成人"。十八岁时，袭父任为藁城县令。当时"同列皆为父时人，轻文炳年少，吏亦不之惮。文炳明于听断，以恩济威。未几，同列束手下之，吏抱案求署字，不敢仰视，里人亦大化服"②。终因抵制府官无厌索求，董文炳弃官而去。董文炳闻忽必烈受诏征云南，带领义士四十六人追随忽必烈。一路备尝艰辛，及到吐蕃，只剩两人从行，人马道死殆尽。生死危难之刻，忽逢忽必烈军中的使者。使者回军中后把道遇文炳之事言于忽必烈，忽必烈急命其弟董文忠驱马载粮迎接文炳。忽必烈征云南在1252年，翌年秋季，部队通过临洮（今甘肃临洮），取道吐蕃（今四川甘孜藏族自治州地区），由此可推董文炳是1253年秋入忽必烈王府的，"既至，世祖壮其忠，且闵其劳，赐赉甚厚。有任使皆称旨，由是日亲贵用事"。奠定董文忠一生功业中最重要的表现，是在两次攻打南宋的过程中。己未秋（1259），董文炳随忽必烈中路军伐宋，他以口舌说服淮西台山。而后率弟文用、文忠及敢死士兵数十百人为前锋，先声夺人在阳逻堡抢渡长江，大败宋军。董文用以轻舟回军中向忽必烈报捷，忽必烈策马下山观战况，大喜过望，竖鞭卜指曰"天也！"这次攻宋时董文炳所表现出的气势、胆力，奠定了董文炳在军中的威望及忽必烈心中的地位。忽必烈即位后，中统二年成立侍卫亲军，董文炳被命为都指挥使。中统三年，董文炳参与平定李璮叛乱。在围困济南时，董文炳策反李璮爱将田都统缒城投降。后任为山东东路经略，率亲军平定了山东乱局。平定李璮叛乱后，忽必烈开始剥夺汉地许多世侯的权力，唯董氏不予触动，且以董文炳代替了史氏两万户，为邓州光化的行军万户。至元十年，董文炳拜为参知政事，行中书省于

---

① 查洪德编校：《姚燧集》，人民文学出版社2011年版，第233页。
② 《元史》卷一百四十八《董文炳传》，中华书局1976年版，第3667页。

淮西。同年夏天，宋淮西知置使夏贵率师十万猛攻正阳，"矢石雨下"，董文炳登城抵御，飞矢穿进文炳左臂至胁，文炳拔出所中之箭给予身边的人，然后连发四十余箭，射尽箙中所带的箭后，再向身边人索要十余只射出，"矢不继，力亦困，不能张满，遂闷绝几殆"。第二日，文炳束扎好创伤，继续督战，大败夏贵后，元军开始大举进攻南宋。至元十一年正月，董文炳与平宋的总指挥伯颜会师安庆，迫使宋守将范文虎归降，之后随大军顺江而下，攻克当涂、采石，进驻镇江。时宋将张世杰、孙虎臣带领真州、扬州的水军发誓死战，扬州、真州久攻不下。文炳亲自乘轮船，竖起大将旗帜，其子董士选、侄子董士表的船只辅佐于侧，"大呼突阵，诸将继进，飞矢蔽日"，"声震天地，横尸委仗，江水为之不流。自寅至午，宋师大败"①。获战船七百艘，宋军的战斗力从此穷矣！十月，元军分三路进趋临安，董文炳居于左路。文炳下江阴，招张暄，顺江出海。至元十二年正月，占有了盐官（今属浙江）。时伯颜所带领的中军已抵临安城北，张世杰欲带宋帝逃往海上，董文炳领军绕出临安城南，堵住了宋帝的入海之路。不久，宋帝遣使上表投降。董文炳等人进入临安城，"罢宋官府，散其诸军，封库藏，收礼乐器及诸图籍。文炳取宋主诸玺符上于伯颜"。文炳言："国可灭，史不可没。宋十六主，有天下三百余年，其太史所记具在史馆，宜悉收入以备典礼。"②于是得《宋史》及诸注记五千余册，归之国史院。《宋史》得以保全归功于董文炳，类似《金史》得以保全由万户张柔之力。不过张柔一武将，所以有此行为，由于元遗山之提醒；董氏则出于自发，尤为可贵。军人在战争时期能够用力于文化遗产的保护，对文化的传承具有不可磨灭之功。元军入临安城后，三月伯颜班师回朝，"伯颜以宋主入觐，有诏留事一委文炳"。文炳"禁戢豪猾，抚慰士女，宋民不知易主"。至元十四年正月，因北边有叛乱，世祖在上都急召文炳，四月文炳从临安到上都，"比至，帝日问来期。及至，即召入"。如此急切地召见董文炳，忽必烈的设想是，自己出兵"抚定"北边，把朝中之事全权托于文炳。世祖言于文炳："山以南，国之根本也，尽以托卿。卒有不虞，便宜处置以闻。中书省、枢密院事无大小，咨卿而行，

---

① 《元史》卷一百三十六《董文炳传》，中华书局1976年版，第3671页。
② 《元史》卷一百三十六《董文炳传》，中华书局1976年版，第3672页。

已救主者,卿其勉之。"如此之重任,文炳避谢,不被允许,于是在上都留三日急返大都。至大都第二日即入中书、枢密院。至元十五年夏天,文炳染疾,忽必烈以为大都夏天炎热,召文炳至上都养病。在上都庆贺世祖生日时,董文炳被赐上坐,"每尚食,上食辄辍赐公"。当夜文炳疾病发作,去世。世祖闻知,痛悼良久。尝曰:"朕心文炳所知,文炳心朕所知。"李槃在《左丞董文炳赠谥制》中评价董文炳:

> 折冲御侮,诚社稷之良臣;崇德报功,实国家之令典。途虽殊于生死,礼当极于哀荣……王佐之才,将家之子,自出宰于剧县,尝入侍于潜藩。山路间关,谒戎辂远趋于六诏;风涛汹涌,扈龙舟首渡于三江。迨予嗣服之年,委以专征之任,截彼淮浦至于海邦,招降两浙之新民,抚定七闽之故地。大小数百战,奋不顾身,勤劳三十年,厥有成绩。往者睢阳城下,父已殁于兵锋。比来扬子桥边,男复终于王事。一门忠孝,万古芳香……①

评董氏"一门忠孝"于朝,名副其实。其父董俊在成吉思汗时期,"大小百战,无不克捷"。忽必烈潜邸时期,董文炳冒死跟随,带着自己的两位弟弟冲杀在战场;忽必烈即位后,为一统天下,董文炳带领儿子、侄子冒死战斗在阵前。董文炳自己左臂被流矢所伤,长子士元"身被十七枪,甲裳尽赤",亡于阵地。董家第四代董守简、董守中是一代廉吏。姚牧庵的《董氏立本堂记》赞其"一门再世之间,三相而四开府矣";又曰"今评董氏者曰:'世将如汉绛侯,世相如韦贤,家法则石奋'"②。姚燧、李槃之文概括总结了董氏一家的事迹。

### 贾昔刺、贾丑妮子父子

贾昔刺,生卒年不详,燕之大兴人。其父因善于厨艺而仕金。贾昔刺继承祖上厨艺,侍奉庄圣太后、睿宗(忽必烈的父亲)于和林,负责御膳。

---

① (元)李槃:《左丞董文炳赠谥制》,《元文类》卷十一,上海古籍出版社1993年版,第1367—137页。
② 查洪德编校:《姚燧集》,人民文学出版社2011年版,第103—104页。

"以其须黄,赐名昔剌,俾氏族与蒙古人同",世祖在潜邸时,闻知其厚重,"有志于当世",从皇后处迎至王府,"自是预谋帷幄"①。贾昔剌曾以所赐之物分给他的乡人,世祖即位后,立尚食局、尚药局,贾昔剌为提点局事兼领进纳御膳生料。卒后,追封闻喜郡侯,谥敬懿。

贾丑妮子,贾昔剌之子。幼小时,忽必烈就非常喜爱他,"尝坐之御席傍"②。忽必烈南征时,丑妮子从征云南,跃马入水,斫战船,破敌军,世祖赞赏他的勇敢,同时告诫他不要轻易使用锐气。己未年,曾跟从忽必烈伐宋,还自鄂州时卒。贾丑妮子参与了忽必烈潜邸时期两次重大战役。后被忽必烈追封为临汾郡公,谥显毅。贾氏后代在武宗、仁宗、英宗朝皆为显官。世代皆善厨艺,以此而亲近皇族。

**魏璠、魏祥卿父子(实际叔侄关系)**

魏璠(1201—1270),字邦彦,号玉峰,浑源人。《元史》无传,《山西通志》"人物"类一七中载:"魏璠,字邦彦,浑源人。贞祐二年进士。天兴元年,哀宗走归德,时璠为翰林修撰,遣问道召参知政事、河南行省。"③李治在忽必烈面前曾推荐魏璠:

> 天下未尝乏材,求则得之,舍则失之,理势然耳。且今之儒生如魏璠、王鹗、李献卿、兰光庭、赵复、郝经、王博文辈,皆可用之材,又皆贤王之所素知,已尝聘问者也。举而用之,何所不可,但恐用之不尽耳。夫四海之内,曷止此数子哉!诚能广延于外,将见云集辐凑于朝廷矣。④

魏璠被列在李治推荐的士人的首位,与状元王鹗、大理学家赵复、名士郝经等人相并列。虞集在《翰林学士承旨董公行状》中有着相似的记载:"丁巳,世祖令授皇子经,是为北平王、云南王也……而太师窦公默、左丞姚公

---

① 《元史》卷一百六十九《贾昔剌传》,中华书局1976年版,第3969页。
② 《元史》卷一百六十九《贾昔剌传》,中华书局1976年版,第3970页。
③ (清)觉罗石麟、储大文编:《山西通志》,雍正版卷一一七,中华书局2006年版,第3013页。
④ (元)苏天爵辑撰:《元朝名臣事略》,姚景安点校,中华书局1996年版,第261页。

枢、鹤鸣李公俊民、敬斋李公治、玉峰魏公璠偕至，于是王府得人为盛。"魏璠是在 1250 年被忽必烈征召至和林。《元史选癸集·魏璠传》载："庚戌岁，元世祖潜邸闻其名征至和林，入见。璠条理陈便宜三十余事，举名士六十余人。"①后魏璠以疾卒于和林，年七十，赐谥靖肃。

魏祥卿，生卒年未详，是魏璠的侄子。魏璠无子，以魏祥卿为子，魏祥卿由于叔父魏璠在王府服务有功被召。魏祥卿在潜邸的活动，史料中可以找到两条：一条是《析津志辑佚》中记载："明年壬子（1252），世祖皇帝潜邸，三月令魏祥卿传旨，六月令杨中书传旨，二次令阿鲁瓦赤众断事官增修文庙。"②另一记载在《元史》卷六十八的《志》第十九的一段记载："宪宗二年八月七日，学士魏祥卿、徐世隆、郎中姚枢等，以乐工李明昌、许政、吴德、段楫、寇忠、杜延年、赵德等五十余人，见于行宫。"这两段记载的事情是在同一年，说明壬子年魏祥卿已经服务于王府。王恽《中堂记事》记载，忽必烈即位后，魏祥卿为"万亿库官"③。其余事情不可考。

**以父辈军功而入王府的汉族子弟成员**

一些子弟的父辈在蒙古军南下时，较早依附于蒙古统治者建功立业，他们由父辈之功而进入忽必烈王府，成为潜邸幕僚集团中的成员。

赵炳（1222—1280），字彦明，惠州滦阳人。其父赵弘，有勇略，国初为征行兵马都元帅。窝阔台汗十三年（1241），赵炳以勋阀之子，入侍于忽必烈王府。《元史》本传："甫弱冠，以勋阀之子，侍世祖于潜邸，恪勤不怠，遂蒙眷遇。"④潜邸时期，赵炳仟抚州长，"城邑规制，为之一新"。忽必烈即位后，中统元年（1260），命为北京宣抚司事。北京因控制辽东，蕃夷杂处，很难治理。当时杨果为宣抚使，听说赵炳来京，喜曰："吾属无忧矣。"后赵炳升为刑部侍郎兼中书省断事官。至元十四年（1277），加镇国上将军、安西王相。十六年，赵炳在忽必烈面前揭露了运使郭琮、郎中郭叔云

---

① （清）顾嗣立编：《元诗选癸集》甲集，秀野草堂原本，清嘉庆三年补刻，第 2 页。
② （元）熊梦祥：《析津志辑佚》，北京古籍出版社 1983 年版，第 199 页。
③ （元）王恽：《中堂事记》上，文津阁《四库全书》别集类卷八十，第四〇一册，商务印书馆 2005 年影印，第 328 页。
④ 《元史》卷一百六十三《赵炳传》，中华书局 1976 年版，第 3835 页。

窃弄权柄、恣为不法的事实，郭琼得知后遣人在平凉狱中毒死赵炳。忽必烈得知后，抚髀叹曰："失我良臣！"特赠赵炳中书左丞，谥忠愍。

高良弼（1222—1287），字辅之，真定平山人。真定是庄圣太后的沐浴地，高良弼父亲为太后所致的"运库"为使，良弼作为家中长子，"弱冠"后入王府为宿卫。姚燧的《神道碑》记载，高良弼"既冠，宿卫世祖潜邸"①。以年龄推算，高良弼应是在窝阔台汗十三年（1241）入侍潜邸。王府期间的政绩未有记载。至元二年（1265）官奉议大夫，同知南京都漕。至元六年改使河南拘榷税课所，一年后升河南都运使。满秩后，改知凤翔。在任期间倡民开渠导水，溉田三千亩，当地人为纪念高良弼的功绩命所开之渠为"高渠"。至元二十四年病逝淮安总管任上。

赵秉温（1222—1293），字行直，蔚州人。其父赵缙，癸酉年成吉思汗南伐时先锋到达赵珪（赵秉温伯父）守卫的飞狐城，赵缙帅众而降。后赵缙随蒙古木华黎国王屡立战功，迁为中山、真定二路达鲁花赤。海迷失后元年（1249），赵秉温进入王府。《元史》本传载："秉温，事世祖潜邸，命受学于太保刘秉忠。"②赵秉温受忽必烈之命跟从刘秉忠学习，之后一直与刘秉忠保持着非常深厚的师生之谊。他跟随刘秉忠一同负责上都、大都城市和宫殿的规划、建设工作。刘秉忠的婚、丧两件大事，皆由赵秉温操持，潜邸时期从世祖征吐蕃、伐大理。忽必烈即位，元朝建立后，赵秉温官至昭文馆大学士、中奉大夫。至元三十年（1293）去世。仁宗皇庆元年（1312），追赠为定国公，谥号"文昭"。

谢仲温（1223—1302），字君玉，丰州丰县人。太祖成吉思汗攻西夏时，其父睦欢带领所属迎降，屡立战功后，封官为太原路金银铁冶达鲁花赤。"壬子岁，（谢仲温）见世祖于野狐岭，命备宿卫，凡所行幸，必在左右"③。谢仲温是在1252年以达鲁花赤之子入侍王府。丙辰年，建上都城时谢仲温为工部提领。己未，大军围打鄂州时，谢仲温负责督战诸将，当时守江军士乏食，谢仲温教之罾鱼，以充其食。中统元年，提拔为平阳、太原两路宣抚

---

① 查洪德编校：《姚燧集》，人民文学出版社2011年版，第362页。
② 《元史》卷一百五十《赵缙传》，中华书局1976年版，第3555页。
③ 《元史》卷一百六十九《谢仲温传》，中华书局1976年版，第3977页。

使；二年，改至西京。至元九年，迁顺德路总管。十六年，为湖南宣慰使。大德六年卒，年八十。

贺仁杰（1233—1307），字宽甫，京兆人。其父贺贲，有才略，善于攻战，数有军功。贺贲在废墟上盖房时，在地下掘得白银七千五百两，对妻郑氏曰："语云：'匹夫无故获千金，必有非常之祸。'"时忽必烈受皇兄之命去征云南，驻军在六盘山，于是贺贲持所掘五千两白银献于世祖。并告世祖："殿下新封秦，金出秦地，此天以授殿下，臣不敢私，愿以助军。"并言"其子仁杰可用状，即召入宿卫"①。忽必烈驻军六盘山在元宪宗三年（1253）夏四月，可知贺仁杰是在1253年入王府。"从世祖南征云南，北征乃颜，皆著劳绩"，是潜邸时期颇有功勋的旧臣之一。忽必烈即位后，贺仁杰"与董文忠居中事上，同志协力，知无不言，言无不听，多所裨益，而言不外泄，帝深爱重之"②。忽必烈深念贺仁杰父亲献纳之恩，即位后，赐仁杰父金符，追封雍国公。即位二十年后某日，忽必烈知贺仁杰母亲到来，召仁杰至榻前，出五千两白金，并言："此汝父六盘所献者，闻汝母来，可持以归养。"仁杰辞而未准。回家后请示母亲，母亲曰："君赐也，宜仁吾宗。"于是把所赐白金全部散给族中人。忽必烈对贺仁杰"加恩数焉"，但仁杰"不怙威，不矜宠，不黩于货，克兢畏，清恪自持"③。至元十七年上都留守空缺，宰相欲用的朝廷大臣有十多人，世祖皆不满意，回顾仁杰曰："无以易卿者。"特授正议大夫、上都留守兼本路总管、开平府尹。桑哥掌权期间，"大行钩考"，奏言上都留守管钱粮多失实。世祖召留守两人忽剌忽耳和贺仁杰当廷辩论，贺仁杰与忽剌忽耳两人各自争说罪责在己。世祖感慨地说，"受爵而推人者有矣，罪至而争引归己者，惟汝二人。其罢勿竟。"④贺仁杰为官五十余年，多半时间在上都，世祖每年春秋行幸，所有出行供应，"顿舍宴享"、"细而米盐、灯烛"，皆需细心安排，为内侍二十多年，"克当圣心"。大德十一年，年七十四病卒。

---

① 《元史》卷一百六十九《贺仁杰传》，中华书局1976年版，第3967页。
② 《元史》卷一百六十九《贺仁杰传》，中华书局1976年版，第3968页。
③ 查洪德编校：《姚燧集》，人民文学出版社2011年版，第270页。
④ 查洪德编校：《姚燧集》，人民文学出版社2011年版，第271页。

杜思敬（1235—1320），字敬夫，一字亨甫，号醉经，汾州西河（山西汾阳）人。其父杜丰为沁州长官，杜思敬是杜丰的第三子。杜丰原本仕金，后"太祖取太原，丰帅所部来降"。由于军功，乙未年杜丰被分为沁州长官，"长官者，国初高爵也"①。杜思敬因其父的功勋而入忽必烈王府。柳贯《杜思敬谥文定》言："乃若故中书左丞杜思敬，由其父奋起行伍，显立勋劳，遂得给卫世祖皇帝潜邸。及游许文正公之门，益知讲学源委。"②文中无杜思敬入侍藩府的具体时间记载，知其曾游学于许衡门下。忽必烈即位后，历任平阳路同知累迁治书侍御史，又拜参知政事等职，终官中书左丞。延祐七年（1320年），杜思敬去世，年八十六岁，谥号文定。杜思敬的著作今已散佚不存，据《千顷堂书目》卷一五记载，杜思敬有《济生拔萃》十九卷，在延祐二年编成，辑录金元时期医著十九种，此书是中国较早的中医丛书。由此可知杜思敬又是业医之人。

张立道（？—1298），字显卿，大名人。父亲张善在金朝时，曾登金进士第。壬辰，蒙古兵下河南，张善"以策干太弟拖雷"，拖雷命其为必阇赤。"立道年十七，以父任备宿卫"③。张立道在潜邸期间的事迹史书未有记载。忽必烈即位后，"立道从北征，未尝去左右"。至元四年，立道被命出使西夏，负责军储事务，"以干敏称"。皇子忽哥赤封云南王后，诏以立道为王府的文学。立道"劝王务农以厚民"，后为大理等处的劝农官，兼屯田事，佩银符。在云南为官期间，引水灌田，得良田万余顷；教当地人饲养桑蚕，"收利十倍于旧，云南之人由是益富庶"。立道在云南为官最久，颇得士人之心，为其立祠于鄯善城西。大德二年，以陕西行台侍御史拜云南行省参政，同年卒于官中。

高天锡，生卒年未详，辽阳人。其父高宣蒙古太宗时召为元帅。《元史·高宣传》载："子天锡，事世祖潜邸，为必阇赤，入宿卫，甚见亲幸。"④中统二年，高天锡继承父官，为鹰坊都总管。总统四年，改燕京诸路奥鲁

---

① 《元史》卷一百五十一《杜丰传》，中华书局1976年版，第3575页。
② 柳遵杰点校：《柳贯诗文集》，浙江古籍出版社2004年版，第177页。
③ 《元史》卷一百六十七《张立道传》，中华书局1976年版，第3918页。
④ 《元史》卷一百五十三《高宣传》，中华书局1976年版，第3614页。

总管,迁按察副使,仍兼鹰坊都总管。天锡曾经向丞相孛罗、左丞张文谦建言:"农桑者,衣食之本,不务本,则民衣食不足,教化不可兴,古之王政,莫先于此,愿留意焉。"丞相以天锡之言闻于世祖,于是朝廷命立司农司,以天锡为中都山北道巡行劝农使,兼司农丞。后升迁为司农少卿、巡行劝农使,又迁为户部侍郎,进嘉议大夫,终官至兵部尚书。

上述的十七位汉族潜邸幕僚成员,他们入王府的途径大多数源于父辈之"功勋"或祖辈在某一方面的技艺,故列为"血缘人伦圈"中的成员。

## 第三节 少数民族"血缘人伦圈"中的幕僚成员

少数民族中入潜邸的幕僚成员,一部分是源于父辈的功勋,另一部分是因家庭背景。

### "畏吾儿"人中的幕僚成员

在元代,维吾尔(元代用"畏吾儿")人享有很高的社会地位。在整个元代官宦群体中,维吾尔人"内侍禁近,外布行列",官居平章政事者,就达十余人。其中见于《元史》记载的有四十八人,《新元史》卷二十九《氏族表》中所列维吾尔人入仕元朝者有二十九族。这与维吾尔族最早归附蒙古帝国及它独特的地理位置有着直接的关系。在蒙古帝国灭金宋之前,维吾尔族已经归附蒙古帝国,当时维吾尔族已是具有高度农业文明的民族。

成吉思汗于1206年立为大汗,1209年西州回鹘亦都护巴尔术阿而忒的斤就率先归顺蒙古,成吉思汗将自己的女儿也立合敦嫁给亦都护,并让亦都护享有"第五子"的待遇,"使与诸皇子约为兄弟,宠异冠于诸国"。亦都护率领自己属下的军队随蒙古军东征西讨,他手下的许多将领在早期跟随蒙古贵族对外征战并建立战功,因此许多将领后来官位显赫。由于高昌回鹘的最先归附,蒙古人最先接触的先进文明是维吾尔族文明。当时蒙古人大量采用了维吾尔人的典章制度,尤其是对其文字的采用,这使维吾尔人有更多机会得以进入高级官僚行列。同时维吾尔人所在的地理位置,对当时蒙古帝国也

## 第二章 忽必烈潜邸幕僚形成的途径之一："血缘人伦圈"

是非常重要的。当时西域维吾尔人的聚居地属于蒙古军西征的中间地带，从维吾尔地区往东南可直接威胁西夏，往西则打开了进军西辽及中亚地区的通途，蒙古帝国军队频繁的过往，也就使得许多维吾尔人有机会跟随蒙古贵族征战，并建立战功。

忽必烈潜邸时期王府中的维吾尔人，史料可考者有五位：廉希宪、阿里海牙、叶仙鼐、孟速思与昔班。阿里海牙、孟速思自幼直接服务于蒙古统治者，后侍奉于忽必烈潜邸。廉希宪、叶仙鼐、昔班因父辈跟随蒙古军征战，而入侍忽必烈王府。其中阿里海牙与廉希宪是元初的一代名臣。

廉希宪（1231—1280），字善甫，号野云，祖籍西域高昌（今新疆吐鲁番）。祖上为高昌的世臣，父亲布鲁海牙，年十八时，随其主内附蒙古军队，充为宿卫。成吉思汗太祖西征，布鲁海牙为扈从，因其不避劳苦，勤恳服侍，成吉思汗曾赐以羊马毡帐。成吉思汗去世后，诸王来会，选布鲁海牙去燕京总理财币。庄圣太后（忽必烈之母）闻布鲁海牙廉谨，求之于太宗，让凡宫中军民匠户在燕京、中山者，悉命布鲁海牙统管，又赐给布鲁海牙中山店舍园田和二十民户。同时授布鲁海牙为真定路达鲁花赤，真定是庄圣太后的沐浴地。廉希宪出生时，正值其父拜为燕南诸路廉访使，父亲于是以官为姓，改姓为廉。《元朝名臣事略》载："公以辛卯五月二十五日生于燕，适孝懿公（布鲁海牙）廉访使命下，孝懿喜曰：'是儿必大吾门，吾闻古者以官受氏，天将以廉氏吾宗乎！吾其从之。'举族承命。"[①] 此后，子孙皆姓廉。廉希宪十九岁时，跟随父亲北上觐见忽必烈，从此"入侍世祖潜藩"，因其有多方面的才能，故而"恩顾殊绝"。

廉希宪幼年时，基本接受的是儒家教育，"延名师，教之以经"，师从名儒王鹗。《元史·阔阔传》载，忽必烈召"王鹗问以治道，命阔阔与廉希宪皆师事之"。廉希宪笃好经史，"食息之顷，未尝去手"。一日，他正在阅读《孟子》，忽必烈急召，廉希宪未来及放下所读之书，揣书于怀中觐见，忽必烈问他怀中所揣是何书，回答是《孟子》。忽必烈问书中所写的内容，廉希宪"以性善义利仁暴之旨为对，世祖嘉之"，并因此称其为"廉孟子"[②]。忽必

---

① （元）苏天爵辑撰：《元朝名臣事略》，姚景安点校，中华书局1996年版，第124页。
② 《元史》卷一百二十六《廉希宪传》，中华书局1976年版，第3085页。

烈信仰佛教之后，曾命廉希宪也受戒，廉希宪回答说自己已经受"孔子戒"，并向忽必烈解释，所谓的"孔子戒"就是"为臣当忠，为子当孝，孔门之戒，如是而已"。廉希宪"是一位纯粹的儒者，汉化之深为西域人中所仅见"①。元明善在《平章廉希宪赠谥制》中说廉希宪"非诗书不陈于上前，非仁义不行于天下；忧国忘家，爱民如己"②。战争期间，廉希宪在推荐救赎儒士及维护汉文化方面做过重大贡献。在潜邸时期，他推荐寇元德、张础入王府为幕僚，征"辟河南智仲可参幕府"（《平章廉文正王》）。在担任京兆宣抚使时，与姚枢一起向忽必烈推荐许衡为京兆提学。推荐重用儒士之外，他尽其所能救赎士人、优待深受战乱之苦的儒士。从窝阔台时期开始括户，在诸色户中有了"衣冠"户籍，规定"区别四民，凡衣冠、道、释之流寓者异籍之"。所谓"衣冠"就是指儒士；"异籍之"就是要区别对待。具体而言就是蠲免定为儒籍的徭役、差发，免其为奴隶。这种规定在许多地方得以实行，"独京兆多豪右，废格不行"。廉希宪在为京兆宣抚使后"一如令"，有稍通章句者，也想获得儒籍的待遇，所属的主人"弗置"，"公（廉希宪）哀其情，出私钱赎之"。宪宗九年（1259），廉希宪随忽必烈渡江攻打鄂州，攻克之日，希宪带领百名儒生拜伏军门前，向忽必烈进言："今王师一举渡江，宜令军中应俘获南儒，并以官钱购遣还家，以广异恩。"③忽必烈"嘉纳之"，五百余儒士得以遣还，免遭奴役。

忽必烈即位后，廉希宪先后在京兆、山东、辽东、江陵等地任职，为忽必烈政权"输忠效力"，屡有建树。至元十二年，右丞阿里海牙攻克江陵后，绘出此地的地形图上奏忽必烈，认为荆南"诚为要地，非朝廷重臣开大府以镇之"。希宪连夜被忽必烈急召，受命主政荆南。廉希宪冒暑兼程赶往荆南，刚刚经历战火之后的荆南是"政无纲纪，士卒纵横，剽夺商贩，城门昼闭，灯火禁严，民心惊疑，生意萧索"④。廉希宪到任后，四开城门，弛灯火之禁，徙士卒归营，内外帖然，民始心安。归附之初，当地原有的宋朝官吏，心怀

---

① 萧启庆：《忽必烈潜侣考》，《内北国而外中国》，中华书局2007年版，第132页。
② （元）元明善：《平章廉希宪赠谥制》，《元文类》卷十二，上海古籍出版社1993年版，第150页。
③ （元）苏天爵辑撰：《元朝名臣事略》，姚景安点校，中华书局1996年版，第126页。
④ （元）苏天爵辑撰：《元朝名臣事略》，姚景安点校，中华书局1996年版，第138页。

惊疑，暗中有离开荆南的想法。廉希宪录用先前宣抚、制置两司的幕僚，以备采访。他身边的随从官员对此不理解，廉希宪对身边的人说："今天下一家，皆大元臣子也，君等勿疑。"后来他选用原宋朝荆南宣抚、制置二司官员二十余人，量才授职，"不数月，政化大行"。之前宋朝的官员，若要拜访像廉希宪这样品级的官员，必以珍玩重器，"动至数床"。一些官员依惯例，带珍宝来谒见，廉希宪一无所受。并言："使此物尽诸公己财，我取非义，一或系官，事同盗窃；若丐敛于人，不为无罪。慎勿为此，以蠹政害民。"暇日，廉希宪登城，看见城闉（古代城门外层的曲城，即瓮城）之外蓄水弥望，是先前宋人为护城而蓄，他下令放水归江，得田数百万亩，随力耕种，期年变为沃壤。鄂洲公安地方发生大饥荒，廉希宪从沙市筹粮二十万斛，拯救饥民，"全活益众"。荆南大局稳定后，廉希宪认为"风教不可后也"，于是兴办学馆，选拔教师，设置经史等课程，并旦日亲至学馆讲授，撤官屋以恢复"竹林书院"。政化大行，声及四远。不久，西南许多地方官遣使来请降，廉希宪上奏朝廷，忽必烈感慨道："国家不用兵得地，未之见也。希宪坐致数千里之坚城劲士，其仁政为何如也。"① 镇远溪洞的蛮酋，派乐工四十余人来见廉希宪，"愿奏土风于天子之廷"。廉希宪以为乐工离妻别子，被驱迫而来，于是告他们"天子仁圣，不重夷音"，乐工皆泣拜而回。有江陵人曾上书朝廷一封私人信件，其中言："归附之初，人不聊生。皇帝遣廉相出镇荆南，岂惟人渐德化，草木昆虫，咸被泽矣。"廉希宪在荆南因不适江凌湿热气候而得病，士民知其病后，群走僧寺道观，为之祈福。"语及，必额手扣齿祝曰：'愿我公永长我人。'"至元十四年，廉希宪因病情日剧，被召回朝中。"荆南人闻王且去，皆号泣随之，拥所乘车不得行，王慰谕再四，乃拜哭而别。大者绘像建祠，小者书版瞻礼。"爱民与廉洁常常是一体的，廉希宪离开荆南时"囊橐萧然，琴书自随"。

廉希宪不仅是一位文臣，也是一位颇具军事才能的武将。在秦陇歼灭刘太平、霍鲁海、浑都海的叛乱中，充分显示了他的军事才能。忽必烈即位不久，其幼弟阿里不哥也在漠北和林即位，两大汗南北对峙，兄弟之间的同

---

① （元）苏天爵辑撰：《元朝名臣事略》，姚景安点校，中华书局1996年版，第139页。

室操戈战争无可避免。这场内战的性质，不仅仅是蒙古王室内部传统的汗位争夺，而且是蒙古统治集团内革新与守旧不同政治倾向、不同统治方针的斗争。这场斗争的胜败决定着忽必烈的政治生涯和蒙元帝国的前途命运。双方军事冲突的首次战场在秦陇之地，由于忽必烈所掌握的兵力有限，当时并未向秦陇增派兵力，只任命廉希宪、商挺、八春为陕西、四川等路的宣抚使，赵良弼为参议。这几位都是忽必烈潜邸时期的重要谋士。廉希宪等人利用他们昔日军政官员的统属关系，在当地组织兵马，与阿里不哥的军队开展了军事较量。廉希宪先发制人，首先逮捕阿里不哥委派的尚书省官刘太平、霍鲁怀。刘太平向来飞扬跋扈，忽必烈潜邸时期钩考京兆时曾迫害死忽必烈王府中的二十多人，当他再次来京兆，秦陇吏民恐慌不已。廉希宪绞死刘、霍二人，然后颁布赦免罪犯的诏书。当时六盘山的浑都海叛军与阿兰答儿所带的军队合力东进，忽必烈方面应战的前军失利，河右为此大震。"朝议欲弃两川，退守信元，希宪力言不可，乃止"，廉希宪统合亲王合丹的兵力及汪惟良、八春等征调当地的军事力量复战于西凉，大获全胜，俘获无数，三位叛首枭于京兆。忽必烈闻知，赞美廉希宪："此真男子也！"遂进拜为平章政事。廉希宪在外是"西靖秦蜀、东极青齐，北清辽碣，南镇荆湖"。在中书省则"立大法，销大患，进大儒，摧大奸"①。

荆南染病后，廉希宪一直未能痊愈，至元十七年卒。伯颜丞相称廉希宪是"宰相中的真宰相，男子中的真男子"。李元礼致哀辞，认为廉希宪是一位具有"伯夷之清，伊尹之任，魏征之良"②的治世能臣。廉希宪是中国历史上少数民族中杰出的政治家，在元代特殊的时代背景下，廉希宪是由多种文化滋养而成的一位独特的治世名臣。

廉希宪所镇守的荆南是由阿里海牙攻克的，阿里海牙与廉希宪同为维吾尔族人。如果说廉希宪是一位治世能臣，阿里海牙则是一位旷世的武将。

阿里海牙（1227—1286），西域北庭（今新疆吉木萨尔）人，父辈业农。阿里海牙自幼聪颖善辩，及长弃耕就学，立志建功立业。他学维吾尔书一月尽其师学，后投奔蒙古大将卜怜吉带麾下。卜怜吉带因其忠谨有大志，故推

---

① （元）元明善：《平章廉希宪赠谥制》，《元文类》卷十二，上海古籍出版社1993年版，第150页。
② （元）李元礼：《平章政事廉公哀辞》，《元文类》卷四十八，上海古籍出版社1993年版，第627页。

荐给忽必烈，成为忽必烈王府宿卫士（怯薛）。己未（1259），随从忽必烈攻宋，进攻鄂州时"先众而登，擒一人还，流矢贯喉出项"。忽必烈赞其勇敢，并赏其银两。忽必烈即位后，中统三年以为中书省郎中，褒曰："久侍禁庭，已著劳绩。"史书虽然没有记载阿里海牙入侍忽必烈王府的具体时间，由"久侍禁庭"推断阿里海牙在潜邸中应有较长的时间。在渡江灭宋、统一全国的过程中，阿里海牙战功显赫。至元五年，阿里海牙被命与元帅阿术、刘整攻打襄阳。襄阳易守难攻，历来是兵家必争之地，"跨连荆豫，控扼南北"，"中原有之，可以并东南；东南得之，亦可以图西北者也"。南宋对此地自然是非常重视，十余年间苦心经营，使襄樊城池高深，储积丰厚，成为抵御蒙古军南下的战略堡垒。蒙古军围困襄阳五年未下。至元九年（1272）十一月，针对襄阳久攻不下的情势，阿里海牙以为"襄阳之有樊城，犹齿之有唇也，宜先攻樊城，樊城下，则襄阳可不攻而得"①，以此乃入奏世祖，"兵兴，事剧星火，公专入奏，能日驰八百里"。阿里海牙骑马可日行八百里，骑技非同一般！忽必烈准奏后，樊城很快被攻破。樊城破后，襄阳孤立无援，坚守襄阳的守将吕文焕对守城开始动摇，阿里海牙亲自到城下对守将吕文焕晓之以理："君以孤军城守者数年，今飞鸟路绝，主上深嘉汝忠。若降，则尊官厚禄可必得，绝不杀汝也。"（《元史·阿里海牙传》）文焕狐疑不决，阿里海牙断箭与之发誓，吕文焕终于出城投降。阿里海牙带吕文焕入朝见世祖，被封为昭勇大将军、侍卫亲军都指挥使、襄樊大都督。襄樊攻克后，统帅伯颜领蒙元百万大军东进攻宋，留四万人与阿里海牙戍守鄂州。守卫鄂州对东进临安起着非常重要的作用，大将军伯颜曾说："鄂，襟山带江，江南之要区也，且兵粮皆备。今蜀、江陵、岳、鄂皆未下，不以一大将镇抚之，上流一动，则鄂非我有也。"（《元史·阿里海牙传》）戍守鄂州责任重大。阿里海牙在鄂州宣扬朝廷德惠，禁止军士扰民，士兵"无敢取民之菜者，民大悦"。遣使者说服寿昌、信阳、德安诸君，而后进军江凌。至元十二年春三月阿里海牙攻克巴陵，四月破沙市。入江陵后，释囚犯、解除民众徭役及法令繁细的部分。攻克江陵的消息传至朝中，忽必烈大喜，在朝中大宴三日，

---

① 《元史》卷一百二十八《阿里海牙传》，中华书局 1976 年版，第 3124 页。

《神道碑》记载：

> （忽必烈）晓近臣曰："布延（伯颜）东兵，阿尔哈雅（阿里海牙）孤军戍鄂，朕尝深忧。或荆蜀连兵，顺流而东，人心未牢，必翻城为应，根本斯蹶。孰谓小北庭人，能覆全荆？江浙闻是，肝胆落矣，而吾东兵可无后虞。朕喜以此。"御笔为北庭书："昔噜噜哈西地所生阿尔哈雅，为大将有功，信实聪明而安详。其加卿为阿虎耳爱虎赤嫡近越各赤给日别平章。"①

姚燧评价这封御书："求之亿万维臣之中，降是宸翰，昭乎云汉之章，蔼如天语之温，崇功襃德，匪夸一时，可华及子孙百世者，才公一家。视古丹书铁券出臣子手者，何足道也？"②阿里海牙之功绩不仅仅是克襄阳、平荆南，他图地、藉民平定了整个"半宋疆理"。具体而言所下州地有：荆南十四、淮西四、湖南九、江西二、广西二十有一、广东海南各四，共得五十八州；平定的洞夷山獠之地不可胜计，棋错辐裂数千里。通过阿里海牙本人及他的省幕、麾下所受降的重要人才，在阿里海牙的《神道碑》中列出的丞相有二人，平章十二人，左右臣各四人，参政十三人，"另外都元帅、宣慰使、总管、万夫、千夫之长，又什佰是"③。阿里海牙在攻城略地的过程中能用口舌降者则绝不以武力破之。在攻打襄阳时，汉将刘整极力主张用武力扫平襄阳活捉守将吕文焕，"以快其意"。因为刘整与吕氏兄弟在南宋时期有旧怨，刘整又被吕文焕伏弩射伤，因此耿耿于怀。"阿里海牙独不欲以武力攻襄阳"，而是再三劝降吕文焕降城，吕文焕降后官至平章政事，成为元朝重要的一名将领。凡是阿里海牙通过口舌所降未经历战争屠杀之地的民众，及在他治理地区能够轻徭薄赋者，多为其立祠祀之，"生祠所在，岳、潭、柳、雷、公安、兴安皆一"。

阿里海牙一生南征北战，较少驻足于朝中。至元二十三年入朝，觐见世

---

① 查洪德编校：《姚燧集》，人民文学出版社2011年版，第187—188页。
② 查洪德编校：《姚燧集》，人民文学出版社2011年版，第188页。
③ 查洪德编校：《姚燧集》，人民文学出版社2011年版，第192页。

祖于上都，拜光禄大夫、湖广行省左丞相。一月后得疾，派御医四人诊视，未愈，至元二十三年五月二十五日去世于上都，卒年六十。阿里海牙是元代维吾尔族中垂誉丹书的一代名将！

孟速思（1206—1267），世居别失八里，古北庭都护之地。"幼有奇质"，十五岁时，就能通晓维吾尔语的书籍。成吉思汗闻其名，召至帐下，授以拖雷（忽必烈之父亲），负责庄圣皇后分邑税赋，后"复事世祖于潜藩，日见亲用"①。潜邸时期，与忽必烈谋议之事，"世莫得闻"。他曾为忽必烈的继位，适时提出合理可行的建议。宪宗去世后，孟速思及时提醒忽必烈即位："神器不可久旷，太祖嫡孙，唯王（忽必烈）最长且贤，宜即皇帝位。"孟速思的建议，得到诸干塔察儿、也孙哥、合丹等的赞同。世祖继位后"眷顾益重"，召他与安童并列为丞相，孟速思坚辞不就。忽必烈赞叹："贤哉孟速思，求之彼族，诚为罕也。"阿里不哥在漠北反叛时，孟速思察知近臣不只儿有叛变之心，于是奏请将不只儿迁往中都，自己亲自监护送往。世祖深知其忠心耿耿，多次命他召收天下有才之士，凡孟速思所引荐之人，都是非常忠实、可用的人选。孟速思最早被成吉思汗太祖召至帐中，历事蒙古帝王三代人。至元四年卒，年六十二。武宗朝时，追封武都王。

叶仙鼐（？—1306），生年不详。父亲土坚海牙是蒙古帝国的功臣。曾跟随太祖成吉思汗征西夏，随从太宗窝阔台伐金，多次立有战功。叶仙鼐兄弟三人，仙鼐最幼。他自幼事世祖忽必烈王府，出入于官邸，后随忽必烈东征西讨。从征土蕃、云南时，常为前驱。伐宋时，至鄂州，先登夺其外城。忽必烈潜邸时期的重要战役，叶仙鼐都参与其中，由此可知他进入王府的时间很早。据学者考证，忽必烈潜邸时期，叶仙鼐还管理过藏区的驿站。忽必烈即位，中统元年，叶仙鼐从世祖征讨阿里不哥，立功后被赏给白金、貂裘。中统三年征讨李璮叛乱，又因功赏白金五百两。后授西道都元帅、金虎符、为宣慰使。叶仙鼐任土蕃宣慰使，长达二十四年，即从中统三年到至元二十二年。忽必烈所以派叶仙鼐为土蕃宣慰使，《元史》载他"素熟夷情"。叶仙鼐当年随从忽必烈远征云南时，途经藏区，又曾经管理过朵思麻、朵甘

---

① 《元史》卷一百二十四《孟速思传》，中华书局1976年版，第3059页。

思的四个驿站，他对藏区，尤其是朵甘思的民情、人文、地理等情况有较多的了解。此外根据学者的考证叶仙鼐曾有出家为僧的经历。尹伟先在《维吾尔族出身的吐蕃宣慰使叶仙鼐史事考述》一文中，根据八思巴的《说明》一文中的记载，认为"叶仙鼐曾拜萨迦班智达公哥坚赞为师，皈依佛门，习修佛法"①。如此，叶仙鼐应与帝师八思巴之间有着同师之谊，同为萨迦班智达的弟子。元代管理藏族地区的高级官员的任免，上自中央的宣政院使，下至地方的宣慰使、万户长等，皆由帝师推举。叶仙鼐与八思巴之间有着同师之谊，其推荐是自然之事。叶仙鼐为宣慰使二十四年，"恩威兼著，顽犷皆悦服"②。因政绩显著被赐金币钞及玉束带。至元二十二年迁云南行省平章政事，寻改江西行省平章政事。至元三十一年，成宗继位，改陕西行省平章政事。晚年卸任后闲居陇右家中，大德十年（1306）卒于家中。

昔班（约1200—约1288），坤闾城人。成吉思汗北征时，昔班的父亲阙里别斡赤领其部队投顺成吉思汗，后数次立功，自请做家乡坤闾城的达鲁花赤。昔班早年曾教太宗的长子合失读书，后在忽必烈潜邸"命长担任必阇赤"③（相当于令史工作，主行文书）。从昔班从事的工作看，他一定有很高的文史修养。中统元年（1260），为真定路达鲁花赤，改户部尚书、宗正府札鲁忽赤。世祖亲征阿里不哥，他负责督办粮草。海都叛，他以七十高龄，多次奉使至海都处，奔走三年。后升中书右丞，以翰林承旨致仕，年八十九而卒。

**"回回人"中的幕僚成员**

回回人，在元代主要是指信奉伊斯兰教的中亚突厥人、波斯人和阿拉伯人。回回人很早就与蒙古人接触，成吉思汗西征前与中亚的通商就主要依靠回回商人。回回商人（使者）的被杀，是蒙古西征的直接原因。由此可见，当时的蒙古统治者非常重视与回回人的关系。蒙古人几次西征后，中西交通非常发达，中亚和西亚的回回人通过各种途径或被俘、或投降、或经商、或求官、或应召等大批来到中原，出现"元代回回遍天下"的局面。其中部分

---

① 尹伟先：《维吾尔族出身的吐蕃宣慰使叶仙鼐史事考述》，《兰州大学学报》1998年第2期。
② 《元史》卷一百三十三《叶仙鼐传》，中华书局1976年版，第3227页。
③ 《元史》卷一百三十四《昔班传》，中华书局1976年版，第3246页。

人在蒙古统治政权中取得了较高的地位。早在成吉思汗、窝阔台汗时期就有回回人在蒙古帝国朝中为官。这些人多是因善于经营理财而得官。亦商亦官、以商为官是元代回回人的一大特点。回回商人既有生财之道又有理财之术，很适合蒙古统治者的需要。忽必烈即位时，其中理财大臣先后有回回人赛典赤·赡思丁和阿合马。赛典赤·赡思丁被称赞是"回纥之有良德者"，而阿合马则被史家列入"奸臣"类中。阿合马是在忽必烈潜邸时期，就已经进入王府，阿合马之外，忽必烈潜邸时期入侍王府的回回人还有也黑迭儿、扎马剌丁。

也黑迭儿，也译作亦黑迭儿，生卒年不祥，祖籍大食国（今阿拉伯地区）。蒙古军队西征时，征集了征服地区许多能工巧匠，也黑迭儿可能也是西征时被带回的，早年曾任职于忽必烈王府。也黑迭儿《元史》无传，《新元史》传曰："也里迭兒，西域人，事世祖于潜邸。"① 欧阳玄写的《马合马沙碑》言："世祖居潜，已见亲任……庚申即祚，命董茶迭儿局，凡潜邸民匠隶是局者，悉以属之。"② 也黑迭儿被任命为茶迭儿局③ 诸色人匠总管府的达鲁花赤兼领监宫殿等职。负责建筑设计一类工作。亦黑迭儿以善于设计、精于建造而闻名。曾参与了琼华岛（今北京北海公园内）的修缮设计工作，后与光禄大夫刘秉忠等受命执掌修建元大都，亦黑迭儿为此"受任劳勤，夙夜不遑，心讲目算，指授肱麾，咸有成画"。亦黑迭儿因在建城中做出的巨大贡献，"宠遇日隆"。此后也黑迭儿的后代承袭了他的官职。欧阳玄所写的《赵国公谥忠靖公马合马沙碑》就是为其子马合马沙所写的碑文。

扎马剌丁，也译作扎马鲁丁，波斯人。《元史》中没有他的传记，从散落的史料中大致可以了解其生平事迹。《元史》卷九十《百官志六·回回司天监》记载："世祖在潜邸时，有旨征回回为星学者，扎马剌丁等以其艺进，未有官署。"④ 从这条记载可知扎马剌丁是在忽必烈潜邸时期因身怀"绝艺"

---

① 柯劭忞编：《新元史》，称为"也里迭儿"，卷一百五十一《也里迭儿》，上海古籍出版社2012年版，第732页。
② （元）欧阳玄：《赵国公谥忠靖公马合马沙碑》，《圭斋集》自四部丛刊（242），商务印书馆1962年版，上海书店1989年重印。
③ 茶迭儿，蒙语"庐帐"之意，茶迭儿局是元代管理宫殿和城市建设的专门机构。
④ 《元史》卷九十《百官六》，中华书局1976年版，第2297页。

而进入了王府,属于忽必烈潜邸的旧臣。所谓的"艺"就是指他的天文学方面的才能。在《元史》卷九十六《食货志·市籴》中又记载:"是年三月(中统四年),又命扎马剌丁籴粮,仍敕军民官毋沮。"扎马剌丁作为朝廷命官,不仅仅做天文学方面的研究工作,随时可以被指派做其他工作。"籴粮"的意思是指买进粮食。中统四年,扎马剌丁曾被派出收购征订粮食。但扎马剌丁最大的贡献还是在天文地理的科学研究方面。他创制了浑天仪等七种天文仪器,这些仪器在构造和功能上,代表了当时欧洲在天文仪器方面的先进水平,开阔了汉人天文学家郭守敬等人的眼界与思维。元人张昱的诗反映了这种文化交流状况:

> 仪台铁表冠龙尺,上刻横文暑度真。
> 中国失传求远裔,犹于回纥见斯文。①

扎马剌丁所从事的另一重要的科技工作是编制了《万年历》。《万年历》俗称《回回历》,该历书在至元四年(1267)进呈给忽必烈,仅在有限的回族人范围内颁行和使用。《万年历》的编写是出于现实的需要,元代信仰伊斯兰教的回族人遍布各地,他们一直保持着伊斯兰教的宗教祭祀仪式及风俗习惯,查询伊斯兰教的宗教节日《万年历》是必不可少的。扎马剌丁编制的《万年历》积聚了西域历法的精华,丰富了元代人对西方历法的认识,郭守敬等人后来编制更先进的《授时历》时,曾参用《万年历》。在忽必烈的支持下,扎马剌丁还完成编撰《大元一统志》的工作。为完成这项工作,扎马剌丁请求征调提拔了山东的陈俨、江南虞应龙、京兆萧维斗等精通地理之学的"秀才",同时督促各地,将所在地的地图文书送交秘书监。《大元一统志》不仅包括各个地域行省的地理资料,还包括历史地理沿革、风土人情等众多方面内容,"备载天下路府州县古今建制沿革及山川、土产、风俗、里至、宦迹、人物",不仅绘制成图,又附于与图内容相关的文字叙述,各地分图之外又有总图。《大元一统志》涵盖的地域极广,不仅有汉唐以来的全

---

① (元)张昱:《辇下曲》,杨镰主编:《全元诗》第四十四册,中华书局2013年版,第51页。

部疆域，又收录钦察汗国、伊利汗国、察合台汗国等西域版图。在制图方面，首次引进了阿拉伯制图技术。该志的编写从至元二十三年开始到至元二十八年完成初稿，成宗大德七年（1303）又补充了云南、甘肃等地的一些材料。《大元一统志》是我国古代编纂的第一部规模巨大的全国地理总志，其内容之翔实，卷帙之浩繁，前所未有，对元、明两代中国制图学产生了深远的影响。扎马剌丁为中国古代天文地理学的发展做出了重大贡献，他把波斯、阿拉伯的天文历算科学介绍到中国，从而使元代中国的天文科学居于世界领先水平。他是中国跨民族文化交流成功的典型事例。忽必烈曾任命扎马剌丁为集贤大学士、中奉大夫，行秘书监事等职。

阿合马（？—1282），出生于费纳喀忒（今乌兹别克斯坦境内）。《元史》中列其在"奸臣类"。对于奸臣的记载，编写《元史》者言：

> 元之旧史，往往详于记善，略于惩恶，是概当时史臣有所忌讳，而不敢直书之尔。然奸巧之徒，挟其才术，以取富贵、窃威福，始则毒民误国而终至于殒身亡家者，其行事之概，亦或散见于实录编年之中，犹有《春秋》之意存焉。谨撮其尤彰著者，汇次而书之，作《奸臣传》，以为世鉴。①

由此可知《阿合马》的传是编史者从散见的实录编年中汇集而成。可能是史家受当时所能查找和掌握史料的限制，在《元史·阿合马传》传中没有记载阿合马是忽必烈潜邸时期入侍的，言为"不知其所由进"，记载他的事迹从中统三年领中书左右部开始。《元朝名臣事略》的《左丞李忠宣公》中，在评价李德辉的人品时明确写道："初，权臣阿合马与公偕侍潜邸，及当国用事，公未始一至其门，彼常卑恭求好，拒之愈力，其所守类此。"②可知，在李德辉入侍潜邸时，阿合马已进入忽必烈王府。李德辉是"岁丁未（1247），用故太保刘公荐，征至潜藩"，那么，阿合马应在1247年时已经入王府。阿合马原来是花剌子模的一名穆斯林商人，蒙古西征时被掳掠东来，充当弘吉

---

① 《元史》卷二百五《奸臣》，中华书局1976年版，第4557页。
② （元）苏天爵辑撰：《元朝名臣事略》，姚景安点校，中华书局1996年版，第217页。

刺部贵族的属民或是奴仆。拉施德《史集》说:"还在察必哈敦生活于自己父亲的家中时,异密阿合马就同他们亲近,因此,当她做了合汗的妻子之后,经常在他的帐殿中,取得了势力,成了一个大异密。"阿合马是作为侍臣和陪嫁的媵人,随忽必烈的察必皇后进入忽必烈王府的。阿合马无疑是属于忽必烈潜邸时期的旧臣,但因史书缺乏记载,关于他在潜邸时期的所为不得而知。忽必烈即位不久,中统二年阿合马就出任上都留守同知兼太仓使,掌管宫廷仓廪钱谷。中统三年擅长理财的王文统被杀后,阿合马开始领中书左右部,兼都转运使,宠眷日隆。至元元年,阿合马凭借理财聚敛的本领,升为中书平章政事,权势愈来愈大。阿合马通过增税和聚敛增加元帝国的财政收入,因此他深受忽必烈的器重。此外他所具有的狡黠诙谐以及善于向主人表白的奴才习性,也是他讨忽必烈喜欢的另一原因。然而由于他的恃宠专权,排斥异己,激起朝中许多人对他的反抗。怯薛宿卫秦长卿上书弹劾道:"观其禁绝异议,杜塞忠言,其情似秦赵高;私蓄逾公家赀,觊觎非望,其事似汉董卓。"[①]秦长卿因此被阿合马害死在狱中。阿合马的所为激起了公愤,在众怒难遏的情势下,至元十九年(1282),王著等人在忽必烈北上巡幸期间,假借太子的令旨,用铜锤击杀了阿合马。郑所南《心史》载,阿合马被杀后"军民尽分脔阿合马之肉而食,贫人亦莫不典衣,歌饮相庆,燕市酒三日俱空"。忽必烈开始未知阿合马之罪,曾赐重金为其办理丧事,并处死了诱杀阿合马的王著等人。得知其罪恶后,忽必烈以处置罪奴的办法,将其发墓剖棺,纵犬食其肉。在籍没阿合马资产入官时,尚书省掾张思明奉命将所籍财产的明细为忽必烈奏读,自黄昏读至黎明。阿合马所贪污财产数量之大,常人难于想象!

**女真人中的幕僚成员**

世祖潜邸时,女真族中的幕僚成员史料可考者有三位。

赵良弼(1216—1286),字辅之,本姓术要甲,音讹为赵家,因此以赵为姓,赵州人。曾参加戊戌选试,中选后教授于赵州。《元史》本传载:"世

---

[①]《元史》卷一百六十八《秦长卿传》,中华书局1976年版,第3958页。

祖在潜藩，召见，占对称旨，会立邢州安抚司，擢良弼为幕长。"①《枢密赵文正公》载："岁辛亥，召居王邸。"辛亥年，忽必烈兄长刚继位，潜邸发展进入重要时期，在大量需要用人之际，赵良弼进入王府。入王府后，他参与了潜邸时期许多重要工作：参加了治理邢台和关陕的工作；阿兰答儿钩考京兆时，赵良弼奋力抗争；宪宗九年（1259）忽必烈征宋，赵良弼召参议元帅之事；在忽必烈即位的过程中，赵良弼先后五次上言劝进，是潜邸时期一位重要谋臣。忽必烈即位后，设立陕西四川宣抚司，以廉希宪、商挺为正副宣抚使，赵良弼为参议。赵良弼也是元代著名的外交家。至元初，朝廷多次遣使至日本，均无所得。至元九年（1272）良弼请求使日，世祖授与他秘书监官职出使日本，并让他带随从兵三千，但他只点名二十四位官员随行。赴日期间他记载了日本群臣爵号、州郡地名、风土习俗，这些记载具有重要史料价值。至元十年，从日本返回燕京，把在日的所见所闻具奏朝廷，并建议皇上不宜以有用之民力对日用兵，应采用中日友好的政策。至元十九年，赵良弼退隐怀孟务农。至元二十三年卒，享年七十岁。赠推忠翊运功臣、太保、仪同三司，追封韩国公，谥"文正"。

谒只里（1241—1282），女真人。大父昔宝味也不干，金朝进士，金亡后依附元太宗。"谒只里幼颖悟，能记诵，及长，以孝友闻。事世祖潜邸，得备宿卫。"②潜邸时期是宿卫身份。忽必烈即位后参议陕西行枢密院事。平定李璮叛乱后，谒只里佩虎符，监军于毗阳。至元七年（1270）领军围襄阳，攻樊城。十一年从伯颜在郢州大败宋兵。为解决军粮，西攻江陵龙湾堡，取粟万石。又于阳逻狄击败宋将夏贵，获战船百余。后官至浙东宣慰使，镇守绍兴。至元十九年卒，年仅四十二。

高觽（1238—1290），字彦解，上党（今山西长治）人，其先渤海人。其父高守忠，蒙古国初建时为千户。高觽以勋臣子备世祖潜邸的宿卫"觽事世祖，备宿卫，颇见亲幸"③。后选为太子真金属官，掌艺文、宫卫监门事。至元十八年，授行同知王府都总管府事。至元二十二年，迁同知大都留守司

---

① 《元史》卷一百五十九《赵良弼传》，中华书局1976年版，第3743页。
② 《元史》卷一百五十四《谒只里传》，中华书局1976年版，第3642页。
③ 《元史》卷一百六十九《高觽传》，中华书局1976年版，第3978页。

事。后迁河南等路宣慰使。

**蒙古人中的幕僚成员**

在现存可考的史料中，潜邸幕僚中的蒙古人并不像想象中应该有的那么多。其中的原因可能：一是因为史料留存较少，赵翼谈《元史》时说："元起朔漠，本无文字。开国以后，又无如金之完颜宗翰等能访求先朝事迹，是以记载寥寥。"[①] 二是当时忽必烈的封地在漠南，又有积极的汉化之倾向，当时蒙古贵族中的保守势力反对忽必烈的汉化思想与行为，故参与王府事务中的人也较少。从已有史料的记载看，忽必烈王府中的蒙古上层统治者不少具有汉化倾向，尤其是年轻人，他们中的许多人有拜中原名儒为师学习的经历。在忽必烈王府中，从史料记载中可见的蒙古人有：霸突鲁、乃燕、脱脱、阔阔、秃忽鲁、燕真、阿答海、哈答孙、脱兀脱、忙哥。

在忽必烈王府的蒙古人中，木华黎家族的地位最为显耀。木华黎之孙、曾孙、四世孙皆有在忽必烈王府中服务的成员。大概源于木华黎家族最早接触中原文化，并且能够与忽必烈共同接受汉文化思想有着直接关系，木华黎是成吉思汗身边的"四杰"之一。木华黎之父在战争中曾为成吉思汗挡敌而身亡，是太祖的救命之人；木华黎本人四十年间追随成吉思汗，无役不从。成吉思汗即位后，首分木华黎与博尔术为左右万户，并言："国内平定，汝等之力居多。我与汝犹车之有辕，身之有臂也。"（《元史·木华黎传》）丁丑年，木华黎被分为太师、国王、都行省承制行事，赐黄金印："子孙传国，世世不绝。"且谕曰："太行之北，朕自经略，太行以南，卿其勉之。"后来平定中原主要由木华黎统军作战，太行以南的军国之事多由木华黎国王管理。所以在成吉思汗时代，蒙古最高统治者中最先频繁地与中原人接触的是木华黎国王。由此木华黎整个家族中的许多成员，也成为最早愿意主动接触中原文化的人。忽必烈在元宪宗时期的角色与地位，与木华黎在成吉思汗时代的地位与角色有些相似，皆为蒙古最高统治者在中原的全权负责人。忽必烈王府中有木华黎的三代人，木华黎四世孙脱脱的汉文化修养极高。

---

① （清）赵翼：《廿二史劄记》卷二十九，中国书店1987年版，第405页。

霸突鲁（？—1261），木华黎之孙，孛鲁的第三子。潜邸时期，为忽必烈提出了许多有建设性的建议。忽必烈有段时期曾有搬迁回到北方休兵息民的想法，他以此想法言于霸突鲁。霸突鲁对曰："幽燕之地，龙蟠虎踞，形势雄伟，南控江淮，北连朔漠。且天子必居中以受四方朝觐。大王果欲经营天下，驻跸之所，非燕不可。"世祖怃然曰："非卿言，我几失之。"忽必烈即位，定都在燕。尝曰："朕居此以临天下，霸突鲁之力也。"①霸突鲁曾多次从忽必烈征伐，为先锋元帅，屡立战功。世祖即位后，未来得及表现其治国之才，于中统二年卒于军中。大德八年（1304），追赠东平王，谥"武靖"。

乃燕，生卒年不详，木华黎的曾孙，速浑察的次子。天性谦和，好学求问，以贤能而著称。其父速浑察去世后，宪宗命乃燕继承父亲的王爵位，乃燕力辞而推荐自己的兄长忽林池袭位。其兄忽林池亦辞让，乃燕顿首涕泣力辞，不得命，既而曰："若然则王爵必不敢受，愿代臣兄行军国之事。"于是忽林池袭为国王，事无巨细，必与乃燕谋议。世祖潜邸时，乃燕常出入王府，忽必烈常与乃燕议事。史载："世祖在潜藩，常与论事。乃燕敷陈大义，又明习典故。世祖谓左右曰：'乃燕，后必可大用。'因号之曰薛禅，犹华言大贤也。"②乃燕一生虽位居显要，而小心谨慎。至正八年，赠中奉大夫、辽阳等处行中书省参知政事、护军。病卒后，世祖为之悲悼不已，但去世具体时间未有记载。后追封鲁郡公。

脱脱，生卒年不详，木华黎四世孙。幼失父亲，母亲孛罗海管教甚严，"孜孜若恐不及"。稍长，入侍忽必烈王府，"直宿卫，世祖复亲诲导，尤以嗜酒为戒"。脱脱"喜与儒士语，每闻一善言善行，若获拱璧，终身识之不忘"③。《元史》载一事：朱清、张瑄多行不法，为蔽罪，以黄金五十两、珠三囊贿赂脱脱，脱脱为此大怒，系之有司，派遣使者闻于朝廷，而"其所好异于人也"，"暇则好收法书秘画，尤喜古圣贤像"。④曾收藏了"古先圣及颜子以下七十二贤像"，苏天爵为此题跋。脱脱的言行、爱好，俨然是一个中原

---

① 《元史》卷一百一十九《霸突鲁传》，中华书局1976年版，第2942页。
② 《元史》卷一百一十九《乃燕传》，中华书局1976年版，第2941页。
③ 《元史》卷一百一十九《脱脱传》，中华书局1976年版，第2944页。
④ （元）苏天爵：《滋溪文稿》，陈高华、孟繁清点校，中华书局1997年版，第510页。

士人的形象。脱脱在王府中为宿卫职，具体功绩史书无记载。

阔阔（1223—1262），字子清，本蔑里吉氏部族。"国初，举族内附。世祖居潜邸，选阔阔为近侍。"他奉忽必烈命与柴祯一同受业于王鹗。《元史》本传载，当忽必烈召王鹗"问以治道，命阔阔与廉希宪皆师事之。既而阔阔出使于外，追还，而鹗已行，思慕号泣，不食者累日，世祖闻而异之。岁庚戌，宪宗复召鹗至和林，仍命阔阔从之游"。阔阔跟随王鹗学习，开始，每日晨起，盛饰冠服，王鹗让之："惟夸衔鲜华以益骄贵之气，恐窒于外而塞于中，道义之言，无自而入，吾所不取也。"阔阔从此悔悟，明日衣着纯素拜见王鹗。后又从张德辉学习。据萧启庆先生考证，阔阔为"现知最早之蒙古儒者"。后官至大名路宣抚使、中书左丞。年四十以疾卒。其子坚童，也从王鹗游。后入国学，成为许衡的得意弟子。

秃忽鲁，字亲臣，生卒年不详，康里氏人。自幼入侍世祖，潜邸时世祖曾命秃忽鲁"与也先铁木儿、不忽木从许衡学"。秃忽鲁是许衡蒙古学生中的优秀弟子，忽必烈称他为"康秀才"①。后担任蒙古学士、奉议大夫、客省使、兵部郎中，迁金太史院。成宗继位后，平章不忽木去世，成宗非常思念，问近侍："群臣孰有似不忽木者？"贺伯颜对曰："秃忽鲁其人也，且先帝所知。"在贺伯颜的心目中，秃忽鲁是一位与不忽木齐肩的重要人物。

燕真，康里人。其父海蓝伯曾事克烈王可汗，克烈王国是成吉思汗统一蒙古之前漠北地区最强大的一支势力，成吉思汗也曾臣服于克烈部首领王汗。成吉思汗灭克烈部后，燕真的父亲弃家从数千骑望西北驰去，从此不知所终。燕真及其兄十人皆为成吉思汗所虏，燕真最幼，时年仅六岁，太祖把燕真赐给庄圣皇后。"后怜而育之，遣侍世祖于藩邸。"②燕真自幼入潜邸王府，成人后随从忽必烈征伐，多次立功。宪宗伐宋时，命忽必烈在家居守，燕真劝忽必烈请命南征。忽必烈即位后，燕真未及大用而卒，官止卫率。其子不忽木后来是世祖、成宗两朝的重臣。

阿塔海（1234—1289），又作阿答海，逊都思氏。蒙古国开国功臣塔海拔都儿之孙，卜花之子。其祖塔海拔都儿，骁勇善战，尝从太祖同饮黑河

---

① 《元史》卷一百三十四《秃忽鲁传》，中华书局1976年版，第3251页。
② 《元史》卷一百三十《不忽木传》，中华书局1976年版，第3163页。

水，以功封为千户。祖父去世后其父卜花袭职，之后阿塔海又袭父爵为千户长。阿塔海身材魁伟，才略过人。在宪宗时，随都元帅兀良合台征云南，身先士卒，卓有战功。后事世祖于潜邸①。至元九年，阿塔海奉命督军攻襄阳。襄阳攻克后，因功授镇国上将军、淮西行枢密院副使。至元十二年，元军进攻建康，宋守镇江的将领石祖忠遣使乞降，扬州守将李庭芝闻讯，遣兵出击石祖忠，阿塔海率师援救石祖忠，宋兵望风退走。镇江地扼长江咽喉，但城墙不坚固，阿塔海得城后建立木栅以保障居民。又分兵屯驻瓜洲，切断扬州的援兵。至元十三年，元大军会师临安，宋朝皇帝投降，阿塔海送宋皇帝及母后至燕京。又奉诏回到瓜洲，与阿术一同平定淮南。至元十四年，授荣禄大夫、平章政事、行中书省事。至元二十年，调任征东行省丞相，征讨日本，因遭飓风，船坏丧师十之七八。至元二十四年，扈从世祖征乃蛮。至元二十六年卒，年五十六，追封顺昌郡王，谥"武敏"。

哈答孙（1246—1311），原是关中人。父亲刺真随宪宗到和林，后安家在和林。《新元史》载："哈答孙年十五侍世祖于潜邸，以谨笃称。"②在潜邸时期的具体业绩未有记载。中统初，命掌尚食局，后升迁为生料库提点。至元二十四年，从世祖讨乃颜有功，加武略将军。大德元年，提拔为怀远大将军、淮东淮西屯田捕打总管。武宗即位，拜淮东淮西道宣慰使。至大四年，染瘴疠而卒，年六十五。延祐初，追封秦国公，谥"昭宣"。

唆都（？—1285），扎剌儿氏。骁勇善射，忽必烈潜邸时期为怯薛（宿卫），曾从世祖征讨云南大理。中统三年（1262），随军平山东李璮之乱。回到朝中后，奏请："郡县恶少年，多从间道鬻马于宋境，乞免其罪，籍为兵。"朝廷从之，唆都由此得兵三千人，升为千户，命守蔡州。其后参与宋元战争，在襄樊之战中有功，升总管。至元十二年（1275）从伯颜攻南宋，下建康后，任建康安抚使。至元十三年，元军攻取临安，诏伯颜以宋主入朝，留参政董文炳守临安，令其自择可副者，文炳请留唆都，唆都与董文炳共同戍守临安。至元十四年，升福建道宣慰使，行征南元帅府事，连下福州等地，进参知政事、左丞，行省事于泉州。至元二十一年，唆都参与蒙越战

---

① 柯劭忞编：《新元史》卷一百三十二《阿塔海传》，上海古籍出版社2012年版，第570页。
② 柯劭忞编：《新元史》卷一百七十八《哈答孙传》，上海古籍出版社2012年版，第732页。

争。次年，元军作战不利，唆都引兵撤还，在咸子关附近（今越南海兴省境内）遭安南军截击，被擒后斩首（《安南志略》记载为"跃马堕水死"），在越南历史上留下"擒胡咸子关"的故事。死后谥号"襄愍"。

叶谛弥实（1218—1287），朵鲁伯觯氏，开国功臣朵儿伯朵黑失之子。世祖潜邸时为宿卫，《新元史》载"世祖常阴视卫士腰带，见叶谛弥实独精好，命佩刀侍左右从"①。参加过元初许多战役，攻宋时以骁勇，赐号"拔都儿"（勇士）。至元十四年，任江西行省参知政事。后遭诬谗，迁为招讨使。历任江西道宣慰使，福建、江西行省参知政事等职，督兵往来于闽广。至元二十四年卒，年七十。

脱兀脱，阿尔拉氏，博尔术（蒙古名将，成吉思汗"四俊"之一，开国元勋之首）的弟弟。潜邸时期脱兀脱是忽必烈身边的近侍，治理邢州时派脱兀脱为断事官。据《元史·世祖本纪》载："辛亥，邢州有两答剌罕言于帝曰：'邢吾分地也，受封之初，民万余户，今日减月削，才五七百户耳。宜选良吏抚循之。'"于是听从刘秉忠与张文谦的建议，征张耕为安抚使，刘肃为商榷使，脱兀脱为断事官一同治理邢州。而脱兀脱依仗家族功勋，偏袒蒙古人，掩饰其抢掠罪过，并纵容属下数次与汉官为难，阻挠行政事务。当时忽必烈正在征伐云南地区，张耕派赵良弼亲赴云南说明事由，《赵良弼传》载："脱兀脱以断事官镇邢，其属要结罪废者，交构嫌隙，动相沮挠。世祖时征云南，良弼驰驿白其事，遂黜脱兀脱，罢其属，邢大治，户口增倍。"②关于脱兀脱其他事不可考。

忙哥，世祖在治理河南分地期间，曾让忙哥担任过经略史。由此可以推断他是属于世祖潜邸时的蒙古人，但其他更多事迹史料中未见记载。

从以上对潜邸时期蒙古幕僚成员的梳理可以看出这些成员有两个共同特点：其一，蒙古族中在忽必烈王府中的人，多数是"有根脚"的显贵家庭，他们的祖辈或父辈曾经跟随太祖成吉思汗或是太宗窝阔台汗东征西讨，是蒙古帝国的功臣。其二，这些成员几乎都具有汉化倾向，一些成员甚至有很深的汉文化修养。阔阔曾从金状元王鹗学习儒学，秃忽鲁师从大理学家许衡。

---

① 柯劭忞编：《新元史》卷一百六十一《叶谛弥实传》，上海古籍出版社2012年版，第670页。
② 《元史》卷一百五十九《赵良弼传》，中华书局1976年版，第3743页。

霸突鲁、乃燕、脱脱分别是木华黎家族中的第三、四、五代人，而木华黎家族，是蒙古最高统治者中最早接触中原文化的人，脱脱的汉文修养非常高。他们在忽必烈王府中不是普通的幕僚成员，其作用不仅是辅佐或谋事，而且是蒙古帝国最高统治者中的势力代表。"当是时，军国之重，则有宗亲贵人，而书记征发之责，取才金氏之遗而有余也。"①这句话是张易、张文谦等人初入王府时候的情形。王府中蒙古贵族成员们的支持，对忽必烈取得政权起着很重要的作用。

在忽必烈潜邸王府中，"血缘伦理圈"中的成员来自不同的民族、不同的家庭。成员之间或是父子、或是弟兄、或是几代人同在王府中、或因父辈的功勋而入王府，总之这些成员入王府，是与某一种"血缘关系"相关。除血缘关系之外，这类成员，多数较为年轻且具有一技之长。如汉人中的"许国祯父子"及杜思敬都精医术；贾昔剌氏父子长于厨艺，忽必烈的父亲蒙哥在饮食上离不开贾昔剌，尚曰"昔剌在吾左右，饮食殊安适"。同样，西域各族的人也多善一技之长。回回人扎马剌丁懂得天文之术，也黑迭儿则善建筑；维吾尔人阿里海牙骑术非常，"能日驰八百里"；当然更有像廉希宪这样的文武兼备的治国能臣。本章通过各种史料搜集考证，忽必烈潜邸王府中幕僚成员有姓名可考者属于"血缘人伦圈"中人有38人，超过了整个潜邸幕僚集团的三分之一。这类成员在潜邸幕僚集团中占了较大的数量，他们属于王府幕僚中的基础成员。

通过"血缘关系"进入王府中的途径，也是后来元代官员晋升的主要途径。在元代官员的登庸，武官赖世袭，文官以荫补为主，制举、保举为辅。世袭与荫补完全是以家庭为背景。凡是在蒙古建国、伐金、灭宋的过程中立下功勋的家庭，无论属于何地、何种民族，便是具有"大根脚"之家，世代享受荫袭特权，垄断了绝大部分重要的官职。著名散曲家张可久曾言："淡文章不到紫薇郎，小根脚难登白玉堂。""小根脚"尚难登，没根脚则更无望。

---

① （元）苏天爵辑撰：《元朝名臣事略》，姚景安点校，中华书局1996年版，第147页。

# 第三章 忽必烈潜邸幕僚形成途径之二:"伦理波纹圈"
## ——潜邸幕僚中的"中坚群体"

忽必烈潜邸幕僚集团中的核心成员,大多数属于当时北方汉族中的士人。蒙古国当时近乎纯游牧的"行国"社会,而汉族社会的历史文化渊源久长、农业文明已经高度发达。作为这些高度文明文化的代表者,他们因何能够千里迢迢去辅佐一个草原王子?从史料中梳理每位成员去幕府的具体途径,从文化的视角进行个体、具体的考察,会发现当时这些人在奔赴草原的过程中,他们自我互相之间的人伦社会关系起了很重要的作用。

## 第一节 潜邸幕僚"人伦波纹圈"形成的背景

从世界历史范围内进行分析比较,中国历来是一个以"伦理为本位"的社会,西方国家则或以社会为本位,或以个人为本位。简而言之,以社会为中心的,就属于以社会为本位的社会,以个人为中心的就属于个人为本位的社会;而中国社会历来以家庭为中心,因以家庭为中心,从而形成了"伦理本位"的社会。伦理之本意是指人与人之间的关系及处理这些关系的规则,具体在中国社会中的伦理关系,就是指以家庭为出发点在社会中形成各种各样的关系;在这些关系中,每个人既有义务责任,也从中获得快乐与满足。《礼记·乐记》云:"凡音者,生于人心者也;乐者,通伦理者也。"郑玄注解:"伦,犹类也;理,分也。"把伦理与音乐相联系,说明伦理从产生开始,对于中国人而言,就是快乐的。从古至今,民间流传一句习语:"在家靠父母,出门靠朋友。"民间能够长久并广为流传的习语,常常是文化特点意义之高度概括。此习语的前半句是"血缘伦理"文化之概括,后半句则是社会伦理之作用。所谓的"靠",就是互相的照顾,尤其危难之际相互的救助。某一个体,在处于危难之际,在缺乏社会救助的情况下,具有人伦关系中的人与人之间的互相救助显得尤为重要。

金末北方社会处在极为混乱、动荡的时期。蒙古铁骑以迅雷不及掩耳之势进入中原。在金廷灭亡之时,许多人流离失所,离开自己的家乡到处躲避战祸。在这种情况下,同乡、朋友、至亲互为救助,著名的杂剧作家白朴在战乱中能够生存下来,正是依靠着白家的世交元好问。汴京攻破时,白朴之父不在城中,逃亡过程中白朴与母亲失散,当时的白朴只有七岁,元好问幸好也在城中,元白两家是世交,由于这种关系,元好问收留了白朴和他的姐姐,在乱兵和饥荒中抢救了姐弟俩的生命。元好问携带白朴姐弟渡河北上,流寓聊城,后寄居于冠氏县令赵天锡幕府。元好问虽也是亡国奔命之臣,生活至为艰辛,但他视白朴姊弟犹如亲生,关怀备至。白朴染瘟疫后生命垂危,元好问昼夜抱在怀中七日,后出汗得愈。元好问、白朴皆为历史名人,史书得以记载,类似的感人情形在历史上应该发生过许多。正是元、白两家这种深厚的世交关系,使中国戏曲史上多了一位杂剧名家。

由于人们心中对人伦关系普遍看重,所以在选择逃难的去向时,总是选择投靠没有战乱地方的亲朋好友。金末状元李俊民,当家乡泽州陷入战乱时,为避战祸,乙亥年(1215)就南下投奔在复昌县当主簿的侄儿李扮。当时很多人先南迁后北渡。金未亡之前的十几年中,因为北方战乱频仍,许多人渡河南迁。当金即将灭亡的时候,壬辰年(1232)间,随着汴京被攻破、金帝的弃城难逃,中原地区的士人、民众又纷纷北渡黄河以避北来的兵祸,因为此时北方有些地方尤其是几个世侯所在地,相对较为平稳。在这种南迁北渡逃亡过程中,有些士人互相之间得以相识、交往,形成一种新的更为广泛的朋友圈。忽必烈即位后曾对身边的侍臣说:"朕求贤三十年,惟得窦汉卿及李俊民二人。"①忽必烈所言窦汉卿与李俊民在战乱中的行踪与交游具有一定的代表性。二人都是先南迁后北渡,在此过程中结识和交往了许多文士。窦默(字汉卿)是广平肥乡(今河北肥乡)人。在蒙古对金的战争中,窦默与北方的大多数百姓一样,流离失所。《元史》本传记载:"国兵伐金,默为所俘。同时被俘者三十人,皆见杀,惟默得脱归其乡。"当他返回家乡时,家已被破坏,只有母亲尚在,惊恐之余,母子俱染病在身,不久母亲去世,窦默扶病葬母后,战火又起,窦默南下避难,逃至清河招赘于医家王氏,跟随岳父学医。后又逃难到蔡州,在蔡州遇到儒医李浩,在李浩处学到了"铜人针法"。当金朝皇帝迁至蔡州时,蒙古大兵很快就又攻打蔡州,于是窦默再迁德安,在德安跟从德安县令谢宪子研习"四书"。德安攻破后,史载姚枢救大理学家赵复,窦默很可能也是在这个期间认识了姚枢。之后,窦默又北渡隐居于魏,此时大理学家许衡也隐于魏,窦默在魏地又认识了许衡。当姚枢来魏地探望窦默时,姚枢又认识了许衡。因姚枢在德安刚刚获得由南而来的赵复理学书籍,许衡从姚枢处"尽录数书"。由于三人之间有着共同研究理学的爱好,所以同隐居在大名潜心于理学的探究。可见,窦默正是在四处逃亡的过程中结识了许多人并发展成为朋友,与姚枢、许衡形成了一个共同讲学的"朋友群"。三人正在大名潜心于理学研究之际,窦默被李德辉引荐召至忽必烈王府。由此,三人先后通过推荐途径都进入王府。被忽必烈征召的另一位重要人物李俊民,在南迁河南福昌期间得以与同样也避兵乱的元好问相遇,此期间两人应该有聚会、交游。元好问的《摸鱼儿》词序:"泰和中,大名民家小儿女,有以私情不如意赴水者,官为踪迹之,无见也。其后踏藕者得二尸水中,衣服仍可验,其事乃白。是岁,此陂荷花开,无不并蒂者。沁水梁国用,时为录事判官,为李用章内翰言如此。"用章,即李俊民的字,李俊民避难在此地,梁国用是其老乡,与其侄儿同僚,把此惊异之事告于李俊民,李俊民与元好问同为一代文学家,交游相遇时李俊民又把此事告与元好问,元好问因此为词。由此,可知两人在此期间应时有交往。李俊民离开福昌,己卯(1219)移居伊阳,杨奂《李状元事略》记

---

① 《元史》卷一百五十八《窦默传》,中华书局1976年版,第3733页。

载，期间与张毂、王德华等文士往来，还曾游历汴京，与许古、刘祖谦、杨云翼等诗酒唱和。后来，李俊民被忽必烈召见，并希望他举荐人才时，李俊民曾推荐刘璋、张贤、张大椿、申天佑等人。当然推荐之人并不一定都符合忽必烈用人的标准而被所用，李俊民所推荐的这些人，并未被忽必烈重用。

在金元之间的士人容易形成较广人际关系的另一原因，就是他们职业角色的多样化。金亡之后，北方的科举被中断，无论是战争时期还是在战乱之后，出于谋生的需求，许多原先单纯的儒者开始学习和从事一些别的职业。或为医、或为术、或学吏事、或坐馆教学，一些人甚或入道观、进寺院，为求得平安生存，也有的为蠲免沉重的税收。而且同一个人，也经常会转换角色、变化职业。刘秉忠就曾为吏，后为道，又为僧。频繁的角色变换中，自然就增加和扩大了人脉关系。当刘秉忠进入潜邸后就把他在各个行业中交往的优秀人才引进了王府。在当时的社会背景下，汉民族文化中原本就重视人伦关系这一特点，在这个时期更加显现。在忽必烈幕僚群体形成过程中，"伦理关系圈"起着重要的作用。事实上向王府推荐人才，被推荐者一般与推荐人之间非常熟悉，对其品性有相当了解；如不甚了解，推荐无德才之人，被推荐的人一旦后来出现问题，推荐人因此会受到追责。如王文统因纵容庇护李璮的叛乱被诛后，推荐王文统的廉希宪、赵良弼、商挺等人曾被忽必烈追问，这些人都是忽必烈相当信任和重用之人。由此可知，当时向忽必烈王府推荐人才，推荐者是需要负一定责任的。在这种情况下，推荐者与被推荐者，一般应当是非常熟悉，许多人互相之间往往存在着某一方面的人伦关系。

政治是非常现实的，所谓好的政治策略，就是要与实际情势相符合，能够在现实中行通并获得成功。相反，无论是超前或是滞后于现实的思想、政策都注定要遭受失败。当时蒙古统治者用人政策主要是血统与军功，在此背景下，具有某些人伦关系的人以互为推荐的方式而被蒙古统治者所重用，是当时最有效的策略。在忽必烈之前的窝阔台汗时期，耶律楚材曾经极力推行"设科取士"的用人政策，并在戊戌年（1238）进行了一次科举，而这次科举以没有结果，或者说以失败告终。因为它的最终结果不是像耶律楚材所设想的，通过科举取士使蒙古统治者能够重用儒臣治理国家，而仅仅是为列为儒户的儒士免其赋役而已。同一时间，蒙古统治者对僧、道和伊斯兰教徒也通过采用考试的形式给予免除赋役的优待。当时有许多人以度牒受戒为名而入寺庙或道观躲避赋税，因人数太多以至于影响了朝廷的收入。为此朝廷下令通过考试，淘汰僧道中的一些人。淘汰僧道考试也是在戊戌年间进行的，后来许多人把这次的科举考试看作选汰三教的组成部分，这与耶律楚材的初衷是完全违背的。对于耶律楚材而言，违背初衷的不仅仅是"科举选士"这一件事，在蒙古帝国缔造初期，他作为一个积极推行中原汉文化的人，他的许多建议和措施不曾被采用。即使在太宗窝阔台时期，经过他千辛万苦的努力，已被采用了的一些政策，随着窝阔台去世，以乃马真皇后为首的保守的蒙古最高统治者对此极力进行干扰破坏，许多政策弃而不用。耶律楚材是带着挫折感和失败的忧伤离开人世的。徐子方在分析元代文人的心态时，认为耶律楚材是一位"先驱者"、"孤独者"①。而他失败的原因之一，就在于他所采用的政治措施与当时统治者接受能力有一定的差距。其实，先驱者有时候也必然就是孤独者。

也许对于蒙古统治者当时的认识，他们也真的把儒与佛、道完全等同在一起。廉希宪曾与忽必烈有这样的对话："上命公受戒国师，公对曰：'臣已受孔子戒。'上曰：'汝孔子亦有戒耶？'对曰：'为臣当忠，为子当孝，孔门之戒，如是而已。'"忽必烈想让廉希宪受佛家戒而廉希宪说自己已经受了孔子戒。虽然廉希宪以此为托词，其本心是并不想接受忽必烈让他受戒于佛门的建议，但他在忽必烈面前把儒家说成与佛家一样的宗教，他一定是从忽必烈能够接受的角度出发的。蒙古统治者把儒与佛、道相并列，大概出于这样两方面的原因：一是儒家本身的祭天、拜地、祭祀祖先的活动仪式，使他们与自己已有的宗教活动有类同的感觉。其次他们对儒士的认识更多通过每个儒生的个体行为活动而获得。当他们最初结识儒士的时候，首先看重的是他们所拥有的"占术"技能。耶律楚材被成吉思汗重用是"车盖知何处，衣冠问阿谁？自天明下诏，知我素通蓍"（《湛然居士集·怀古一百韵寄张敏之》）。"通蓍"就是善于占卜之意。对于金代状元李俊民，忽必烈看重的也

---

① 徐子方：《挑战与抉择——元代文人心态史》，河北教育出版社2001年版，第40页。

是他的精通术数，"尝令张仲一问以祯祥，及即位，其言皆验"。跟随忽必烈三十年的一代名臣刘秉忠去世后，忽必烈的评价"秉忠事朕三十余年，小心慎密，不避险艰，事有可否，言无隐情。又其阴阳术数之精，占事知来，若合符契，惟朕知之，他人不得与闻也"。刘秉忠一生丰功伟绩很多，然在忽必烈心目中，"阴阳术数"是占有更重要的位置，盖棺论定时忽必烈首先想到的还是这一点。

对儒士缺乏全面的认识，用人方式是血缘、军功及与此紧密相联的其他社会人伦关系，致使元代科举制度一直没有能够很好地实行。即使后来延祐年间有一段时间，恢复了科举制度，但对元代的用人体制并没有多少的改变。"因此延祐以后虽实行了科举制度，但对有元一代宿卫出职皆居当道要津、品官来源多自掾吏入流的用人格局，基本上没有什么触动。"[①] 所以忽必烈幕僚集团中，通过各种人伦关系推荐进王府的这种途径，正是以忽必烈为代表的蒙古最高统治者所能够接受的。因为能够接受这种方式，所以忽必烈不仅在潜邸时期重用这些人，在即位之后，这些人中许多被委以重任，成为元初国策制定的主要人物。通过人伦关系的互相推荐、引进为幕僚，比通过科举考试被蒙元统治者重用更为有效，对此有一个有趣的佐证材料：忽必烈幕府中的五位重要人物杨奂、赵良弼、张文谦、许衡、董文用在耶律楚材主持的戊戌科考中都曾参加了考试，并被中选，但他们在当时并未被重用；而他们被载入史册、被重用，正是在后来通过人伦关系互相引进举荐成为忽必烈潜邸幕僚之后。

## 第二节　刘秉忠为中心的"人伦波纹圈"中的幕僚成员

费孝通在《乡土中国》里写到中国和西洋的基本社会单位不同时说："西洋的社会有些像我们在田里捆柴，几根稻草束成一把，几把束成一扎，几扎束成一捆，几捆束成一挑。每一根柴在整个挑里都属于一定的捆、扎、

---

[①] 徐子方：《挑战与抉择——元代文人心态史》，河北教育出版社2001年版，第265页。

把。每一根柴也可以找到同把、同扎、同捆的柴,分扎得清楚不会乱的。在社会,这些单位就是团体。""我们(中国)的格局不是一捆一捆扎清楚的柴,而是好像把一块石头丢在水面上所发生的一圈圈推出去的波纹。每个人都是他社会影响所推出去的圈子的中心,被圈子的波纹所推及的就发生联系。"①考察忽必烈潜邸幕僚集团形成的过程、发现中原地区许多士人进入王府为幕僚的途径,确如费孝通先生所言正是由着"一圈圈推出的波纹"被扩散进来的。当然投在这水面上的石头越是有重量、投石时所使用的力量越大,波纹扩散的范围就越大;波纹圈扩散范围的大小是依着中心势力大小而定的。当刘秉忠披着袈裟由印简大师带进忽必烈身边时,当他决定出仕辅佐忽必烈时,在忽必烈王府中就注定会形成以刘秉忠为中心的一个"人伦波纹圈"。首先由印简法师引进刘秉忠,这是一个绝好的投石者。他的出家人的身份及在宗教界的威望,使他在蒙古统治者心目有着很高信任度;而刘秉忠丰富的人脉关系及经历,具备形成人伦波纹圈的条件。一个人人脉关系是否丰富,取决于两点:一是家庭出身,若出身于官宦之家,其人脉关系自然就丰富;二是个人经历,丰富的人生经历也必然会形成丰富的人际关系。刘秉忠具备了这两方面的条件:刘秉忠祖先在金、辽做官,在辽代汉人中当属当时的四大家族(韩、刘、马、赵)之一,其父刘润被蒙古人推为副都统;刘秉忠个人经历又非常丰富,他幼入学堂、十三岁为质子、长而为吏、后出家为僧,云游四方。丰富的人生经历使他结识了许多卓越的人才。因此在他推荐的人中,有出家人张易、至温,有同学张文谦、李德辉,有师友王恂,有同乡马亨,有闻名者张耕、刘肃等。王磐在为刘秉忠撰的《神道碑》中说:

> 闲燕之际,每承顾问,辄推荐南州人物可备器使者,宜见录用,由是弓旌之招,蒲轮所迓,耆儒硕德、奇才异能之士,茅拔茹连,致无虚月。逮今三十年间,扬历朝省,班布郡县,赞维新之化,成治安之功者,皆公平昔推荐之余也。②

---

① 费孝通:《乡土中国》,中华书局 2013 年版,第 25—26 页。
② (元)苏天爵辑撰:《元朝名臣事略》,姚景安点校,中华书局 1996 年版,第 114 页。

刘秉忠为中心的人伦波纹圈，无论在潜邸时期还是在后来的元初政权建立中，都做出了很大贡献。他们多数是潜邸幕僚集团中的核心人物。

### 刘秉忠推荐同学入潜邸为幕僚

在1247年，同一年中刘秉忠推荐了关系最好、能力最强的三位同学张易、张文谦、李德辉入世祖潜邸为幕僚。

张易。[①]

张文谦（1217—1283），字仲谦，世代居于邢州沙河。张文谦与刘秉忠是同乡、同学，其父张英与刘秉忠的父亲刘润又是同僚。二人"年相若，道相得"。张文谦是在贵由汗二年（1247）进入王府的。《元史·张文谦传》载："幼聪敏，善记诵，与太保刘秉忠同学。世祖居潜邸，受邢州分地，秉忠荐文谦可用。岁丁未，召见，应对称旨，命掌王府书记，日见信任。"[②]这段记载，在说明张文谦入潜邸为幕僚是刘秉忠推荐的这样一个明白的事实之外，还有一个隐含的事实，"世祖居潜邸，受邢州分地"，就是说在邢州为忽必烈的分地后，忽必烈才理所当然地征召了张文谦。联想忽必烈征召张礎时，张礎为真定人，真定在忽必烈母亲去世后属于幼子阿里不哥的分地，所以阿里不哥对忽必烈说："张礎我分地中人，当以归我。"可见当时的征召，蒙古最高统治者有时不允许其他人征召自己分地范围的人，尤其是有才干之人。由此可知，后来刘秉忠推荐的许多人都是属于自己的同乡，与邢州为忽必烈的分地有一定的关系。

张文谦是一位典型的儒者。在戊戌选试中，张文谦应选，并入选免除了徭役之差。他是以儒者的身份进入王府的：

> 尝观于世祖之世矣，自其在藩至于即位，文武大小之臣，乘运以兴者，各以职事见功业，求其恂愉深厚，知为国之本，造权舆于屯昧不宁者，于公见焉。太保刘公学术通神明，机算若龟筴，其所以为卜计者审矣。当是时，军国之重，则有宗亲贵人，而书记征发之责，取才金氏之

---

[①] 见第一章第三节先僧后仕的张易。
[②] 《元史》卷一百五十七《张文谦传》，中华书局1976年版，第3695页。

遗而有余也。乃独荐公为谋臣，在上左右，主儒者，使陈先王之道，虽若迂于智数，而世皇信用，以一天下，而贻子孙无疆惟休，其迹无得而名焉。①

从这段记载和评论，可以看出张文谦进入王府的特殊性。潜邸时期，文武大小之臣，各以职事建立功业：军国之事有忽必烈之宗亲，具体征发之事有金朝之"遗才"，而刘秉忠这样的人才是因术数通神明，被忽必烈重用，惟张文谦以儒士而进，以陈述先王之道为职责。在忽必烈对中原儒士还较为"陌生"的时期，张文谦进入王府具有特殊的意义。他进入王府后，与刘秉忠共同推荐了儒士刘肃、李简治理邢台地区，邢台由此大治。"于是世祖益重儒士，任之以政，盖自公发之。"② 忽必烈重视儒士的作用，张文谦起了很大的作用。作为儒者，张文谦在传播儒家的圣贤之道中有着独特的贡献。文谦"早从刘秉忠，洞究术数；晚交许衡，尤粹于理义之学"。张文谦鼎力帮助许衡传播儒家的义理之学："呜呼！微朱子，圣贤之言不明于后世，微许公，朱子之书不著于天下，微公（张文谦），则许公之说将不得见进于当时矣，庸非天乎。"张文谦先后扶持许衡"使其身安乎朝廷之上，而言立道行者，公实始终之也"。

张文谦在潜邸幕僚时期，跟随忽必烈征大理。因为大理国主高祥拒绝投降，并杀死忽必烈派去的信使，之后逃逸而去。忽必烈因此大怒，欲要屠城。张文谦、刘秉忠、姚枢共同合力谏止："杀使拒命者高祥尔，非民之罪，请宥之。"由于他们的合力劝谏，大理之民赖以全活。元宪宗九年（1259）张文谦跟随忽必烈攻宋，多次以"王者之师，有征无战，当一视同仁，不可嗜杀"相劝，宋之许多百姓赖以活命。

忽必烈即位之后，中统元年张文谦拜为中书左丞，行大名宣抚司事。张文谦做中书左丞期间，王文统为平章政事。王文统只注重敛财，而不体恤天下百姓困苦。张文谦在去行大名宣抚司事之前，对王文统说："民困日

---

① （元）苏天爵辑撰：《元朝名臣事略》，姚景安点校，中华书局1996年版，第147页。
② （元）苏天爵辑撰：《元朝名臣事略》，姚景安点校，中华书局1996年版，第143页。

久，况当大旱，不量减税赋，何以慰来苏之望？"但王文统以"上新即位，国家经费止仰税赋，苟复减损，何以供给"拒绝张文谦的建议。文谦以"百姓足，君孰与不足"回答王文统。他坚持为百姓减去赋税的十分之四，商人酒税十分之二。中统三年，阿合马专权，领左右部，总管财用，"欲专奏请，不关白中书"。在诏廷臣议此事时，张文谦说："分制财用，古有是理，中书不预，无是理也。"帝曰："仲谦言是也。"十三年拜御史中丞后，自知为奸臣所忌，力求辞去。恰好此时许衡等人在造新历，于是授张文谦为昭文馆大学士，领太史院事。至元十九年，在枢密副使任上去世。

张文谦坚持实践儒家"仁政"治国的思想，始终守正不阿。正如李谦所评："及当官论事，守正不倚，毅然有不可犯之色，又勇于为义，苟一事可行，一善可举，如梗茹在胸，必欲快吐而后已。若农事，若钞法，谓生民之重本，有国之大计，尤拳拳焉。"（《中书左丞张公神道碑》）张文谦在儒生不为器重的时代，他以儒士的身份立于王府，立于朝中，终被蒙古帝王认可，难能可贵！

李德辉（1218—1280），字仲实，通州潞县人。姚燧的《中书左丞李忠宣公行状》较为详细地叙述了李德辉的生平。《行状》曰："岁丁未，用故太保刘公荐，征至潜藩，俾侍皇太子讲读，荐故翰林侍读学士窦默、宣抚司参议智迁贤，皆就征。"李德辉与刘秉忠在史书的记载中，没有描述他们之间的关系，但从刘秉忠在同一年推荐了张易、张文谦两位关系很好的同学来看，其与李德辉也当是很好的朋友。《行状》中载，李德辉"绝少年辈不游召，其所亲与，率一时名公硕儒"。刘秉忠自然属于"名公硕儒"一类的人物。同时在《行状》中叙述了李德辉与刘秉忠两个家庭中一件重要事情：李德辉的长女，是刘秉忠的弟弟刘秉恕之妻。这门亲事自然与李德辉和刘秉忠的亲近关系有关。刘秉忠与刘秉恕是同父异母的兄弟，刘秉恕八岁就失去母亲，父亲去世时，刘秉恕十六岁，刘秉忠比其弟长十五岁，弟弟之婚事，像刘秉忠这样的兄长是自然要完全负责的。所以刘秉忠与李德辉之间既有朋友之谊，又有亲戚之情。在萧启庆先生的《忽必烈"潜邸旧侣"考》一文中，张文谦、李德辉并列为刘秉忠的同学。

李德辉进入王府，唐长孺先生认为是以钱谷为秉忠汲引①，并且引用《元史·李德辉传》中的一段话：

> 年十六，监酒丰州，……世祖在潜藩，用刘秉忠荐，使侍裕宗讲读，乃与窦默等皆就辟。……世祖潜藩，择廷臣能理财赋者俾调军食，立从宜府，以德辉与孛得乃为使。……中统元年，为燕京宣抚使。

唐长儒先生所言"钱谷"之事，就是指"理财"。唐先生的观点认为，蒙元前期所进用的汉人，多数是委以"钱谷"之任，李德辉就是其中一例。李德辉的确有着"理财"和"聚财"的能力。在王府做幕僚期间，《元史》本传中记载他重要的一件事情，就是在不到一年的时间里，李德辉为进攻蜀地的数万之师，储蓄了充足的粮草。李德辉不仅能够聚财理财，更重要的是他能够"生财"。在西安为王相期间，他"至则视溯泾营牧故地，可得数千顷，起庐舍，疏沟浍其中，假牛、种、田具赋予贫民二千家屯田，最一岁入，得粟麦石十万，蒭稾束百万"（《行状》）。李德辉为国家聚财、理财，能为百姓寻找很好的生财之道，但他从不为自己敛财。当他去西安为王相时，因为家贫"不能从妻子，留之京师，事或上闻，赐钱二千缗遣之"。当他为西川副枢时，"上尝赐以玉带、锦衣、钱二千五百缗，止留其服物，余悉分之亲戚宾客，一日而尽"。有人问他为何这样做，他的回答是："吾贵而薄功，又可富而厚享耶？不思而两有之，神不福人。"这种回答与其说是李德辉畏富贵皆有神明不福己，毋宁说是他的品行、修养、境界所致。他一生"自奉甚薄，有积则施之，不为子孙他日计"。

或许忽必烈世祖所器重的是李德辉的"钱谷"之能，但是李德辉一生最大的贡献，则是他以自己的真诚感化了"南夷"之地的百姓，为此而避免了残酷的流血战争。他"反复以礼义祸福譬喻解"，劝说合州的守将，使他们不战而降。西南夷罗施鬼国既降复叛，当时皇帝诏云南、湖南、四川的三万兵力压境，准备攻打鬼国。李德辉时任命在播州，立刻遣使止兵勿进，同时派遣使者去鬼国劝降。当鬼国的酋长得知是李德辉来劝降时，则曰："是活

---

① 唐长孺：《山居存稿》，中华书局 2011 年版，第 575 页。

合（合州）李公耶，其言明信可恃。"之后酋长亲自去播州见李德辉，泣且告德辉："吾属百万人，微公来死且不降。今得所归，蔑有贰矣。"李德辉奏请朝廷，改鬼国为顺元路。因李德辉的人格魅力，在元朝，中国的西南部减少了一次残酷的流血战争。当李德辉去世后，南夷之人悲痛万分。《元朝名臣事略》卷十一载：

> 及公薨，蛮夷闻讣，哭之甚哀，其私亲为位而祭者，动辄数百千人。合州安抚使立衰绖率吏民迎拜，哭声震山谷，为发百人护丧兴元。金播州安抚使何彦请顺民欲立庙以祀。①

李德辉所以能够在边远的南蛮之地如此得人心，是因为其言行"出乎身加乎民，发乎迩见乎远"，"彼西南之人被生死骨肉之赐者，无虑亿万计"。

李德辉一生多数时间在地方为官：中统元年，授燕京宣抚使，历山西宣慰使，太原路总管；至元十一年迁安西王相，第二年以王相的身份抚蜀；至元十三年拜西川枢密副使；至元十七年，拜安西行省左丞，命未下而逝世，年六十三岁。他所到之地，皆得到大治。而他的声誉远及南夷边远之地，上及朝廷天子。当罗施鬼国归降之际，曾有人"以受马千数谮公于朝"，皇上的回答是："是人朕所素知，虽一羊不妄受，宁有是事！"（《行状》）李德辉一生，上取信于君，下取信于民。"呜呼贤哉！又尝观古君臣，莫难于合，尤莫难于信。"

对于李德辉的评价，显然不能够仅以善理"钱谷"而论之。实际他是一个典型的儒者治国的形象，类似于《论语·侍坐》中冉求的形象，治理一方土地"比及三年，可使足民"。而要治理一方，生财、理财是必须具备的能力。钱穆在评价冉有时就认为他长于理财："子路长治军，冉有长理财，公西华长外交礼节，三人所学各有专长，可备世用。"②《论语》有言："言忠信，行笃敬，虽蛮陌之邦行矣。"以此评价李德辉非常恰当！李德辉一生由幕僚而将而相，一生取信于朝廷，取信于他所任地方的民众。

---

① （元）苏天爵辑撰：《元朝名臣事略》，姚景安点校，中华书局1996年版，第216页。
② 钱穆：《孔子传》，生活·读书·新知三联书店2005年版，第21页。

张易、张文谦、李德辉在史料的记载中，都是在"岁丁未"，由刘秉忠推荐进入王府的。而"岁丁未"这一年，刘秉忠本人因父亲去世，"丁忧"从王府返回邢台。刘秉忠在这一年推荐了自己的三位同学入王府应是有原因的。首先刘秉忠已经在王府停留了五年的时间，对忽必烈已经有相当的了解，可以肯定，他认可忽必烈是一位可以并值得辅佐的帝王。所以，当他"丁忧"回到家乡时，几位知己亲近的好友，必然会去拜访刘秉忠，刘秉忠应该是详细向张易、张文谦、李德辉介绍自己在王府期间的感受及对忽必烈的认识。其次刘秉忠因丁忧突然离开王府，五年中他在王府中做了许多"政治思想"工作，忽必烈在"岁甲辰，思大有为于天下，延藩府旧臣及四方文学之士，问以治道"。甲辰年，刘秉忠在王府已经居留两年，忽必烈产生这种想法，与刘秉忠的长期"工作"有着必然的联系。所以当刘秉忠离开王府时，身边如果没有类似于刘秉忠这样的人，刘秉忠一定会担心自己离开王府期间，王府中会不会发生一些意想不到的事情？忽必烈的思想会不会因自己的离开而产生反复、倒退？于是刘秉忠推荐自己三位最有能力的同学，在自己离开王府期间，赴王府工作。这样自己会相对放心。

探讨刘秉忠与三位同学的年龄及字，会发现一个有趣的现象：他们互相之间年龄依次相差一岁，四人又有同一"字"：张易1215年生，字仲一；刘秉忠1216生，字仲晦；张文谦1217年生，字仲谦；李德辉1218年生，字仲实。四人的字中都有"仲"字，当不属偶然巧合。他们年龄相当，性格、志向相近，他们之间的关系或许类似于桃园中的"结义兄弟"。或许，我们可以有一种猜想，在刘秉忠丁忧回到邢台后，他们四人之间，在某一个地方有过类似的"桃园结义"行为，但在当时背景下，这种行为不可能有文字记载。于是在刘秉忠未返回王府时，其他三位同学，先刘秉忠带着他的"推荐函"奔赴了王府。史料中未有更翔实的记载，不知三人是同时赴的王府，还是先后而去，但都在同一年中。第二年春天，刘秉忠丁忧时间未满，被急召回王府。从此他们开始了潜邸时期的伟大事业。

### 刘秉忠推荐师友、同乡入潜邸为幕僚

刘秉忠集中推荐人才的第二个阶段，在1250年至1253年之间。这段时

间，蒙古皇权已落入拖雷（忽必烈父亲）一系，忽必烈登上皇位的可能性已经变成可望而且可及之事。这个阶段，刘秉忠主要推荐自己的师友王恂及几位同乡入王府为幕僚。

王恂（1235—1281），字敬甫，中山唐县人。王恂从小聪颖，三岁时家人示以书帙，就能够认识风、丁二字。六岁上学，"十三岁学九数，辄造其极"。元宪宗三年（1253），刘秉忠推荐王恂入王府，并成为太子伴读。王恂与刘秉忠是同学关系还是师徒关系，在学界是有分歧的。分歧的产生源于两条不同的记载：元人齐履谦撰的《郭守敬行状》上记载是同学关系，言"时，太保刘文贞公，左丞张忠宣公、枢密张公易、赞善王公恂同学于州西紫金山"。据此条记载，后世一些学者，认为刘秉忠与王恂是同学关系。但《元史·王恂传》的记载是："岁己酉，太保刘秉忠北上，途经中山，见而奇之，及南还，从刘秉忠学于磁之紫金山。"《元史》在此的记载明确地说王恂是从学于刘秉忠，故此一些学者则认为他们之间应是师生关系。从年龄推断刘秉忠比王恂长十五岁，所以作为同学的可能性不大。再从刘秉忠的经历看，王恂也没有长时间跟随刘秉忠学习的时间段。在王恂十一岁时，刘秉忠已经进入忽必烈的王府。王恂即使从学刘秉忠，也就是在刘秉忠入王府前后断断续续在家乡短暂停留的时间。而王恂本人继承家学，很早就在数学方面显示出独特的才华，其父王良"潜心伊洛之学，及天文律历，无不精究"。所以，王恂与刘秉忠之间的关系，更类似"忘年交"中的师友关系。1253年，刘秉忠推荐王恂入王府："癸丑，秉忠荐之世祖，召见于六盘山，命辅导裕宗，为太子伴读。"[①]王恂入王府后，主要作太子的伴读工作。作为太子伴读，他成功地影响了太子真金（忽必烈继位后在至元十年册封的，是忽必烈的次子，长子早年病逝）的思想及世界观的形成。王恂因早"以算术"闻名，真金尝问数学的重要意义，王恂回答："算数，六艺之一，定国家，安人民，乃大事也。"像王恂这样把算数看得如此之重要，在古代知识分子中是少有的。王恂所以如此重视，一是家学留传与自己的天赋擅长所致，一是当时社会即统治者对实用学问的重视。正因为这种天赋和当时的时代背景，

---

① 《元史》卷一百六十四《王恂传》，中华书局1976年版，第3844页。

王恂终其一生一直从事数学的研究工作，使他后来能够有能力承担《授时历》的计算工作。当然作为太子陪读，他不能仅仅是一名数学教师，更重要的任务是把儒家的治理天下的道理和思想传授和影响给太子。所以"每侍讲读，发明三纲五常之旨，《大学》本末先后之次第，及历代治国兴亡之所以然"。"公以正道经术辅翊裕宗（太子），有古师傅之谊。"由于王恂等人的熏染，太子真金逐渐儒化。在王恂为伴读之前，藩邸儒士姚枢就已经教太子读《孝经》，名儒窦默也曾为真金的老师。在这些汉族儒臣们的长期熏陶下，真金成为了忽必烈子孙中最早儒化的重要人物，尤其忽必烈晚年开始对汉化有所倒退时，真金太子充任了继续汉法改革的支持者。

作为一名科学家，王恂的重要贡献之一，就是在为太史令时与郭守敬、许衡等人完成了制定"授时历"的工作。历法是依据日月星辰的运行规律推算年月日时的记法，它既影响着人们日常生活起居和农耕的节令，同时在古代如何记年与王朝的正统与否也有直接的关系，统治者向来非常重视。辽、金和元初沿用的是刘宋时期祖冲之编制的《大明历》。《大明历》虽然成就很高，但因时间久远，误差越来越大。在成吉思汗、窝阔台汗时期，耶律楚材就曾经建议修订《大明历》，当时忙于战事，统治者无暇顾及此事。后来刘秉忠也曾经向忽必烈建议修正《大明历》，但刘秉忠自己未及完成此大事就去世了。至元十三年（1276），元军平定南宋。南宋末年用的是《成天历》，从改换朝代角度而言《成天历》不可继续使用，《大明历》误差又很大，迫切需要制定一部更为精准的新历法。于是委派王恂为太史令、郭守敬为同知太史院事，共同负责修订新历。御史中丞张文谦与金枢密院事张易为主领。王恂举荐了许衡参加修订新历。王恂、许衡、郭守敬各自根据自己的特长分工负责重要的三个方面：王恂负责推算，许衡明历法之理，郭守敬负责仪器的制造和天象观测。至元十七年，终于编成了新历。采用"敬授民时"之意，忽必烈赐名《授时历》。至元十八年，颁行天下。《授时历》是当时世界范围内较优秀的历法之一。不久王恂去世，"及历成论赏，而公已殁"。郭守敬继续完成整理文稿工作，并根据《授时历》开展了一系列测量天体的研究工作。郭守敬由此进入了世界文化名人的行列。

至元十八年王恂去世后，太子真金深情哀悼，特意赠楮币两千缗。此后，太子"因论大政，首思及公，顾左右称惜良久"。王恂既是一位能够具体从事实际工作的科学家，又是一位懂政治的儒者。王恂与许衡关系很近，王恂去世后，其子王宽、王宾跟许衡学习。

同乡，是中国人心目中很重要的一个概念，也是中国人向来重视的一种人伦关系。对于中国人而言，以自我为中心产生的人伦关系、亲友之外，地缘关系中的乡人占有重要位置。在王府大量需要人才的阶段，刘秉忠向忽必烈推荐了自己的同乡马亨、刘肃、张耕、李简等人。

马亨（1207—1277），字大用，邢州南和人。海迷失后二年（1250）被刘秉忠推荐进入忽必烈王府。刘秉忠推荐马亨，是因为马亨"以才干称"，唐长孺先生认为马亨是"以钱谷为秉忠汲引"。在刘秉忠推荐之前，马亨已经涉足仕途，并有名气。元太宗二年（1230），马亨被河北东西路使王晋招为署员，四年后荐于中书令耶律楚材，授予转运司知事，不久升经历，擢转运司副使。

被刘秉忠推荐进入潜邸后，备受器重。元宪宗二年（1252），忽必烈征云南，留马亨为京兆权课所长官。他以宽简的政策，减轻赋税，使京兆百姓得以安宁，同时税收充裕。在潜邸期间，马亨最为称道的是他应对"钩考京兆"一事。"钩考京兆"是忽必烈潜邸时期甚为艰险的一件事情，实际是对忽必烈王府的一次大的"清查行动"，目的是摧毁和阻止正在蓬勃发展的"潜邸事业"。"钩考"具体过程大致由于蒙古贵族的守旧势力对忽必烈采用汉法的做法极为不满，有人向皇上告发忽必烈，其罪状主要有两点：一是"中土诸侯民庶翕然归心"[1]，二是"王府诸臣多擅权为奸利事"[2]。为此，朝廷在宪宗七年派阿蓝答儿、刘太平等人前往京兆审核忽必烈王府财赋税收情况。阿蓝答儿性情苛刻，他在关中设置了钩考局，以各路的酷吏分领其事。当时马亨正运送课办岁银五百锭前往忽必烈王府，在经过平阳时，恰好与阿蓝答儿相遇。马亨素知阿蓝答儿蛮横贪暴，如果让他得知这批银子，必然被扣留；如果隐瞒而过，其必怨怒，加害于己。马亨权衡利弊，毅然避而过

---

[1] （元）苏天爵辑撰：《元朝名臣事略》，姚景安点校，中华书局1996年版，第219页。
[2] （元）苏天爵辑撰：《元朝名臣事略》，姚景安点校，中华书局1996年版，第126页。

之，送银两到王府。阿蓝答儿获悉后，勃然大怒，遣使到王府逮捕了马亨。临行前忽必烈伤心地询问马亨："汝往，得无摭汝罪耶？"对曰："无害，愿一行。"马亨逮捕后被长时间关押，"穷治百端，竟无所得"。[①] 事后，忽必烈赏赐白银五十锭，嘉奖马亨忠于职守。

中统元年（1260），忽必烈即位后，马亨被任命为陕西宣抚司事，迁陕西、四川规措军储转运使。中统四年，又被任命为工部侍郎，解监副使。针对"朝廷以考课檄诸路转运司"，马亨向忽必烈上了"便宜六事"："一曰东宫保傅当用正人，以固国本；二曰中书大政，择任儒臣，以立朝纲；三曰任相惟贤，官不必备，今宰相至十七员，宜加裁汰；四曰左右郎署毗赞大政，今用豪贵子弟，岂能赞襄；五曰六曹之职分理万机，今止设左右二部，事何由办；六曰建元以来，便民条画已多，有司往往视为文具，宜令宪司纠举，务在必行。"元世祖极为欣赏此六条建议，立即召见马亨，并说："卿比安在？胡不早言？""便宜六事"在《元史》本传中有完整的记载、马亨故里所立的碑文全文刻写。忽必烈重视马亨的这六条建议，因为这不仅仅是针对一时一事的建议，而是马亨对治理朝政、治理国家全面思考后提出的具体可行的方案。至元十四年马亨卒，年七十一岁。其子马绍庭，曾担任云南诸路肃政廉访司副使。

为治理家乡邢台地区，刘秉忠向忽必烈推荐了刘肃、张耕、李简。

邢州"自金干戈扰攘，土豪崛起"。金朝灭亡后，窝阔台汗对诸王功臣大封汉地的食邑，邢州一万五千户被封授给了两位答剌罕（自由自在王）。《元史·世祖本纪》卷四略叙其事："辛亥，邢州有两答剌罕言于帝曰：'邢，吾分地也；受封之初，民万余户，今日减月削，才五七百户耳。宜选良吏抚循之。'"周清澍先生在《忽必烈潜藩新政的成效及其历史意义》一文中考知：元宪宗初年邢州沙河县的达鲁花赤吕诚和前金进士马德谦曾远赴漠北向领主投诉邢州的弊政，希望忽必烈王府能够治理邢州。由此证明史书中所言的邢州两答剌罕就是吕诚和马德谦。在两答剌罕向忽必烈投诉后，忽必烈决定治理邢台。邢台是刘秉忠、张文谦的故乡，身在王府的两人，也很渴望治理家

---

[①] 《元史》卷一百六十三《马亨传》，中华书局1976年版，第3827页。

乡，并熟悉当地具有治理才干的人物。于是向忽必烈推荐了刘肃、张耕。

刘肃（1194—1269），字才卿，威州洺水人（今河北威县）。刘肃是金末的进士，在金时曾为尚书省令史。刘肃在元宪宗二年，被刘秉忠举荐。《元史·刘秉忠传》载："（刘秉忠）又言：'邢州旧万余户，兵兴以来不满数百，凋坏日甚，得良牧守如真定张耕、洺水刘肃者治之，犹可完复。'朝廷即以耕为邢州安抚使，肃为副使。"刘秉忠与刘肃的具体交往过程，史无记载。从《元史·刘秉恕传》中可知，刘肃曾经是刘秉忠的弟弟刘秉恕的老师，刘秉恕"受《易》于刘肃，遂明理学"。《元史》本传载刘肃"尝集诸家《易》说，曰《读易备忘》"①。可见，刘肃对易学的确有很深的研究。而刘秉忠精通易经之学，刘肃是其弟的老师，两人之间有着共同专业喜好，以常理而推，他们互相之间必然会有一些学问方面的探讨与往来。由此刘秉忠熟悉刘肃，在治理邢台时推荐刘肃与王府。

经刘秉忠推荐，刘肃被任命为邢州商榷使、张耕为邢州安抚使。刘肃到任之时，邢州是"公私罔乏，日不能给"，有"盗区"之称。刘肃到任后"兴铁冶，以足公用，造楮币，以通民货，车编甲乙，受雇而传，马给圉户，恒养而驿，官舍既修，宾馆有所，川梁仓庾，簿书期会，群吏法守惟谨，四方传其新政焉"②。概括其政策和措施就是两个方面：一面致力于民力的培养，一面积极从事资源的开发，同时注重商业方面纸币的发行和税率的改正。荒芜已久的邢州很快恢复安定和繁荣，"不期月流亡复益十倍"，"归者两万，邢遂大治"。治理邢台的缘起似乎有些偶然，源于吕诚和马德谦的请求，而此地恰又是刘秉忠、张文谦的故乡，但邢台成功治理的意义是非常重大的：首先"邢台治理"是忽必烈以汉法治理汉地的初次试验，这次成功的试验，坚定了忽必烈以汉法治汉地的决心；其次这次的治理者刘肃、张耕是儒士，忽必烈由此"益重儒士，任之以政"。

忽必烈即位，中统元年，刘肃拜为真定宣抚使；二年，召为右三部尚书，兼议中书省事。商文定公撰写的《墓碑》评刘肃："公喜论天下事，军国之大计，米盐之细务，罔不周知……中统以来，左曹之任，以通才得名

---

① 《元史》卷一百六十《刘肃传》，中华书局1976年版，第3764页。
② （元）苏天爵辑撰：《元朝名臣事略》，姚景安点校，中华书局1996年版，第198页。

者，独公一人焉。"中统三年致仕，给半俸。四年卒，年七十六。

与刘肃同时参与邢州治理的儒者是张耕、李简。

张耕，字耕夫，真定灵寿人，生卒年不详。张耕在《元史》中没有留下记载，但在当时朝廷中，是有很好口碑的一个人物。太子真金尝曰："安得治民如张耕乎？"刘秉忠尝言："天下长吏如邢之张耕、怀孟之覃澄，何忧不治？"忽必烈用张耕、李简治理邢台之前，张耕、李简曾是顺天府的幕僚，他们有丰富的治理一方的实践经验。

李简，字子敬，号蒙斋，生卒年不详，信都（今属山东）人，乃马真后元年，挈家人迁往东平。李简精通易学，著有《学易记》。当时有很多人借阅此书。刘秉忠在易学方面有很深的研究，作为同乡，在同一研究领域中二人都享有盛誉者，理应在学术方面有所交流。所以在治理邢台时，刘秉忠与张文谦同时推荐李简参加邢台的治理工作。《元史·张文谦传》载："文谦与秉忠言于世祖曰：'今民生困弊，莫邢为甚。盍择人往治之，责其成效，使四方取法，则天下均受赐矣。'于是乃选近侍脱兀脱、尚书刘肃、侍郎李简往。"①治理邢台的时间，是在辛亥年。这一年，正是忽必烈开始管理漠南汉地的军国庶事的第一年，故刘肃、张耕、李简参与潜邸的工作时间应为辛亥年。

### 刘秉忠推荐僧友为幕僚

刘秉忠有落发为僧的出家经历，与当时寺庙中有名望的许多僧人有往来，且有二三亲近的僧友。入王府后除推荐同学、僧友张易之外，推荐另一僧友至温也入王府。

至温（1217—1267），字玉一，号全一，俗姓郝，邢州人。《佛国普安大禅师（至温）塔铭》中记载："故太保刘文贞公，长师一岁，少时相好也。"②刘秉忠与至温是同乡，年岁相当，又是少年时代的好友。

至温从小聪敏异常，才气过人，"年才十有五，为万松侍者，凡万松偈颂法语，一闻辄了之，遂得法焉。常以侍者代应对，谈锋迅利不可犯，时

---

① 《元史》卷一百五十七《张文谦传》，中华书局1976年版，第3695页。
② （元）虞集：《佛国普安大禅师塔铭》，李修生主编：《全元文》第27册，凤凰出版社2004年版，第81页。

人已深期之"。当刘秉忠决定放弃为吏的生涯,避开世事时,至温曾劝他为僧,两人同时参拜西京宝胜明公(虚照禅师)。童年时代的好友,同是西京宝胜明公的弟子,所以当刘秉忠知遇于世祖时,自然地推荐了至温。忽必烈本人也信奉佛教,所以至温被召见,"与语大悦,将授以官弗受"。至温辞说:"天下佛法流通,臣僧之愿,富贵非所望也。"但是至温同意留在忽必烈潜邸,且"多有赞益"。他在忽必烈王府居住三年后返回,返回时忽必烈对他赏赐颇丰,"出赐金,资日用,不计其费"。至温在潜邸的时间大致在1253年之前。

至温有一段时间,曾经管理中原的佛教事务工作。虞集的《佛国普安大禅师塔铭》记载:"昔在宪宗皇帝癸丑(1253)之岁,世祖皇帝尝命我开山温公统释氏于中原。"至温的"佛国普安大禅师"的封号是刘秉忠建议忽必烈赐予的。"刘公请承制赐师号曰'佛国普安大禅师',总摄关西五路、河南、南京等路,太原府路,邢洺磁怀孟等州僧尼之事。刻印以赐师,锐意卫教。"1256年,刘秉忠奉命修建开平城时,在城东北角修建了大龙光华严寺,至温是该寺的第一任主持。

**刘秉忠的弟弟入王府为幕僚**

刘秉恕(1231—1290),字长卿。《元史·刘秉恕传》是附在《刘秉忠传》之后的。刘秉恕入潜邸,自然是因为其兄长刘秉忠的原因。在《刘秉恕传》中言:"兄秉忠,事世祖,以荐士自任,嫌于私亲,独不及秉恕。左右以闻,召见,遂同侍潜邸。"在《刘秉恕墓志》中记载:"录事公(刘秉恕父亲)亦卒,时太保已侍潜邸。公持丧如礼,上方赐黄金千两给葬。时太保与国谋,然不肯荷禄。上尝谓君:'有弟可来。'遂召见,命从征大理西南诸城。"刘秉忠与刘秉恕是同父异母的兄弟,刘秉忠长弟秉恕十五岁。从史传记载的几件事情中,可以看出兄弟二人关系很好,刘秉忠特别关心自己的弟弟。父亲去世后,刘秉恕也入忽必烈王府,与刘秉忠共侍世祖。史载此前刘秉忠没有推荐刘秉恕是因为"嫌于私亲,独不及秉恕"。从实际的情理出发,秉忠早年出家,一直没有家室,后又服务在世祖潜邸,远离家乡,秉恕留在父亲身边既可侍奉日常起居,更能增加天伦之乐。父母去世后,刘秉忠自然觉得弟弟应留在自己身边。刘秉恕所聘之妻,是刘秉忠同学,由刘秉忠推荐入王府的李德辉的长女。秉忠无子,后以秉恕子兰璋为后。

《元史·刘秉恕传》中叙述了秉忠给弟弟经济资助的一件小事:"世祖尝赐秉忠白金千两,辞曰:'臣山野鄙人,侥幸遭际,服器悉出尚方,金无所用。'世祖曰:'卿独无亲故遗之邪?'辞不允,乃受而散之。以二百两与秉恕,秉恕曰:'兄勤劳有年,宜蒙兹赏,秉恕无功,可冒恩乎?'终不受。""赠金"一事,既可看出兄弟之间的情义,也显示出秉恕之品格。从事业、婚姻到经济,刘秉忠一直关心自己的兄弟秉恕,而秉恕自己也德才兼备,由此共事忽必烈王府。

刘秉恕进入忽必烈王府后,随其兄刘秉忠、张文谦、张易等谋臣一起参加了忽必烈征大理、征西南诸夷的战争。中统元年,刘秉恕拜为礼部侍郎、邢州安抚副使。在邢任职期间,刘秉恕与刘肃共同勤于民事,发展生产,使邢州流民复业,百业俱兴。中统二年,调任吏部侍郎。至元元年,改任嘉议大夫(执法官),历彰德、怀孟、淄莱、顺天、太原五路总管,又出任淮西宣慰使、会省宣慰司、历湖州、平阳两路总管,后升任为礼部尚书,至元二十七年卒。

以上考证梳理的这些潜邸幕僚成员,刘秉恕是刘秉忠之弟,具有血缘关系;其他人或远或近与刘秉忠具有某方面的社会伦理关系,多由刘秉忠推荐入王府为幕僚。在忽必烈潜邸时期,他们帮助忽必烈治理分地,辅佐忽必烈登上帝位;在忽必烈即位之后,许多人出将入相成为大元帝国的重臣,"扬历朝省、班布郡县",治理天下。

## 第三节 连环扩展"人伦波纹圈"中的幕僚成员

在伦理波纹圈形成的过程中,除以某一人为中心向外扩展之外,还有一种扩展形式是连环扩展。由一个人物引出另一个人物,一环连接另一环。具体而言,"连环扩展波纹圈"指被刘秉忠举荐在忽必烈身边的幕僚成员,他们中的一些人又有着以自己为中心的伦理波纹圈，在进入王府之后，他们再推荐自己伦理圈中的人进入王府，一个人物连接着另一个人物，类似《水浒传》中英雄聚集梁山的过程。在刘秉忠推荐了李德辉之后，李德辉又推荐了窦默、智迁，窦默又推荐了姚枢、许衡。在忽必烈王府中连环相荐再次形成了一个重要的"人伦波纹圈"。这个"人伦波纹圈"中的成员，对潜邸时期及元初的教育、政治、经济建设等各个方面起着至关重要的作用。

**李德辉推荐窦默、智迁入王府为幕僚**

窦默（1196—1280），初名杰，字汉卿，广平肥乡（今河北肥乡）人。在蒙古对金的战争中，窦默与北方的大多数百姓一样，流离失所。《元史》本传记载："国兵伐金，默为所俘。同时被俘者三十人，皆见杀，惟默得脱归其乡。"当他返回家乡时，家已被破坏，唯有母亲尚在。惊恐之余，母子俱染病在身，不久母亲去世，窦默扶病葬母后，战火又起，窦默南下避难，后招赘于清河医家王氏。岳父告他："世方多难，能业医者，则可以济人而善身。"于是，窦默跟随岳父学习医术。之后又逃难到蔡州，遇到儒医李浩，在李浩处学到了"铜人针法"，"得其微妙"，窦默的医术大为长进。当金朝皇帝迁至蔡州时，窦默预感到战火很快就会在蔡州燃起，于是他再逃至德安。在德安，窦默跟从德安县令谢宪子研习"四书"，很快德安也被蒙古兵攻破。在攻打德安时，姚枢跟随蒙古太子阔出在军中，负责求儒、道、释、医、卜等有技能的人。在这次战争中，姚枢挽救了南宋大理学家赵复的生命，窦默也在此地认识了姚枢。后窦默又北上居于魏地，此时许衡正在大名讲学，窦默在魏地又与许衡相识。随后姚枢来魏地看望窦默，许衡得知姚枢来魏地，并知姚枢手中有赵复从南方带来的理学著作，于是登门拜访，三人因此相识。自此以后，他们三人常常聚在一起研习理学。王磐写的《大学士窦公神道碑》中记载了他们三人一起学习的情形："隐于大名，与姚枢、许衡朝暮讲学至忘寝食。"当他们三人正潜心于研究理学之际，窦默被李德辉引荐召至世祖潜邸。《中书左丞李忠宣公行状》曰："岁丁未，用故太保刘公荐，征至潜藩，俾侍皇太子讲读，荐故翰林侍读学士窦默，宣抚司参议智迁贤，皆就征。"这几句话，简要地叙述了王府中几个重要人物入幕的过程：

李德辉被刘秉忠推荐入幕，之后李德辉又推荐了窦默、智迁入王府。窦默被推荐，或者说世祖看重窦默的更多是因为他高超的医术。唐长孺先生谓："至世祖时而窦默以医得幸。"① 而且唐先生认为《元史》与《名臣事略》中所说的窦默以经术被召是错误的，是"后人不欲默以医受征辟，妄改为经术。或即修《元史》时改，后人又据《元史》以改《名臣事略》耳。今幸《考岁略》为述许衡事连及，犹存其真，然聚珍本亦已从改本"② 唐长孺先生所说的《考岁略》的记载原文："乱后，先生（许衡）隐居于魏，时窦默子声以针术得名，累被朝廷征访，亦隐于魏。"据此，唐先生认为是《元史》把"针术"有意改写成"经术"。先生推断的另一依据是《名臣事略》中引用的窦默《墓志铭》的一段记载："河南既下，中书杨君奉朝命招集释、道、儒士，公应募北归，至大名。寻返乡里，以经术教授邑人，病者来谒，无贫富贵贱，视之如一，针石所加，应手良已。久之，道誉益著。"从上下文看，文中的"经术"应该是"针术"，用"针术教授邑人"，后面接着的内容是"病者来谒"，而"经术"在上下文中说不通。唐先生由此推断的理由是充分的。后人认为窦默以医术而进不符合他后来的身份，而且他的好友姚枢、许衡都是十足的儒学之士，他们应该是属于同类的，故此改为以"经术"进。窦默留传下来的医学著作有《铜人针经密语》一卷，《疮疡经验全书》十二卷。无疑，窦默医术的声誉盖过他"经术"的名声。

不过窦默对儒家的经典也确有很深的研究，《墓志》记其"幼知读书"，"愿卒习儒业"。在移居德安期间，窦默得到德安县令谢宪子的器重，"与公相善，以《语》、《孟》、《中庸》、《大学》授公，公朝益暮习，以为初未尝学，而学自此始，欣然日有所得"。返回乡里后，有一段时间，与姚枢、许衡"朝暮讲学至忘寝食"。在《鲁斋学案》中列姚枢、窦默为许衡的讲友，所以史书中更愿意把窦默写成以"经术"而进入忽必烈王府中。

窦默应该是以医术而知名于世，蒙古统治者十分重视医术之人，在进入忽必烈王府之前，窦默已多次因医术而被蒙古统治者所召，但仅仅是短暂的停留。他与蒙古统治者开始的关系仅仅是医与患之间的关系。统治者没有重

---

① 唐长孺：《山居存稿》，中华书局 2011 年版，第 572 页。
② 唐长孺：《山居存稿》，中华书局 2011 年版，第 573 页。

视到他的治国之才，他也无意于服务蒙古统治者，后经儒者李德辉推荐，窦默才长期留在忽必烈王府。《元史》记载窦默入潜邸的过程是：

> 世祖在潜邸，遣召之，默变姓名以自晦。使者俾其友人往见，而微服踵其后，默不得已，乃拜命。既至，问以治道，默首以三纲五常为对。世祖曰："人道之端，孰大于此。失此，则无以立于世矣。"默又言："帝王之道，在诚意正心，心既正，则朝廷远近莫敢不一于正。"一日凡三召与语，奏对皆称旨，自是敬待加礼，不令暂去左右。世祖问今之明治道者，默荐姚枢，即召用之。①

从这段记载可知，初始窦默并不愿意服务于王府，后经过忽必烈"一日凡三召与语"的热情，"自是敬待加礼态"的态度，使窦默完全改变了先前的态度，而赤胆忠心地为潜邸服务。

李德辉推荐了窦默，窦默与李德辉之间的关系是否很亲近，无史料可证。但窦默与刘秉忠的关系后来发展的非常亲密。刘秉忠征大理途中写给窦默的《大理途中寄窦侍讲先生二首》诗，可以看出刘秉忠对窦默的仰慕与关心：

> 昔闻名德仰高山，近识高贤未敢攀。富贵不求惊见擢，田园成趣喜归闲。一心止水常平湛，万事浮云任往还。解把阳和涵养就，不言春色满人间。
>
> 元气匀将造化施，自然闲雅贵天资。只言世上无黄石，谁信人间有紫芝。一见顿忘名利志，剧谈浑没是非辞。别来万里知安否，时复临风有所思。

从刘秉忠诗中说"昔闻名德仰高山，近识高贤未敢攀"，可知窦默入王府以前刘秉忠是只闻其名而未见其人，所以刘秉忠没有直接推荐窦默，由李德辉推荐。但是两人见面以后，互相之间非常投合欣赏。"近识高贤"，从窦

---

① 《元史》卷一百五十八《窦默传》，中华书局1976年版，第3730页。

默入王府到忽必烈征大理，中间是三年时间。窦默1249年入王府，忽必烈1252年征大理，三年为同僚，他们互相之间建立了深厚的友谊。忽必烈征大理时，刘秉忠、姚枢都跟随出征，窦默因为年龄偏大，被留在王府中负责教授皇子真金。在这段分别的时光里，刘秉忠写给了窦默这两首诗。从诗中看出刘秉忠时刻挂念留在府中的窦默，"别来万里知安否，时复临风有所思"。由此反映出两人之间已有深厚的友谊。这种友谊，是建立在互相的道同志合的基础上，"一见顿忘名利志，剧谈浑没是非辞"。后来窦默与刘秉忠之间发展成一种翁婿关系。至元七年，忽必烈听从诸臣之建议，遣礼部侍郎赵秉温礼择翰林侍讲学士窦默次女以配秉忠，并赐舍于奉先坊。窦默长刘秉忠近二十岁，为其长辈也属自然。这样，窦默与李德辉也形成了一种亲戚关系。梳理一下他们互相之间的关系：李德辉是刘秉忠弟弟刘秉恕的岳父，窦默是刘秉忠的岳父，他们两人分别是刘家两位兄弟的岳父。最原始的关系是刘秉忠与李德辉是单纯的同学关系，是属于社会伦理关系；而在进入王府的过程中，他们四人刘秉忠、窦默、李德辉、刘秉恕四人之间发展成了一种家庭的伦理关系，之后这种关系自然就会发展成血缘伦理关系。

史书对窦默性格的评价"人谓汲黯无以过之"[①]。从窦默对待王文统的态度，充分反应他的这一性格特点。忽必烈即位后，重用善于理财的王文统。中统年间，世祖去征北方时，"凡民间差发、宣课盐铁等事，一委文统等裁处"，但王文统"为人忌刻"、心术不正。在王文统位高权重之时，无人敢与之对抗，唯窦默敢于向皇上直谏：

> 臣事陛下十有余年，数承顾问，与闻圣训，有以见陛下急于求治，未尝不以利生民安社稷为心。时先帝在上，奸臣擅权，总天下财赋，操执在手，贡进奇货，炫耀纷华，以娱悦上心。其扇结朋党、离间骨肉者，皆此徒也。此徒当路，陛下所以不能尽其初心。救世一念，涵养有年矣。
> 
> 今天顺人应，诞登大宝，天下生民莫不欢忻踊跃，引领盛治。然

---

① 《元史》卷一百五十八《窦默传》，中华书局1976年版，第3733页。

平治天下，必用正人端士，唇吻小人一时功利之说，必不能定立国家基本，为子孙久远之计。其卖利献勤、乞怜取宠者，使不得行其志，斯可矣。若夫钩距揣摩，以利害惊动人主之意者，无他，意在摈斥诸贤，独执政柄耳，此苏、张之流也，惟陛下察之。伏望别选公明有道之士，授以重任，则天下幸甚。①

朝中无人敢谏言，一些大臣因王文统的排斥而离开朝廷，在这样一种情况下，窦默上了一份言辞非常激烈的奏章。窦默不仅向皇帝写奏章，有一次在忽必烈面前面斥王文统："此人学术不正，久居相位，必祸天下。"王文统由此怀恨在心，构陷窦默，窦默因此谢病归家。不久王文统因李璮之乱被诛，忽必烈马上召回窦默，并感慨地说："曩言王文统不可用者，惟窦汉卿一人。向使更有一二人言之，朕宁不之思耶？"窦默平日温文尔雅，不轻易品评人物，"至论国家大计，面折廷诤"。忽必烈曾与侍臣曰："朕求贤三十年，惟得窦汉卿及李俊民二人。"又曰："如窦汉卿之心，姚公茂之才，合而为一，斯可谓全人矣。"② 可见，窦汉卿是以率直、忠心而打动忽必烈的。至元十七年（1280），窦默去世，享年八十五岁，后累赠太师，封魏国公，谥"文正"。

智迁，字仲可，生卒年不详。智迁与窦默一起入王府，但在《元史》中没有记载智迁的生平事迹，或许是因智迁在元朝建立之后没有出仕。通过苏天爵《滋溪文稿》中《题诸公与智参议先生书启》一文及《元史》别传中涉及智迁相关的一些史料，可以了解智迁的大致生平事迹。苏天爵《滋溪文稿》的价值，《四库全书总目》评其为："于元代制度人物，史传缺略者，多可借以考见。"对于智迁的生平事迹《滋溪文稿》正是补充了史传的缺略。《滋溪文稿》载："先生讳迁，字仲可，少与窦公默流落汉上。……深明《易》学，屏居一室，焚香鼓琴，世务纷华，翛然不足以动其心。世皇在潜邸，闻其名，遣近侍持书及窦公同被召。入见，首陈王道。"③ 智迁与窦默在战争中一起流亡他乡，互相之间产生了深厚的友谊，两人皆为有名望之人，

---

① 《元史》卷一百五十八《窦默传》，中华书局1976年版，第3731页。
② 《元史》卷一百五十八《窦默传》，中华书局1976年版，第3733页。
③ （元）苏天爵编：《滋溪文稿》，陈高华、孟繁清点校，中华书局1997年版，第502页。

故被张德辉一同推荐入府。智迁在潜邸时的主要贡献是参与了治理京兆的工作。在忽必烈受分京兆后，廉希宪、商挺等人宣抚京兆，廉希宪"荐智仲可参综府事"。在治理京兆时智迁与商挺、廉希宪："立纲陈纪，兴利除弊，画赞为多。暇则讲说经训，以道义相切劘。官虽僚属，谊同师友。"苏天爵短短几句话，既概括了他们治理京兆的功绩，也叙述了他们闲暇时的业余生活。人与人之间的志同道合，更多地显示在工作之外的"业余生活"中，由于这种业余生活的相同，所以智迁、廉希宪、商挺是"官虽僚属，谊同师友"。这种关系，应该在忽必烈王府中许多幕僚成员之间所具有的。智迁后来请求离开王府，从"世皇不忍其去，赐田宅"的记载，推断智迁离开的原因大概不是因为仕途的不畅，而是出于自己的天性。苏天爵叙述了智迁致仕回家后日常生活中的几件事情：

> 世皇不忍其去，赐田宅，稗家于秦，仍岁赐银三铤为养老资。先生辞之不可，止取其一。尝有盗夜入其室，裂其币在杼轴者以去，家人欲闻之官。先生止之曰："此必闾里细民之贫者也，官若捕之，能无扰及善良，伤吾乡邻故旧之情乎！"盗闻愧之，复还其币，时人以先生能化盗为善。少与兄相失兵间，后知兄居真定，既老犹屡省之。兄亡，载其丧还葬于洛，世共高其行义。①

"世共高其行义"，是因为智迁在日常的平凡生活中显示出不凡的君子之风：对自己生活要求非常廉洁，世祖所赐的养老经费，仅取其三分之一；对相邻仁恕，家中失盗，因不愿伤"乡邻故旧之情"而不让报官；对兄长义，少小离别，渺无音讯，一旦知其下落，至老至死给予关爱。

忽必烈即位后，他的同僚商挺、廉希宪皆为相，而智迁"日以琴书自娱，不复仕终其身"。他以平民之身份，坚守儒家君子之道德。智迁的选择仅仅是作为人的道德和君子之风度，而无关政治的名节。他把对传统文化的坚守，化为一种具体的行动。在那个传统文化被倾覆的年代，智迁的这

---

① （元）苏天爵编：《滋溪文稿》，陈高华、孟繁清点校，中华书局1997年版，第503页。

种坚守具有警世的作用。如果说刘秉忠、姚枢等所为是立足于庙堂之上对传统文化的挽救，而智迁的选择和行为是在庙堂之外的民间对传统仁义道德的赓续。

**窦默推荐姚枢**

姚枢（1203—1280），字公茂，号雪斋，又号敬斋，柳城人。姚枢自幼致力于学，《中书左臣姚文献公神道碑》记载："公自稚弱，一力于学，昼则经纪其家，向晦则读书，夜分不辍。鲁国夫人恐伤耽苦，每止之。乃塞窗，不使见烛，就枕必尽三鼓。"当时在金为内翰的宋九嘉，少登科甲，"时有重名"。当宋九嘉在许昌与姚枢相遇时，称姚枢有"辅佐王之略"，对他非常之器重，"摧折行位与之游"。姚枢早年就曾出仕蒙古王朝，窝阔台汗五年（1233），当听说"太宗诏学士十八人，即长春宫教之，俾杨中书惟中监督，则往依焉。中书少公六年，兄称之，与偕北觐"。（《中书左臣姚文献公神道碑》）姚枢与杨惟中非常投缘，姚枢长杨惟中六岁，杨惟中称姚枢为兄，"时龙庭无汉人士夫，帝喜其来，甚重之"。窝阔台汗七年，太子阔端南伐，诏姚枢跟从杨惟中在军中求儒、道、释、医、卜者。这次随行，成就了姚枢一生中千古留名的一桩佳事，他在德安救了名儒赵复的生命。由此理学在北方得到了大的发展。姚枢的侄子姚燧在《序江汉先生事实》中记载了这件事情的始末：

> 某岁乙未，王师狗地汉上。军法：凡城邑以兵得者，悉坑之。德安由尝逆战，其斩刈首馘动以十亿计。先公受诏：凡儒服挂俘籍者，皆出之。得故江汉先生。见公戎服而髯，不以华人士子遇之。至帐中，见陈琴书，愕然曰："回纥亦知事此耶！"公为之一莞。与之言，信奇士。即出所为文若干篇。以九族殚残，不欲北，因与公诀，蕲死。公止共宿，实羁戒之。既觉，月色烂然，惟寝衣留故所。公遽鞍马周号于积尸间，无有也。行及水裔，见已被发脱履，仰天而祝。盖少须奥蹈水，木入也。公曰："果天不生君，与众已同祸。爱其全之，则上承千百年之统，而下垂千百世之绪者，将不在是身耶？徒死无义。可保君而北，无他也。"至燕，名益大著。北方经学，实赖鸣之。游其门者将百人，多

达材其间。①

这段文章是元代大文学家姚枢的侄子姚燧与江汉先生之子卿月相遇后,共同谈及父辈的这段往事,两人"相视一泫"。之后,姚燧写了这篇回忆往事的文章寄给卿月,由此保留了这段往事的真实情景。当时姚枢以"上承千百年之统,而下垂千百世之绪者"的重任,劝说一心求死的赵复活了下来。后来,姚枢与杨惟中一起在燕京建太极书院,请赵复传授二程、朱熹之学。"江汉至燕,学徒从者百人,北方经学自兹始"。姚枢救赵复,不仅仅是挽救了一个人的生命,而且是挽救了一代文化的承载者。当时南北长时间分裂,很长时间里文化没有交流,朱熹、二程的学术,在北方几乎没有影响。赵复北上为南北理学文化的交流,做出了很大的贡献。

窝阔台汗时,姚枢出仕蒙古王朝,虽然"帝喜其来,甚重之";但当时蒙古统治阶层还相当的野蛮落后,贪污掠夺,随意杀戮,这是姚枢所不能忍受的。辛丑年(1241),姚枢被封为燕京行台郎中,因不满行台蒙古长官牙鲁瓦赤的贪污受贿,"时惟事货赂,天下诸侯,兢以掊克入媚。以公幕长,必分及之"。姚枢因此辞官,而后带着全家来到了辉州:

> 遂携家来辉,垦荒苏门,粪田数百亩,修二水轮,诛茅为堂,城中置私庙,奉祠四世。堂龛鲁司寇容,傍垂周、两程、张、邵、司马六君子像,读书其间,衣冠庄肃,以道学自鸣。佳时则鸣琴百泉之上,遁世而乐天,若将终身。②

在姚枢的心里,他已经断绝了出仕的念头。把研究经学、传播经学思想作为自己终身的事业:

> 自版《小学书》、《语孟或问》、《家礼》,俾杨中书版《四书》、田和卿版《尚书》、《诗折衷》、《易程传》、《书蔡传》、《春秋胡传》,皆于

---

① 查洪德编校注:《姚燧集》,人民文学出版社2011年版,第63页。
② 查洪德编校注:《姚燧集》,人民文学出版社2011年版,第216页。

燕。又以《小学书》流布未广，教弟子杨古为沈氏活版，与《近思录》、东莱经史说诸书散之四方。①

在这段隐居苏门的时日里，姚枢与窦默、许衡建立了深厚的友谊。梳理史料在各处的不同记载，推断他们三人相识的大概经过是这样：当许衡在大名聚徒讲学时，窦默认识了许衡。《考岁略·续》记载："（许衡）隐居大名，垂绛讲论，学者翕然归之，时肥乡窦默亦隐居于魏，与语，深加敬遇焉。"窦默是在蒙古军攻破德安后，北归隐居到魏。魏（今河北魏县）与大名（今河北大名县）距离很近，所以当许衡在大名讲学，在魏的窦默自然是闻名而至，到大名与许衡相识。期间姚枢曾来魏探望好友窦默，《中书左丞姚文献公神道碑》载："公（姚枢）过魏，与窦汉卿相聚茅斋，听公言，义正粹，先师（许衡）遂造苏门，尽录是数书以归。"②根据这段记录，当姚枢到魏探访好友窦默时，许衡也在此，由此许衡又与姚枢相识。姚枢与窦默相识，应该是在蒙古军攻破德安时。攻打德安时，窦默正在德安跟从德安县令谢宪子研习"四书"，"公朝益暮习"。而姚枢跟随在蒙古军中，主要任务是在被破的城中求儒、道、释、医、卜者。窦默是名医，所以从姚枢的职责出发，此时他应该发现并认识了窦默。

三人相识后，许衡在"庚戌春，自魏力疾还乡里，过卫闻怀之政犹虐，遂移家苏门，与姚枢、窦默日事讲习。凡经传、子史、礼乐、星历、兵刑、食货之类，靡不研精，慨然以斯道为己任"（《考岁略·续》）。这段共同研习的经历，使三人之间结下很深的友情。许衡被召入大都后，有一段时间"病止于燕，假馆道庵中，凡权贵豪右延请皆不往，惟姚、窦二公，时时相过，始终如一"（《考岁略·续》）。由此，可见三人间不同寻常的友情。姚枢两个侄子姚燧、姚炖后来皆从学于许衡，姚燧成为许衡最得意的门生之一。查洪德先生在分析文章大家姚燧的成就时说："在姚燧的一生中，对其人格和人生有重大影响的人有两位：一是其伯父姚枢，一是其业师许衡。"（《姚燧集·前言》）他们之间的友情，惠及后代。

---

① 查洪德编校注：《姚燧集》，人民文学出版社2011年版，第216页。
② 查洪德编校注：《姚燧集》，人民文学出版社2011年版，第216页。

当他们三人正潜心于理学之际，窦默被李德辉引荐召至忽必烈王府。三人的人生轨迹由此得以改变。原本想"遁世而乐天，若将终身"的姚枢在好友窦默入王府不久，就被引荐。"世祖问今之明治道者，默荐姚枢，即召用之。"已经有过一次出仕蒙古王朝的经历，姚枢对这次出仕非常地谨慎。在海迷失后二年（1250），忽必烈派阔阔和赵璧去召姚枢，两位使者对拜见姚枢也特别慎重。两人到达苏门后，赵璧留下阔阔，自己单独去见姚枢。赵璧见姚枢后，姚枢以"天下之人，同是姓名何限？恐使者误征"，直到赵璧说出他第一次出仕弃蒙古长官牙鲁瓦赤而隐居此地的经历，姚枢只好"受命遂行"。当姚枢与忽必烈相见时，双方都喜出望外："既至，上大喜，日客遇之，俾居卫从后列，惟不直宿。时召与语，随问而言，久之，询及治道。公见上聪明神圣，才不出世，虚己受言，可大有为。"① 于是姚枢完全放下了第一次出仕的"不快"，改变了"遁世而乐天，若将终身"的想法，"乃许捐身驰驱宣力，尽其平生所学"。姚枢"敷心沥胆，为书数千百言"，陈述"治国平天下之大经"，"上奇其才，由是动必见询"。

姚枢性格中最大的特点是"善于顺受，人莫可及"。许衡的性格像唐之魏徵，窦默的性格类似汉之汲黯，姚枢的性格与两位朋友不同，"天质宏而仁恕"。他的这种柔顺的天性，有益于他在当时的背景下，"佐王"谋略。在蒙哥汗怀疑忽必烈"得中士心"，以为王府中多有贪污之事，派阿兰答儿大肆钩考："于是地广权重，亲贵多忌之。或谓汗深得汉土人心，财赋尽入王府，恐枝大于本，不利朝廷，蒙格汗惑其言，岁丁巳命阿蓝答儿及刘太平行尚书省事于京兆，置局钩考陕西、河南钱谷。大开告讦，志倾藩邸。"② 在这种情况下，姚枢向忽必烈建议："帝，君也，兄也。吾，弟且臣，事难与较，远将受祸。未若尽是邸妃主以行，为久居谋，疑将自释，复初好矣。"开始忽必烈不愿接受姚枢的建议，"上难之。翌日，语再及，曰'臣过是无策'，思久之，曰：'从汝，从汝。'"③ 忽必烈后来听从姚枢的计策，去见皇兄。见面后，蒙哥汗兄弟之情油然而生，未听忽必烈禀报情况就立刻下令停止了钩

---

① 查洪德编校：《姚燧集》，人民文学出版社2011年版，第217页。
② （清）屠寄：《蒙兀儿史记》第七卷，《忽必烈可汗本纪》第六上，世界书局1981年再版。
③ 查洪德编校：《姚燧集》，人民文学出版社2011年版，第219页。

考。这件事情的顺利解决，对忽必烈由"皇弟"安全过渡到"皇帝"意义重大。如果蒙哥汗的疑心不消除，忽必烈未来前程未卜。这样关键的时刻，姚枢提出"委屈求和"的建议并柔和地以自己"无策"坚持自己的建议，由此化解了皇帝与皇弟之间的矛盾。而姚枢能有"屈而后伸"的计策，既源于他远大的政治眼光也与他的"善于顺受"的性格有很大的关系。此前，他对忽必烈就有过类似的建议。兄长蒙哥刚即位时，因忽必烈以皇太弟日侍圣驾之功，蒙哥汗降诏："凡军民在赤老温山南者"由皇弟忽必烈统辖管理。蒙哥汗开始执政时，这样的安排是为了让皇弟忽必烈替他执掌漠南的军政大权，当时兄弟俩有着共同的敌对势力，需要同心协力应对皇室中的窝阔台系和察合台系及其他反对拖雷这一族继承汗位的反对势力。忽必烈王府中的人，对这样的安排大为兴奋，于是在府中大张宴席。宴席间，唯有姚枢沉默不语。宴会之后忽必烈止公："顷者诸人皆贺，汝独默然，岂有意耶？"姚枢回答："今天下土地之广，人民之殷，财赋之阜，有加汉地者乎？军民吾尽有之，天子何为？异时庭臣间之，必悔见夺。不若惟持兵权，供亿之须，取之有司，则势顺理安。"①忽必烈听后，深知自己虑所未及，立即派人以姚枢的意见上奏，并获得蒙哥汗的批准。这一建议，使蒙哥汗与忽必烈兄弟之间的权力冲突未过早地发生，为忽必烈在总领漠南期间和他的幕僚们干一番事业带来了宝贵的时间。蒙哥1251年即位到1257年发生"钩考"事件，中间隔着八年的时间，忽必烈和他的幕僚们正是在这段时期里发展壮大，为若后的辉煌事业奠定了基础。姚枢不动声色的"迂回屈己"之计策，使忽必烈不曾陷入与皇兄权力斗争的险恶漩涡中，顺利地过渡到继承皇位的时间。史家评论："姚枢的建议总是隐含在蒙古人所能理解的逻辑之中。"②

姚燧在《神道碑》中总结伯父姚枢一生重要的功绩有四方面：

> 其一，倡鸣斯道，使今天下乡校童蒙之师，犹知以《小学》、《四书》为先，虽戴惠文身，为刀笔筐篚之行，与非华人，亦手披口诵是

---

① 查洪德编校：《姚燧集》，人民文学出版社2011年版，第218页。
② 〔德〕傅海波、〔英〕崔瑞德编：《剑桥中国辽西夏金元史》，中国社会科学出版社1998年版，第485页。

书，求厕士列者，往往多然。故中书左丞之制辞有曰："德全天懿，学得圣传。"旨固有在于斯也。再则，中土士夫，不知为庙。作主以奉先祀，自公始，辉人多化之，而祖考妥灵有所。三，征西南夷，为陈曹彬取南唐兵不血刃，赞神武以不杀。四，当世祖渊龙规一幅员之判裂也，请开屯田淮、蜀，移兵戍之，固已起平宋之本。①

这四大贡献，前两点是在姚枢隐居苏门山时期所为。此前姚枢随太子南征，他从赵复处得到了二程、朱熹性理之书。因从赵复处取得"真经"，加之与蒙古同僚合作者的不快，所以决意放弃仕途，而致力于文化的传播。后面的两大贡献，是姚枢在忽必烈王府时期所为。第三点所言的征西南夷，指忽必烈在皇兄蒙哥汗即位的第二年夏天接受了远征大理的任务，姚枢随从。当忽必烈宴请自己出征的部属侍从时，姚枢乘机向他讲述宋太祖遣曹彬取南唐时未杀一人的故事。翌日上路，忽必烈在马上向姚枢回呼："汝昨夕言曹彬不杀者，吾能为之，吾能为之！"正是有姚枢等人一再的"不杀"之谏言，忽必烈一改祖先战争中的野蛮的屠杀行为，征伐大理期间，大理民众的性命和财产赖以保全。《神道碑》中所说的第四点"请开屯田淮、蜀，移兵戍之，固已起平宋之本"，根据姚枢"屯田"的建议，潜邸时期，忽必烈开始了对河南的治理。当时的河南因与宋接壤，是交战之地，长年的战争，此地流亡颇多，混乱不堪。北边蒙古军队既无纪律又无固定屯戍地点，秋去春来，暴掠平民，无人敢出面管束；而南部边境备御不严，南宋军队时或骚扰，民众多被伤杀掠夺。姚枢向忽必烈提出治理河南的建议之后，策划设立屯田经略于汴梁，任命忙哥、史天泽、杨惟中、赵璧为经略史。

经过史天泽、杨惟中等人的治理，河南很快得到大治。史天泽《行状》叙述河南大治的情况："利则兴之，害则去之，不二三年，河南大治。行于野民安其乐郊，出于途商免其露处。观民俗则既庶而有教，察军志则又知夫怯私斗而勇公战。威行惠布，阳开阴肃，内外修治，略无遗策。"②混乱的河南，在王府幕僚们的建议和努力下得到了大治。不仅恢复了生产和社会秩

---

① 查洪德编校：《姚燧集》，人民文学出版社 2011 年版，第 224 页。
② （元）苏天爵辑撰：《元朝名臣事略》，姚景安点校，中华书局 1996 年版，第 118 页。

序，为日后大举攻宋做了必要充分的准备，成为后来蒙军进攻襄樊的根据地。更重要的是他坚定了忽必烈用汉法治理汉地的思想。

姚枢在潜邸时期"倡鸣儒道""征西南夷""屯田淮、蜀"，做出了诸多贡献。中统元年，拜东平宣抚使；四年，拜中书左丞；至元五年，出佥河南行省；十年，拜昭文馆大学士，详定礼仪事；十三年，拜翰林学士承旨。十七年去世。

同样的一个人，同样的心性，姚枢第一次出仕则以不快而隐去。当经窦默推荐再次出仕为潜邸幕僚时，则发挥了自己超常的政治才能。究其原因，主要是所处环境中人员结构的变化，身边有刘秉忠、窦默这样的朋友共谋发展，姚枢在与刘秉忠酬和的诗中表达了这一内容："闭户岂遗世，入仕非干禄。出处贵适时，违时招自辱。"姚枢深刻认识到，人要"适时"而出。有这样一群志同道合之人在一起，自然能顶天立地："群材惟柱石，国势何用倾。"[①]

**姚枢推荐许衡、杨奂入王府为幕僚**

窦默、姚枢两位好友赴王府为幕僚后，对大理学家许衡的触动很大，他开始有用世天下的念头。在后来治理关中的过程中，姚枢推荐许衡共同参与关中的治理工作。

许衡（1209—1282），号鲁斋，怀庆河内（今河南沁阳市）人。许衡为有元一代大儒，时人谓"南有吴澄北有许衡"，又称许衡为"朱子之后一人而已"。由于所处的时代背景不同，承担的使命不同，许衡与先前的圣贤有很多不同之处。与历代理学者相比，许衡身上有两点是特别明显的：其一，在教育上，孔子、孟子和朱熹所培养的学生多数是学者型的，而许衡所培养的学生学者型较少，而仕进的较多。其二，在科学方面，之前的理学家并不重视科学，甚至视为"淫巧奇技"，而许衡参与制定了《授时历》的工作，这是一项直接服务于民生的工作。许衡是一位理论家也是一位实践者。许衡一生的贡献是多方面的。如果对许衡一生的成就做一个主次的排列，也许应该是这样一个次序：一是理学，二是教育，三是科学，四是政治，五是文

---

① 姚枢：《聪仲晦古意廿一首爱而和之仍次其韵》，杨镰主编：《全元诗》第三册，中华书局2013年版，第19页。

学。关于许衡五方面的主要贡献，在分属的各个学科中，皆有较多的论述，此处不再"重言"。在此主要探讨许衡的人伦圈与道学之间的联系。

许衡一生在社会上的人伦关系大致可以分为四类：朋友、同僚、弟子、君主。而这些人伦关系的形成，是紧紧围绕着他所追寻的"道"。与朋友相处他是在学道、论道，与同僚处事他重在道同、道合，与学生相处他是在传道和授道，与君王相处他是在守道与用道。

窦默、姚枢是与许衡一起论道的好朋友。在他们互相认识之前，许衡的声望远高于窦默和姚枢，《考岁略·续》载："（许衡）隐居大名，垂绛讲论，学者翕然归之。"《元史》本传："（许衡）转鲁留魏，人见其有德，稍稍从之。"这两条记载，都是在他们三人共同研习之前。但是在他们认识的过程中许衡表现得更为迫切、主动。其中的主要原因，是因为姚枢得到了赵复从南而来的有关理学方面的书籍、资料。许衡从小"嗜学如饥渴，然遭乱世，家贫无书"，所以常常"借书求观"："时岁饥，民食橡栗，或易子而食。先生闻人有书，即往求观。父母危之，每与俱往，人厌其迂。"（《考岁略》）因此听说姚枢手中有"伊洛之学"方面的书籍，许衡便登门拜访，《考岁略》载：

> 壬寅，雪斋隐苏门，传伊洛之学于南士赵仁甫，先生即诣苏门访求之，得伊川《易传》，晦庵《论》、《孟》集注，《中庸》、《大学》章句、《或问》、《小学》等书，读之，深有默契于中，遂一一手写以还。聚学者谓之曰："昔者授受，殊孟浪也。今始闻进学之序，若必欲相从，当悉弃前日所学章句之习，从事于《小学》，洒扫应对，以为进德之基，不然，当求他师。"众皆曰："唯。"遂悉取向来简牍焚之，使无大小皆自《小学》入。先生亦旦夕讲诵不辍，笃志力行，以身先之。①

可见，由南传来的学术对许衡的学术研究有着很大的影响，对他学术的提升起了关键的作用。此前许衡因南北对峙，战乱频繁，所接触的主要是北方落第老儒的章句之学，这同注重思辨哲理和伦理践履的程朱理学有很大差

---

① 王成儒点校：《许衡集》附录卷十三，东方出版社 2007 年版，第 307 页。

距。但是他对儒家著作已有很好的基础，也有自己独特的体会，所以一旦有机会接触，便很快能够理解发挥，"读之，深有默契于中"。正是许衡这类学者对南学"深有默契"，因此虽然南北对峙百余年，而一旦统一，"南学北学，道术未裂"。许衡与姚枢、窦默由学术材料的交流，成就了学术思想的交流，由学术思想的交流发展成情感的交流，共同对儒道的追求使他们成了很好的朋友。此后，他们的人生轨迹常有相同、交叉的时候。当姚枢被召入京师时，把自己的雪斋留给了许衡，"衡拒不受。庭有果熟烂堕地，童子过之，亦不睨视而去，其家人化之如此"①。史家的"化"之一字，用得绝妙！许衡不是对家人的管教，而是身体力行，自然化之。许衡年轻时，过河阳，正是暑天，非常干渴，道旁有可食之梨，"众争取啖之，衡独危坐树下自若。或问之，曰：'非其有而取之，不可也。'人曰：'世乱，此无主。'曰：'梨无主，吾心独无主乎？'"许衡这一行为，成为他一生的"美谈"。许衡把儒家的道德"化"在自己点滴行为中，也自然"漫化"了身边的人。

当自己身边的好朋友窦默、姚枢皆被征入王府后，许衡也有了用世天下的念头："辛亥，雪斋赴征，先生独处苏门，始有任道之意。"（《考岁略》）许衡认为像姚枢这样的人愿意出仕，所侍的君侯一定是贤明的。在姚枢赴征告别时，许衡写了一首诗表达了这样的心理。《送姚敬斋》：

> 凛凛姚敬斋，风节天下奇，终焉托君侯，君侯贤可知。人生贵得友，得友真朋龟，责善善无遗，辅仁仁克推。仁善既皆有，受福将自期，我来歌吉祥，真情寄荒诗。一祈仁政苏民疲，一祈善政赒民饥，丰功伟绩镌长碑，千年万年，感激人心无了时。②

这首诗认可甚至赞美了姚枢辅佐忽必烈的行为，叙述了两人之间珍贵的友谊，并期盼着忽必烈能够行善政，救民饥。先前窦默被召，许衡也写了两首送别诗：

---

① 《元史》卷一白五十八《许衡传》，中华书局1976年版，第3717页。
② 王成儒点校：《许衡集》，东方出版社2007年版，第235页。

> 西山山下觅幽村，水竹邻居拟卜君。岂意天书下白屋，便收行李入青云。功名准自英贤立，得失防因去就分。万里风沙渺南北，请归消息几时闻。
>
> 莫厌风沙老不禁，斯民久已渴商霖。愿推往古明伦学，用沃吾君济世心。甫治看将变长治，呻吟亦复化讴吟。千年际会真难得，好要先生着意深。①

许衡把窦默被召看作是"入青云"，认为是千年难得的"际会"；并鼓励窦默不要怕环境之苦，"莫厌风沙老不禁"，因为他承担着百姓渴望的安天下之大任。

癸丑年，忽必烈受京兆分地。当时关中地区历遭战争，地广人稀，凋敝不堪。忽必烈接受封地后，利用治理邢台、河南的经验，以汉法治理汉地。癸丑年夏天，派遣王府尚书姚枢立京兆宣抚司，以孛兰、杨惟中为使。甲寅六月，以廉希宪为关西道宣抚使，姚枢为劝农使。在治理关中的过程中，又征聘一些人协助治理，许衡也就是在这时被姚枢推荐而出仕的："世祖出王秦中，以枢荐，召提学京兆。"② 许衡是在甲寅年被征，"甲寅，王府征教授京兆，避于大名，使者访焉，遂偕往"③。

此时，姚枢为劝农使，教民耕织，而许衡为教授，教民读书。两位志同道合的朋友，这时变成了为政一方的同僚。许衡担任教授的第二年，宣抚使又拟命他为京兆提学。许衡多次辞免，他在《辞免京兆提学状》中说：

> 窃闻提学官，师表之任也。仪刑多士，检正学业，实风化人才之所。自缘某早年羁旅，学无渊源，于举业功夫，未至成就。若不量度，叨冒宠荣，取四方之讥，辱王府之命，不止为罪于一身也。事有所系，义在必辞。伏乞宣抚使司详察，拟为回奏施行，取钧旨。④

---

① 王成儒点校：《许衡集》，东方出版社2007年版，第250页。
② 王成儒点校：《许衡集》附录《元儒考略》，东方出版社2007年版，第320页。
③ 王成儒点校：《许衡集》附录《考岁略》，东方出版社2007年版，第308页。
④ 王成儒点校：《许衡集》，东方出版社2007年版，第201页。

并给刘秉忠、张易写信，求他们两位在忽必烈面前求情，大概内容与《辞免京兆提学状》相类似，《与仲晦仲一》言：

> 恩旨令某充京兆提学，某之寡陋，先生素知，使依先所降恩，命教人家子弟，已愧不称。况提学之职，必习知举业场屋有声者，可得为之。……是以倾输悃愊，冒渎陈说仲晦、仲一二君子，所愿奉致此意，何由使某得守先命，少缓士林之议。便风不乏，伏赐诲药。迩者从宜李公来，传道二君子雅意，佩感！但病中不能作书为谢尔。①

许衡为何对召为京兆提学职务，一再推辞呢？徐子方在《挑战与抉择——元代文人心态史》中分析了两点原因：其一是许衡以重振北方道学为己任，绝不是仅仅满足做一个地方官。另一方面，许衡对自己的出仕采取谨慎的态度，只有在忽必烈显示出对用人和汉法真正诚意和具有较稳定的地位和势力保障时，他才"许以驱驰"。对于这两点原因，第一点应该不是理由，许衡前面是京兆教授，成为提学能够在更广的范围、更高的层面上传道于世。"重整北方道学"与提拔京兆提学互不矛盾，后来事实也证明，许衡做提学期间，做了更多重振道学的工作。第二点理由应该是合理的，教授仅仅是教书，不算出仕。而提学是管理一方的教育事业，是真正的出仕，对于出仕许衡应该是谨慎的。蒙哥汗之后，忽必烈将来的命运如何？当时的时局还未清楚。果然就在许衡被任命提学期间发生了阿兰答儿钩考京兆、河南等事，所幸许衡所在的位置不是要职。许衡经"屡辞不许"后，担负起了管理京兆教育的任务，直到世祖南下进攻鄂州时，许衡才离秦返怀。任京兆提学三年的时间里，他的政绩是十分可嘉的。《河内县志》记载："秦人新脱于兵，欲学无师，闻衡来，人人莫不喜幸来学，郡县皆建学校，民大化之。世祖南行，乃还怀。学者攀留之不得从，送之临潼而归。"

中统元年，忽必烈在开平即位以后，召许衡至京师开平。许衡乘驿北上，朝见了忽必烈。《考岁略》载：

---

① 王成儒点校：《许衡集》，东方出版社2007年版，第206页。

> 庚申，上在正位宸极，应诏北行，至上都，入见。（帝）问所学，曰："孔子。"问所长，曰："虚名无实，误达圣听。"问所能，曰："勤力农务，教授童蒙。"问科举何如？曰："不能。"上曰："卿言务实，科举虚诞，朕所不取。"七月还燕。①

从这段对话的内容，明显反应出这次见面是忽必烈与许衡的第一次见面。由此也可以推测许衡在被召为提学时多次辞免的原因，他感到自己在忽必烈心目中的地位远没有他的朋友窦默、姚枢重要。他们被召到王府时忽必烈马上接见，忽必烈见到窦默后是："一日凡三召与语，奏对皆称旨，自是敬待加礼，不令暂去左右。"见到姚枢时"上大喜，日客遇之，俾居卫从列后，惟不直宿"。而见许衡的情况远没有像对待他的这两位朋友那样急迫与热心。这次的召见，忽必烈似乎也并没有想重用许衡，因为从对话的内容看，所问许衡的问题与以前被召的窦默、姚枢有大的不相同。见刘秉忠、窦默、姚枢等人首问"治道"，而问许衡的则是"问所学"、"问所长"，对一个被召的人物，竟然不知道他有何能力，善于做什么事情，显然许衡并不很愉快，同时他也明白忽必烈召他更重要的原因是因为他的声名，所以他回答："虚名无实，误达圣听。"其实忽必烈并非不知许衡的特长，他知道许衡是一位大儒，所以刚即位就因其名而召见，只是忽必烈对于儒学的专长，远没有对于医学、易学、钱谷有专长的人更感兴趣。但是以忽必烈的心理，既然召见，努力达到最好的沟通效果，所以选择许衡感兴趣的问题加以交流。他下面设计的另一个问题是"科举如何"，出乎意外的是，许衡的回答是"不能"。其实即便许衡回答"能"，忽必烈可能也不会在意。而许衡如此回答的原因，一是许衡的确对科举也不感兴趣，在他七岁入学时就曾问老师"读书何为"，当老师回答"取科第耳"，许衡对老师回话的反应是："如斯而已乎？"可见，许衡从小就对科举并不看重。另一方面，许衡也是在揣摩着忽必烈的心理，他知道忽必烈并不赞赏科举。一个蒙古统治者与一个中原大儒的第一次见面和对话就这样在互相的揣摩中完成。但是他们之间还是找到一点共

---

① 王成儒点校：《许衡集》，东方出版社2007年版，第308页。

识，就是都讲究"实际"。此次被召，忽必烈没有想好起用许衡做具体的事情，的确只是因为许衡的名声很大，刚即位他觉得应该召见。因为没有具体的工作，许衡很快返回了家乡。中统二年（1261），忽必烈身边的人强烈推荐许衡，许衡再次被召。当时中书平章政事王文统执政，妒能嫉贤，朝中许多人反对，尤其是窦默，曾经在忽必烈面前斥责王文统"学术不正，久居相位，必祸害天下"。世祖问："然则谁可相者？"窦默说："以臣观之，无如许衡。"此前窦默在忽必烈面前，已经举荐过许衡，帝问曰："朕欲求如唐魏征者，有其人乎？"默对曰："犯颜谏诤，刚毅不屈，则许衡其人也。深识远虑，有宰相才，则史天泽其人也。"许衡这次被召，忽必烈封许衡为太子太保，封姚枢为太子太师，封窦默为太子太傅。但这次的被封是王文统的建议，王文统实际是想借此把三人从忽必烈身边调入东宫，"外佯尊之，内实不欲备顾问也"。窦默因为多次弹劾王文统，想任此职位，借东宫以避祸。而许衡认为不可以，他认为从古至今儒家讲究师道，即使贵为太子，如果是学生就要尊师道、师礼。按照师礼规定，师、傅、保坐西面东与太子相见，太子坐东面西，而且师傅先坐，然后学生才能坐。根据当时蒙古统治者对汉礼的态度，在宫中不可能按照这样的规矩行事；如果不能则师道尊严由此而废，尊师传统从此断送。许衡向姚枢、窦默讲述其中道理，两人很快就接受了，于是三人同时请辞，后来改封窦默为翰林侍讲学士、姚枢为大司农、许衡为国子祭酒。许衡在此时把"守道"看得重于一切。他自己守道，同时提醒当年为朋友、现在是朋友兼同僚的窦默、姚枢要一同守住传统文化道统。挽救传统文化中的礼俗规矩，让"道"得以继续发扬才是许衡自认为最重大的责任。许衡拜命国子祭酒后，便以疾为由要求辞退，而朝廷则以"奉旨教授怀孟子弟"的使命，让他体面地回家乡谭怀去教书。从此事可以看出，由于三位朋友平日里相处中的志同道合，所以在现实政治的具体行动中也很容易达到一致。

许衡回谭怀的第一年，即中统三年九月再次被召至大都。此次进京，他假馆于道庵中，只和自己深交的几个朋友往来，其他社交活动几乎不参加，"凡权贵豪右延请皆不往"。《考岁略》载：

壬戌（1262）九月，召至大都，先生居都下也，假馆于道庵中，凡权贵豪右延请皆不往，惟姚、窦二公，时时相过，始终如一。

　　中书左丞张公仲谦，由大名宣抚复入中书，好善最笃，自初见先生，屡请执弟子礼。先生拒之而止，一时贤俊多所荐拔，凡中原士夫颇依赖之，而公亦以复古进贤为己任，每先生进退之际，必往返道达，上意挽之留之，冀有以不屑去也。然性褊数忤倖臣，故被谴责至是。遣人求言，先生贻书曰："吊者在门，庆者在闾，一倚一伏，孰知其初，君子存诚克己就义，始若甚难，终知甚易，可委者命，可凭者天，人无率尔，事有偶然，舍苗不耘，固为有害，助而揠之，其害甚大。既征于色，又发于声，天道无他，庸玉汝成。"①

　　从这段记载，可以看出许衡在这段时间里，除和自己昔日的好友窦默与姚枢的往来之外，另外一个与之交往的人物就是张仲谦。而他所以能够与张仲谦发展成很亲密的关系，是因为张仲谦以"复古进贤"为己任，张仲谦是最早进入忽必烈王府的纯儒者。仲谦曾宣抚大名，此地是许衡曾经隐居之地，许衡就是从大名开始产生影响的，"人见其德稍稍从之，扁其斋曰'鲁斋'，因号鲁斋先生"。可想张仲谦在大名任职时一定听到过许衡许多在此"讲学"的故事，因而初见先生就要行弟子礼。虽然许衡没有接受弟子礼，但他们之间的关系超过一般师生之谊，互相之间发展成亦师亦友的亲密关系。在"权贵豪右延请皆不往"的静养时日里，许衡能够与张仲谦往来，且赠言与他，对仲谦"数忤倖臣，被谴责"的处境予以宽慰，并告诉他对此事要淡然处之，不要"揠苗助长"。可见许衡对张仲谦是非常地关爱。在许衡的《书状》中另外还有两封写给张仲谦的信，其中一封的内容是许衡在儿子病逝后，写信给仲谦叙述病逝的过程，及自己"肝肠痛惨"的心情。许衡愿意把自己家庭中发生的最为悲痛的事情以书信的形式告给仲谦，张仲谦当是许衡最为亲厚的朋友。

　　张仲谦是许衡出仕以后结识的朋友，是同僚中的朋友。许衡前期的朋友

---

① 王成儒点校：《许衡集》，东方出版社2007年版，第309页。

在相处的过程中，共同学道、研道；而同僚中能相处的朋友对于许衡而言一定要能够"道同"志合，能够共同为恢复传统文化、接续儒家的道统做一些具体的事情。张仲谦之外，许衡同僚中的朋友有刘秉忠、徐世隆、王恂、郭守敬等。许衡与同僚们有两次重要合作。一次是至元六年二月，许衡奉诏与刘秉忠、徐世隆等同定朝仪，订立朝仪所遵循的原则是"颇采古礼"、"杂就金制"，大体是对汉、唐、金有关制度的承袭与改变。未立朝仪之前，凡遇到称贺时节，大小官吏，不分贵贱都聚集在忽必烈帐殿前，熙熙攘攘一片混乱，有失大雅。刘秉忠与许衡等汉儒制定的朝仪"尊严宸极，辨上下而示等威"，使忽必烈从形式上具备了历代汉皇帝所具有的独尊地位。据说刘秉忠奏上所订的朝仪后，曾向忽必烈讲述当年汉高祖刘邦登上皇位后群臣以朝仪上朝时，刘邦曾说"吾今乃知皇帝之贵也"。而忽必烈的反应竟是："汉高眼孔小，朕岂若是。"完成朝仪之后，许衡与刘秉忠、张文谦、王恂等又议定官制。"先生历考古今设官分职之本，沿革之由，与夫上下统属之序，其权摄增置，冗长倒置，行之有弊者，率皆不取。自省部郡县体统之正，左右台院辅弼之制，内外百司联属控制之差，后妃储藩隆杀之防，悉图为定制，以闻其所以取舍，欲著成书而未暇也。"① 定朝仪和定官制，既是元朝现实统治的需要，而在许衡及他的同僚心目中，更是中华传统文化的恢复与接续。

　　许衡与他的同僚们做的另外一件有益于当时国计民生的事情就是《授时历》的创制。蒙古得中原时，用的是金代的《大明历》，《大明历》使用了很长时间，误差很大。元世祖决定重制新历。至元十三年，御史中丞张文谦与佥枢密院事张易为主领、王恂为太史令、郭守敬为同知太史院事，王恂举荐了许衡参加修订新历。当时许衡已经年老体弱，他知道制定新历是直接服务百姓现实生活的一件事，况且参与制定新历的都是自己熟悉的老朋友和亲近的同僚，于是许衡毫没推辞，欣然接受了这项工作。他与王恂、郭守敬各自根据自己的特长分工负责重要的三个方面，许衡自己负责明历法之理。他们经过五年的辛勤工作，至元十七年，终于编制成了新历。采用"敬授民时"之意，忽必烈赐名《授时历》。至元十八年，颁行天下。新历完成之后，许

---

① 王成儒点校：《许衡集》，东方出版社 2007 年版，第 311—312 页。

衡因疾还怀,翌年病逝于家。

许衡去世后,"怀人无贵贱少长,皆哭于门。四方学士闻讣,皆聚哭。有数千里来祭哭墓下者"。在祭奠许衡的人中,一类是他的家乡人,一类是"四方学士"。在"四方学士"中,大多数是他的学生。许衡从三十二岁开始执教,至七十三岁逝世,四十年间虽然他作为朝廷命官承担过许多工作,先后担任国子祭酒、左丞、集贤大学士兼国子祭酒等职,但他最喜欢和最愿意做的事情是教学工作。"传道授业"于弟子是他一生最喜欢的事业。至元八年,许衡被任命为集贤大学士兼国子祭酒,"亲为择蒙古弟子俾教之"。以前对于朝廷的诏命,他几乎是每诏必辞,拜命不久又提出辞免。但对于这份工作他充满了热情,喜曰:"此吾事也。"此前许衡在给《与窦先生》书中,也表达了喜欢教书的心情:"门喧童稚,架满琴书……是以心思意向,日日在此,安此乐此,言也此,书亦此,百周千折,必得此而后已。"这里"此"指"门喧童稚"的教书生涯。被任命为集贤大学士兼国子祭酒,能够从事教学事业,许衡高兴之至。《元史》本传记载此事:

> 八年,以为集贤大学士,兼国子祭酒,亲为择蒙古弟子俾教之。衡闻命,喜曰:"此吾事也。国人子大朴未散,视听专一,若置之善类中涵养数年,将必为国用。"乃请征其弟子王梓、刘季伟、韩思永、耶律有尚、吕端善、姚燧、高凝、白栋、苏郁、姚燉、孙安、刘安中十二人为伴读。招驿召之来京师,分处各斋,以为斋长。①

传道于学生,尤其传道于国人子(蒙古弟子),是许衡认为最为迫切的事情。在许衡的教学中,他特别注重熏陶浸染的作用,在教育蒙古弟子时,他向朝廷奏准征来他自己优秀的汉人弟子王梓等十二人为伴读。十二人被召来京师,分到各处作为斋长。当时所选出的蒙古贵胄弟子,皆幼稚,许衡"待之如成人,爱之如子,出入进退,其严若君臣。其为教,因觉以明善,因明以开蔽,相其动息以为张弛。课诵少暇,即习礼,或习书算。少者则令习拜

---

① 《元史》卷一百五十八《许衡传》,中华书局1976年版,第3727页。

跪、揖让、进退、应对，或射，或投壶，负者罚读书若干遍。久之，诸生人人自得，尊师敬业，下至童子，亦知三纲五常为生人之道"。许衡所教不仅仅是书本知识，更注重实际的运用，把传统礼的教育，用到生活的细节之中"少者则令习拜跪、揖让、进退"。许衡编写了自己教学所需的教材，他的《大学要略》、《大学直讲》、《中庸直讲》以及《稽千古文》、《编年歌括》就是这个时期为他的教学服务编写的。由于他独特有效的教学方法，所以许衡的学生"故所至，无贵贱贤不肖皆乐从之，随其才昏明大小皆有所得，可以为世用"。

名师而高徒，高徒也名师。许衡这位名师经过自己的努力培养了一大批精通"汉法"的学生。许衡所培养的学生不仅仅可以"坐而论道"，更可以经世致用，直接服务于现实，服务于当时的朝廷，这是许衡教育的独特之处。许衡的学生不忽木官至中书平章政事，位列宰执，世祖临终时的顾命三重臣之一。弟子耶律有尚继承许衡的事业，曾为昭文馆大学士、国子祭酒，前后五居国学，其立教以义理为本，以恭敬为先，践履为重，其教法一遵衡之旧。最有名望的弟子姚燧，是元代文章大家，名倾京师。当时的文人名宦多以求姚燧文章为荣耀，"其不得者，每为愧耻"。随姚燧学习古文的人云集影从，姚燧直至晚年被征为荣禄大夫、集贤大学士、翰林学士承旨，知制诰兼修国史，主修《成宗实录》、《武宗实录》，久为元代文坛盟主。此外许衡弟子在《元史》中有传的有坚童、秃忽鲁、也先铁木儿、不忽木、崾崾①等。苏天爵在为吕端善撰写神道碑时②，评价了许衡及其学生的成就：

> 其后成德达才，布列中外，大而宰辅卿士，小则郡牧邑令，辅成国家之政治者，大抵多成均之弟子也。是则文正兴学作人之功，顾不大欤！盖惟世祖之圣，故能兴隆基业；惟文正之贤，故善乐育人才；惟公

---

① 《元史》列传第十七《不忽木传》："恂从北征，（不忽木）乃受学于国子祭酒许衡。"列传二十一《阔阔传》附《坚童传》："（坚童）既长，奉命入国学，复从许衡游。"《秃忽鲁传》："（秃忽鲁）自幼入侍世祖，命与也先铁木儿、不忽木从许衡学。"列传第三十《崾崾传》："崾崾幼肄业国学，博通群书，其正心修身之要得诸许衡及父兄家传。"
② 吕端善是许衡选出为蒙古弟子陪读的十二人之一。

（吕端善等弟子）等之能，故克辅成教养。①

是许衡之贤，成就了弟子之能；反之也是弟子之能，成就了许衡之贤名。世祖之圣是外在必须的条件。

**在召许衡之前，杨奂也被召入王府。杨奂的被召，可能也是姚枢的推荐**

杨奂（1186—1255），字焕然，号紫阳，乾州奉天人。杨奂幼小聪颖过人，"君甫胜衣，尝信口唱歌，有'紫阳阁'之语，扣之不能答也"②。但年到三十，三赴廷试而落第。汴京被蒙古军攻破时，杨奂正授馆左丞张信甫之门。杨奂随流亡的民众"微服北渡，羁孤流落。人所不能堪，君处之自若也"。后流落山东冠氏，"冠氏帅赵侯寿之延致君，待之师友。间会门生朱拯自京师辇书至，君得聚而读之"。东平的严公素喜接寒士，久闻杨奂的才名，多次问候。戊戌开科，杨奂在东平参加选试，赋论皆为第一。随从监试官北上，在和林谒见领中书省的耶律楚材，授河南课税所的长官兼廉访使。在官十年，请老于燕之行台。杨奂辞官后的第二年，忽必烈派人征召。元好问为其撰写的《神道碑》载："壬子九月，王府驿召入关寻被教参议京兆宣抚司事。累上书，乃得请。"杨奂与许衡同时被召，很可能是姚枢一同推荐。因杨奂也是姚枢很好的朋友。杨奂因姚枢教育自己的侄子姚燧过于严厉，曾写信制止："枢隐居苏门，谓燧蒙暗，教督之甚急，燧不能堪，杨奂驰书止之曰：'燧，令器也。长自有成尔，何以急为！'且许醮以女。"③姚燧三岁失去父亲，一直跟随伯父姚枢。所以姚燧的教育、婚姻之事，姚枢完全充当着父亲的角色；而姚燧对姚枢与亲父无异。杨奂写信制止姚枢对姚燧过于严厉的教育方式，并把自己的女儿许配给姚燧，可见杨奂与姚枢之间是非常亲密的朋友关系。在《全元文》中所收的杨奂唯一的一篇书信文是《与姚公茂书》。杨奂与许衡同年为参与同一件工作而被召，许衡由姚枢推荐，可以推测杨奂

---

① （元）苏天爵：《滋溪文稿》，陈高华、孟繁清点校，中华书局1997年版，第93页。
② "紫阳阁"语：杨奂幼时唱出"白水满长干，紫阳阁下清风细"的诗句。姚燧：《跋张梦卿所藏紫阳墨迹》云："尝闻其幼时，文已奇古，歌：'白水满长干，紫阳阁底清风细'之句，遂号紫阳。"
③ 《元史》卷一百七十四《姚燧传》，中华书局1976年版，第4057页。

也是由姚枢推荐的。杨奂为参议京兆宣抚司事的时间不到一年，就"累上书"以老返回乡里。杨奂的《乾陵题名》："杨奂然纳南漕印后，癸丑清明还故里，与武功张君美同谒陵下。门人员择书，高简刻。时亲旧城居者七，田居者二十有一。悲夫！"① 说明癸丑清明时，杨奂已经回到了故里。从壬子九月到癸丑清明，杨奂在王府不到一年的时间。但杨奂作为一位名儒为王府做事所带来的影响远远超过他实际所做的事情。杨奂"暮年还秦中。秦中百年以来号称多士，较其声闻赫奕、耸动一世，概未有出其右者"。杨奂在忽必烈未即位之前，即宪宗五年去世。

以窦默为出发点，以姚枢、许衡为主要人物形成了一个连环扩展朋友"人伦圈"。这个圈中的许多人"道同志合"，他们都热衷于传播和研究理学，曾经是共同的讲友或学友。之后他们无论是入王府为幕僚，还是入朝廷为官员，仍共同坚守着文化传统，"不忘初心"，与道共进退。在南北文化的交流过程中，在中原文化与草原文化的冲撞融合过程中，这个圈中的成员做出了很大的贡献。许衡被后人称为"朱子之后第一人"。从教育的角度看，同时也可以把许衡视为"孔子之后的承继人"。因为他的贡献不仅是对理学本身理论上的发展，而更为重要的是把理学加以普及。他在教育中尤为重视"小学"内容，把儒家"小学"教育的内容耐心地、身体力行地传授给蒙古弟子。孔子教育中最大贡献，就是把教育由贵族引向平民；而许衡则把儒家理学普及到"异俗"。

---

① （元）杨奂：《乾陵题名》，李修生主编：《全元文》第1册，江苏古籍出版社1999年版，第163页。

# 第四章　忽必烈潜邸幕僚形成途径之三：征召与依附
## ——潜邸幕僚中的"临时参佐"与"高级顾问"

征召是忽必烈潜邸幕僚形成的另一重要途径。被征召的人多数属于两种类型：一类是"征天下名士"，属于名流一类；另一类是出于具体军政事务的需求征召的专业人才。在忽必烈征召的人中有许多源于当时的汉族世侯府中，这些人当时已经在世侯府中为幕僚，具有实际工作的经验，有较为成熟的切合当时现实的治理一方的策略与措施。汉族世侯是蒙古与金在争夺中原地区的过程中形成的。金贞佑南渡之后，金朝在黄河以北地区的行政机构完全瘫痪，整个社会处于动荡状态，战祸不断，盗贼四起。于是各地方有势力的家族团聚民众起兵自卫，逐渐形成大小不同的地方割据势力。随着蒙古帝国势力迅速强大，一些地方首领被蒙古统治者招降，一些地方首领主动臣属于蒙古政权，蒙古汗廷授予他们"行省"、"元帅"、"招抚使"、"总管"等金朝原有的官职，赋予他们执掌地方的军政权力。这种权力世代承袭，父死子继，兄终弟及，故习称"世侯"。世侯是社会特定条件下的产物，类似于汉之郡国、唐之藩镇。世侯虽然受到蒙古汗廷委派的达鲁花赤的节制，管辖区内驻有蒙古军队，在窝阔台汗八年（1236）分封后的世侯领地还分布着蒙古宗王、贵戚、勋臣的汤沐邑，并且征收税权也受到中书省、燕京行尚书的控制，但因蒙古统治者并不熟悉汉地的统治，所以世侯对地方具有很大的统治权力。这些世侯大多数出身于草莽英雄，因受传统文化的影响，他们觉得结交名士可以提高自己的声望；同时他们自己以武力起家，缺乏文化素养，而希望自己的子弟能够接受良好的教育；更主要的是他们在统治地方时，需要处理文书、税赋、刑狱等许多属于文秘的工作，因此，在当时的几大世侯门下都录用了一大批士人充当幕僚或佐吏。而许多文士出于现实生存的需要，忧虑文化传统的断送，也想借助于世侯的力量在求得生活保障的同时，支持发展文化事业。所以当时的几大汉族世侯领地成为文人的聚积地，也成为文化发展的重要基地。忽必烈在总领漠南以前，就已经注意到了汉地世侯；当他总领漠南汉地的军国庶事，开始组建幕僚班子、准备征聘人才时，世侯府成为他招聘人才关注的地方。其中从三大世侯府中，即东平府、真定府、顺天府征召了较多的人才。

## 第一节 东平府被征召者

东平府是当时强大的世侯之一，主人是严实。严实（1182—1240），字武叔，泰安长清人。金末署长清令，先降宋，后"知宋不足侍"，于庚辰（1220）七月，率部投靠蒙古太师木华黎，授山东西路尚书。次年，入驻东平（今山东东平），称东平行台。此后，严实以东平为中心，一面同宋金部队进行反复的攻防战，一面维护自己辖区内的秩序，恢复生产。1234年蒙古灭金后，窝阔台汗授严实为东平路行军万户，成为掌握东平地方实权的汉人世侯，中原地区七万户之一，统山东西部五十余城。在执掌军民大权的同时，严实注意保护文人和发展文化，广泛招聘文士，"一时名公多归焉，故东平人物之盛为诸道最"（《元史》卷一六〇《徐世隆传》）。太宗十一年严实去世后，严实之子严忠济于次年袭职，史载其行为"一法其父"。《全元散曲》辑有严忠济小令二首，其中的〔越调·天净沙〕一曲内容写道："宁可少活十年，休得一日无权，大丈夫时乖命蹇。有朝一日天随人愿，赛田文养客三千。"典型元散曲风格，露骨无遗的表白，对权力的追求胜过生命；同时也可以看出他养士的雄心，期望自己养士的数量能够超过战国时代的孟尝君。

较早进入东平府的幕僚是宋子贞，他入幕后，积极荐引其他文人入幕。《元史》载："金士之流寓者，（子贞）悉引见周给，且荐用之。拔名儒张特立、刘肃、李昶辈于羁旅，与之同列。四方之士闻风而至，故东平一时人才多于他镇。"①金朝灭亡前后，原先留在卞京地区的文人，许多都流寓到了东平境内。其中文坛巨匠元好问此时也移居到东平。元好问于太宗七年由聊城移居冠氏（今山东冠县），到太宗十年才由冠氏返回故乡。在东平生活的四年中，受到了严实部将冠氏帅赵天锡以及严实本人的多方照顾。元好问有时还参加严实兴办学校的一些工作，《元史·阎复传》载："（阎复）七岁读书，颖悟绝人，弱冠入东平学，师事名儒康晔。时严实领东平行台，招诸生肄进士业，迎元好问校试其文，预选者四人，复为首，徐琰、李谦、孟祺次之。"由元好问选出来的阎、徐、李、孟四人，世称"东平四杰"。癸巳（1233）之变，著名儒士杨奂也辗转流落到冠氏，同样受到赵天锡与严实的热情款待。商挺北渡后也依东平府的赵天锡，被严实聘为诸子师。徐世隆受知于严实，入幕府掌书记，严忠济袭爵后以师礼事之。耶律有尚，辽东丹王的后代，金亡后留居河朔，严实重其世望，请徙家东平。王磐，金正大四年进士，严实虚师席迎致，受业者常数十百人。康晔，登金词赋科，严忠济起为教授，四方学者云集受教，官终国子博士……在严氏父子的影响下，东平行台治下诸州府的军政长官也多注意养士，涵养文化。冠氏帅赵天锡"日以文史自随，延致名儒，考论今古，穷日夕不少厌"。济州帅石天禄、知济南府事兼东平路左副元帅刘通，以及济南的张荣、益都的李璮等人，这些人都以养士著称于时。由此"行台所统百城，比年以来，将佐、令长皆兴学养士，骎骎乎齐、鲁礼义之旧"②。

保护文人之外，东平府在文化方面的另一重要贡献就是对传统文化的保存，尤其是保留整理了作为礼治象征的金太常乐。春秋后期，"礼崩乐坏"是孔子最为忧虑的事情，为整理保存周朝礼乐文献孔子竭尽心力。到金元之交，象征礼制的金太常乐也面临着被毁灭的命运。"礼失而求诸野"，幸运的是流寓到东平的太常乐，得以很好集中保存，并经过东平文人的整理，发展成为元朝的宫廷音乐。对此，孔子后代衍圣公孔元措与东平府幕僚宋子贞出力尤多。据《元史》卷六八《礼乐志》载：太宗十年，孔元措请收录燕

---

① 《元史》卷一百五十九《宋子贞传》，中华书局1976年版，第3736页。
② （元）元好问：《千户赵侯神道碑铭》，李修生主编：《全元文》第1册，江苏古籍出版社1999年版，第640页。

京、南京等地亡金太常故臣及礼册、乐器，太宗从其请，并且"降旨，令各处管民官，如有亡金知礼乐旧人，可并其家属徙赴东平，令元措领之，于本路税课所给其食"，"（太宗）十一年，元措奉旨至燕京，得金掌乐许政、掌礼王节及乐工翟刚等九十二人"。宪宗二年（1252），诏令东平万户严忠济专门立局，制冠冕、法服、钟磬等乐器，以保障乐师们能专心从事礼乐的研习表演。以后每逢大典即从东平调乐工演出，礼毕复还东平练习。至元十年（1273），忽必烈下诏从东平召用四百多乐工至京师，由此可见其时东平乐队规模已经很大。可以说，东平府既是前朝亡国礼乐的留存地，又是元代礼乐的发源地，在战乱年代东平府对文化传承做出了重大贡献。东平府对文化的大力发展，引起了"思大有为"天下的忽必烈的关注。忽必烈"时或"征用东平府的人才。具体从东平府征召的人才如下：

徐世隆（1206—1285），字威卿，陈州西华人。太宗五年，河南被蒙古军攻破后，徐世隆北上，被严实招为东平府幕僚，任掌书记。严实之子严忠济袭爵后以师礼对待徐世隆。蒙哥汗即位后，曾任命徐世隆为拘榷燕京路课税官，"公谓理财非所能也，力辞而归"。徐世隆被忽必烈召见，是在宪宗二年（1252），忽必烈南征前夕，《元史》本传中有这次召见的具体记载：

> 壬子，世祖在潜邸，召见于日月山，时方图征云南，以问世隆，对曰："孟子有言：'不嗜杀人者能一之。'夫君人者，不嗜杀人，天下可定，况蕞尔之西南夷乎！"世祖曰："诚如卿言，吾事济矣。"①

《元朝名臣事略》引用《墓志》，把这次徐世隆与忽必烈的见面写得更为详细：

> 上在潜邸，独喜儒士，凡天下鸿才硕学，往往延聘，以备顾问。壬子岁，自漠北遣使来征公，见于日月山之帐殿，上方治兵征云南，因问："此行何如？"公对曰："昔梁襄王问孟子：'天下乌乎定？'孟子曰：'定于一。'襄王曰：'谁能一之？'孟子曰：'不嗜杀人者能一之。'

---

① 《元史》卷一百六十《徐世隆传》，中华书局1976年版，第3769页。

夫君人者，不嗜杀人，天下可定，况蕞尔之西南夷乎！"上曰："诚如威卿言，吾事济矣。"①

比较《元史》本传与《墓志》的记载，其中有两个不同的细节值得注意：一是《墓志》中言，徐世隆是"自漠北遣使来征公"，而《元史》中是"召见于日月山"。另一细节是《元史》中世祖曰"诚如卿言，吾事济矣"。《墓志》中说："诚如威卿言，吾事济矣。""威卿"是徐世隆的字，如果忽必烈称呼徐世隆的字，说明他们之间已经是非常熟悉的关系，如果是"卿"则是一般的称呼。根据史料推断，在这个时期，忽必烈对徐世隆并不熟悉，所以直接称其字的可能性不大。《墓志》中所言的"遣使征公"也不符合史实，他们之间的相遇，似乎出于偶然。在《元史》卷六十八的《志》第十九有一段记载，可以帮助厘清这一次相见的真相：

> 宪宗二年三月五日，命东平万户严忠济立局，制冠冕、法服、钟磬、笋簴、仪物肄习。五月十三日，召太常礼乐人赴日月山。八月七日，学士魏祥卿、徐世隆，郎中姚枢等，以乐工李明昌、许政、吴德、段楫、寇忠、杜延年、赵德等五十余人，见于行宫。帝问制作礼乐之始，世隆对曰："尧、舜之世，礼乐兴焉。"时明昌等各执钟、磬、笛、箫、麾、埙、巢笙，于帝前奏之。曲终，复合奏之，凡三终。十一日，始用登歌乐祀昊天上帝于日月山。祭毕，命驿送乐工还东平。②

从这段的记载可以知道从宪宗二年的五月至八月十一日之前，徐世隆是一直在日月山的。日月山是当时蒙古人祭天的地方，在首都和林之东偏北方向，日月山之南为宪宗蒙哥秋季驻地曲先脑儿。《元史·世祖本纪》载："（宪宗二年）夏六月，（忽必烈）入觐宪宗于曲先脑儿之地，奉命率师征云南。"由此可知，在宪宗二年的六月忽必烈与徐世隆是同时在日月山。徐世隆带着太常乐人"奉旨"去为蒙古朝廷的祭祀进行礼乐表演，而忽必烈是被宪宗召在

---

① （元）苏天爵辑撰：《元朝名臣事略》，姚景安点校，中华书局1996年版，第250页。
② 《元史》卷六十八《礼乐二》，中华书局1976年版，第1691—1962页。

廷中授旨率师去征云南。当忽必烈觐见皇兄来到曲先脑儿时，恰逢徐世隆也在此地，出征在即的忽必烈自然要召见徐世隆。因为此时忽必烈移驻漠南汉地已经一年，刘秉忠等人早已进入王府，东平的礼乐及东平府的重要人物，忽必烈早已熟知。期间忽必烈应该是观看了太常乐师的演出，《元史·张孔孙传》记载："时汴梁既下，太常乐师流寓东平，旧章缺落，止存《登歌》一章而已。世祖居潜邸，尝召乐师至日月山观之……"①《元史·张孔孙传》所传的此事，应与《元史·乐志》是同一时间的同一件事。所以此次相见并非是忽必烈"遣使来征公"，而是忽必烈与徐世隆相遇在日月山，忽必烈单独召见了徐世隆。另有一种可能性，就是徐世隆等人去蒙古朝廷中的演出，是忽必烈推荐给皇兄的，故而有"（世祖）自漠北遣使来征公，见于日月山之帐殿"的记载。可以明确的一点，徐世隆这次被召，并非是去服务于忽必烈王府的。

一般而言，神道碑是一个人盖棺定论后最早的记载，但不一定完全符合史实。神道碑在叙写个人的生平事迹时，有时出于对逝者的尊敬，会对其功绩、荣誉某些内容有夸大失实之词。如果徐世隆能够被忽必烈"遣使征公"，而且能够称其字"威卿"，自然是生命历程中值得荣耀的事情。但从史料的记载推断，《墓志》中的这两个细节可能有失实之处。可以肯定的是忽必烈虽然不曾专门遣使召见徐世隆，但在日月山单独召见徐世隆这是无疑的事实。忽必烈在接受了南征云南的使命后，在日月山单独召见了从东平而来的徐世隆。对于即将出征的忽必烈，对于曾经有着野蛮"屠城掠夺"的蒙古军队，徐世隆首先进谏"不嗜杀"。徐世隆与忽必烈这次谈话的内容，《墓志》评价："上既登极，每有征伐，必谕以不杀，于是四方未禀正朔之国，愿来臣属者，踵相蹑于道，十余年间，际天所覆，咸为一家，土宇之广，开辟以来未有也。不嗜杀人之效，其捷若此。然一言窹意，皆自公发之。"这种评价，显然也夸大了徐世隆这次谈话的作用。从成吉思汗开始，中原士子已经开始向蒙古统治者进谏"止杀"；徐世隆之前刘秉忠、姚枢等幕僚也有同样谏言的内容。言"皆自公发之"，是与事实不符的"溢美"之辞。不过正是

---

① 《元史》卷一百七十四《张孔孙传》，中华书局1976年版，第4067页。

有了徐世隆及许多忽必烈身边幕僚成员一次又一次"不嗜杀"的谏言,后来蒙古军攻占的许多城市免遭屠杀,徐世隆无疑是重要进谏者之一。此次见面后,忽必烈想留徐世隆在王府中,"既见,世祖欲留之,世隆以母老辞",世隆又回到了东平。"今参政商公由东平经历赴召北上,严侯遂令公代之"。徐世隆返回东平的第二年,忽必烈召商挺北上,徐世隆代替商挺,在东平府中立为幕长。

中统元年(1260),忽必烈即位后,徐世隆被拜为燕京宣抚使。期间,中书省下令要求诸路为禁卫饲养羸马,且数量很大,"数以千万计",要求提前准备好养马的器具。徐世隆认为:"国马牧于北方,往年无饲于南者。上新临天下,京畿根本地,烦扰之事,必不为之,马将不来。"徐世隆不曾准备任何养马的工具,身边的人为此担忧,认为"此军需也,其责不轻"。徐世隆回答:"责当我坐。"后来,马果然未到燕京。徐世隆果敢的拒绝,避免了对百姓的一次大骚扰。中统三年宣抚使罢后,徐世隆返回东平。

徐世隆一生最大的贡献是在礼乐文化的保存和整理。他返回东平后,严公上奏:"太常登歌乐,向圣主观于日月山,既而发还,今十余年矣。乞增宫悬大乐、文武二舞,令旧工教习,以备大祀。"于是皇上任命徐世隆为太常卿负责管理此事。至元六年,徐世隆上奏忽必烈曰:"陛下帝中国,当行中国事。事之大者,首惟祭祀,祭祀必有清庙。"并且把图纸一并奉上,忽必烈听从他的建议,命令有司按时兴建清庙。第二年,庙成。"遂迎祖宗神御,入藏太室,因奉安而大飨焉。"至元七年,徐世隆拜为礼部尚书,至元十七年召为翰林学士,以疾辞。至元二十二年(1285)卒,时年八十岁。

宋子贞(1186—1266),字周臣,号鸠水野人,潞州长子人。金末,家乡遭受战乱,宋子贞出走河南、河北等地,先在大名一带投靠了南宋的抗元将领彭义斌。彭义斌去世后,宋子贞率众归入东平行台严实幕府,为详议官,兼提举学校。蒙古军队攻占汴京时,"饥民北徙,饿殍盈道",宋子贞协助严实,"多方拯救,全活者万余人"。宋子贞不仅拯救人民生命,而且尽一切可能挽救和传承传统文化。在此期间他提倡庙学,帮助严氏兴办学校。元好问在《东平府新学记》中描写当时的实况:

> 子弟秀民备举选而食廪饩者余六十人在东序，隶教官梁栋；孔氏族姓之授章句者十有五人在西序，隶教官王磐。……以宿儒府参议宋子贞领之。故郓学视他郡国为独异。……八音洋洋，复盈于东人之耳。四方来观者皆大喜称叹，以为衣冠礼乐尽在是矣。①

宋子贞等人的办学，奠定了东平儒学教育的基础。在蒙元入主中原之际，中原传统文化在山东得到较好的保护。当时居潜邸的忽必烈对东平文化的兴盛就特别地关注。据《元史·乐志》卷六十八载：

> （宪宗）三年，时世祖居潜邸，命勾当东平府公事宋周臣兼领大乐礼官、乐工人等，常令肄习，仍令万户严忠济依已降旨存恤。六年夏五月，世祖以潜邸次滦州，下教命严忠济督宋周臣以所得礼乐旧人肄习，宜如故事勉行之，毋忽。冬十有一月，敕乐工老不堪任事者，以子孙代之，不足者，以他户补之。②

有学者据此段记录认为宋子贞在这个时间进入忽必烈潜邸，成为王府中的幕僚。分析这段文字，没有透露出宋子贞入王府的任何信息。仅是在宪宗三年时忽必烈命令宋子贞"兼领大乐礼官、乐工人等"。宪宗六年的时候，命令严忠济督促宋子贞让礼乐旧人（旧人：原金朝懂音乐的艺人）要继续练习礼乐，不要间断。这段记载，既没有忽必烈召见宋子贞的文字，也没有宋子贞觐见忽必烈的记载。

宋子贞觐见忽必烈应该是在忽必烈南伐之前。"岁己未，世祖南伐，召子贞至濮，问以方略"，宋子贞直言不讳地对忽必烈说："本朝威武有余，仁恩未洽。天下之民嗷嗷失依，所以拒命者，特畏死尔。若投降者不杀，胁从者勿治，则宋之百城，驰檄而下，太平之业，可指日而待也。"③忽必烈认可宋

---

① （元）元好问：《东平府新学记》，李修生主编：《全元文》第1册，江苏古籍出版社1999年版，第346页。
② 《元史》卷六十八《礼乐二》，中华书局1976年版，第1692页。
③ （元）苏天爵辑撰：《元朝名臣事略》，姚景安点校，中华书局1996年版，第202页。

子贞所言,"上善其言"。在东平府与宋子贞同时被召见的还有李昶,"夏五月,驻小濮州。征东平宋子贞、李昶,访问得失"(《元史·世祖本纪二》)。忽必烈召见宋子贞的原因在《宋子贞传》是"问以方略",在《世祖本纪》是"访问得失",两者应该是皆而有之。从后来李璮叛乱,《宋子贞传》载"寻上(忽必烈)以公知兵,诏参议军前行中书省事",可知宋子贞是精通军事的,所以忽必烈在南征前向宋子贞"问以方略"。潜邸时期的宋子贞,当属于临时参佐一类的角色,他并没有在王府中长久地停留。

忽必烈即位后,中统元年,授宋子贞为益都路宣抚使,拜右三部尚书。至元二年,拜翰林学士,参议中书省事,后又拜平章政事。李璮叛乱,宋子贞辅助史天泽平李璮之叛。平定判乱后,宋子贞向忽必烈上书陈十事,大略谓:"官爵,人主之柄,选法宜尽归吏部。律令,国之纪纲,宜早刊定。监司总统一路,用非其材,不厌人望,乞选公廉有才德者为之。今州县官相传以世,非法赋敛,民穷无告,宜迁转以革其弊。"①忽必烈采纳他的建议,命中书次第施行之。至元三年(1266),宋子贞以老致仕,病卒于家,年八十一岁。

李昶(1203—1289),字士都,东平须城人。李昶与父亲世弼、刘肃为同科进士。李昶自幼聪敏,六岁读书,十二三岁学程文"下笔为时辈所称"。李昶的父亲一直困于考场,三赴廷试而不中,志抑郁不乐,求再试。一日夜梦,自己在李彦榜下及第,问及同考之士未有李彦之名,于是改李昶名为李彦,父子同赴考场,时李昶十六岁。结果李昶为第二甲第二名,父亲为第三甲的第三名,时人比他们父子为汉代的刘歆、刘向。金正大三年(1226)为金尚书省掾。金亡,归乡里,严实一见李昶,"待遇加礼",委任东平行台的都事,此后凡严实入觐出征,李昶跟随左右。行台改为行军万户府时任李昶为知事。严忠济袭位后,升为万户经历。"东平大府,民繁事殷,公处赞画之任,图虑深远,未始依违苟从。"所议论、主张常与幕僚长宋子贞相合,后被严忠济尊位师长席,"躬率僚属,讲问经传,多所开益,鲁诸生执经受业者,前后非一"。元宪宗九年,忽必烈南征时,召李昶询问"治国用兵之要"。《元史》本传载:

---

① 《元史》卷一百五十九《宋子贞传》,中华书局1976年版,第3737页。

岁己未，世祖伐宋，次濮州，闻昶名，召见，问治国用兵之要。昶上疏：论治国，则以用贤、立法、赏罚、君道、务本、清源为对；论用兵，则以伐罪、救民、不嗜杀为对。世祖嘉纳之。明年，世祖即位，召至开平，访以国事，昶知无不言，眷遇益隆。①

中统元年，召至京师，二年以翰林侍读学士行东平路的总管同议官。其间，朝廷令老疾输赋，李昶上书省府："圣上即位之初，凡鳏寡废疾之人，命所在优恤。去岁省府常有榜谕，俾给粮收养。旬月之间，一予一夺，非所以示信于民也。"朝廷听从李昶上书，取消此项命令。一次世祖"尝燕处"，望见李昶到来，马上敛容说："李秀才至矣。"忽必烈对李昶如此之敬重，犹如唐太宗对魏徵。至元五年召为吏部尚书，"格品条式，选举礼文之事，多出公裁定"。至元六年，阿合马升制国用使司为尚书省，李昶请以老归。至元二十六年卒。《墓碑》评李昶："公资简重，后生小子，望之若莫可梯接，及前则温粹见于面。乐于诲诱，有所问，则叩竭终始，无所隐。"在家中，安坐一榻。书史满前，穷日夕而不厌。

贾居贞（1217—1280），字仲明，真定获鹿人。蒙古军攻破汴京时，贾居贞侍奉母亲居于天平。王恽在《中堂记事》中言其"资聪敏，有左氏学，通诸国译语"②。二十岁在东平府就任行台从事，"甫冠，为行台从事"。（《元史》本传）元宪宗六年，忽必烈命刘秉忠在桓州修建开平城时，贾居贞被召用，任监筑之职，入侍潜邸。"世祖在潜邸，知其贤，召用之，俾监筑上都城。讫事，以母丧归。"忽必烈潜邸时期，贾居贞在王府的主要贡献是帮助刘秉忠修建上都城，建城完工后，因母亲去世，返回丁母忧。

忽必烈即位，中统元年（1260），授中书左右司郎中。忽必烈在开平即位后，其弟阿里不哥也在漠北和林召开忽里台贵族会议，登上汗位。在忽必烈与阿里不哥的军事较量中，漠北的争夺是最为主要和迫切的。中统元年七月忽必烈亲自出征，在这次出征中，"汉人惟丞相史忠武公及公（贾居贞）

---

① 《元史》卷一百六十《李昶传》，中华书局 1976 年版，第 3762 页。
② 王恽：《中堂事记》上，文津阁《四库全书》别集类卷八十，第四〇一册，商务印书馆 2005 年影印，第 326 页。

二人者从"。征讨期间,每有空闲时间,贾居贞就为忽必烈讲解《资治通鉴》的内容,"从讨叛王度漠,有暇,犹为世祖陈说《资治通鉴》,纳君于善"。伯颜伐宋渡江自鄂州南下后,贾居贞以全行省事留鄂州。居贞在鄂州期间开仓赈济流民,宋室子孙流寓鄂州者,供饮食,不变其服,"驰湖荻禁,听民渔樵";通行宋朝的纸币,东南一些尚未攻下的州郡,其商人旅客留在鄂州的,发给运销货物凭证便于他们回去。免征商税,开放湖禁,造船一百数十艘,用水军驾驶,不扰百姓,征战期间百姓仍能安居。至元十四年,拜湖北宣慰使,次年升江西行省参知政事。离开鄂州时,"民素父母爱而神明敬之,号送其去,像事于学"。未到江西时,"先声至江西",百姓千里来迎,诉其困苦。当时江西到处散发着宋益王、卫王文帖,官府因此逮捕了许多收到文帖的人,牵连入狱的大户就有三百余家。居贞到任后,释放无辜,将宋"二王"的文帖投于水火中。大水毁民庐,居贞发廪赈之。南安李梓发叛乱,贾居贞担心其他将帅出兵扰民,自己亲率千人扎营于城北,而后发檄文推诚招怀,李梓发的部下闻居贞亲自来,众皆散还归乡,李梓发自焚。这次平乱,居贞"不戮一人,平南安归"。后都昌杜万一反叛,居贞遣兵"伪为商农",径到茇舍生擒杜万一,有人上书列举巨室姓名数百人,说他们与杜万一有联系。居贞说:"元恶诛矣,蔓延何为。"烧毁上告文牒。至元十七年,朝廷于江南造战舰,以再征日本,贾居贞极力反对,将要入朝奏罢其事,未行,因疾而逝于位,年六十三。《神道碑》评:"施诸用世,事世祖二十有一年。其居中当睿圣大有为之时,与二三元臣,上以毗赞其经国,下以燮熙其子民者,十有三年……俾方三数千里之氓,一喙同辞,称其仁人。"以"仁人"而赞贾居贞是得当之用词,鄂州之百姓、江西父老因贾居贞而存活者百千不止。

王磐(1202—1293),字文炳,号鹿庵,广平永年人(今属河北)。金正大年间,登进士第。"会东平总管严公兴学养士,虚师席迎致。公师道尊严,望之若莫可梯接,及即之温然和怿,随问随答……受业者常数十百人,往往为名士,居数年,东游齐,乐青社风土,遂有定居之志。"①关于王磐入

---

① (元)苏天爵辑撰:《元朝名臣事略》,姚景安点校,中华书局1996年版,第241页。

## 第四章　忽必烈潜邸幕僚形成途径之三：征召与依附

忽必烈王府的经历，《元史》、《元朝名臣事略》皆不见记载，但虞集所撰的《陈思济神道碑》明确写到了此事。"昔我世祖皇帝……方在潜邸，已得姚公枢公茂，许公衡仲平，杨公果正卿，商公挺孟卿，王公鹗百一，窦公默子声，王公磐文炳，徐公世隆威卿诸贤，置诸帷幄，尊礼而信任之。暨登极改元，则皆在辅相论思之列矣。"据此王磐应有在忽必烈即位前被征召入侍潜藩的经历，关于潜邸时的其他事迹，未见记载。中统元年，拜益都等路宣抚副使，不久告病辞去。李擅叛乱前，王磐有所察觉，脱身至济南，向忽必烈禀告此事。平定李擅之乱后，王磐被召拜翰林直学士，同修国史。后出为真定、顺德等路宣慰使，复入为翰林学士，迁太常卿，居翰林二十年，屡次请求致仕，未获准。年八十二，始遂所请，以资德大夫致仕，仍给半俸终身。辞行前，皇太子赐宴于圣安寺，公卿百官送至丽泽门外。以后每逢大臣燕见，"上数问公起居状"。至元三十年卒，年九十二。

忽必烈潜邸时期，从东平府征召的幕僚成员，从史料中可见的有宋子贞、徐世隆、王磐、李昶、商挺、刘肃、杨奂。在这些人中，只有商挺较长时间地居留在王府。宋子贞、李昶是忽必烈临时召见于濮州，徐世隆在日月山相遇时被召见，杨奂是治理关中时被任命宣抚司事，刘肃是治理邢台地区时被刘秉忠引荐为安抚副使，贾居贞是忽必烈命刘秉忠在桓州修建开平城时，被召用任监筑之职。宋子贞、李昶、徐世隆的被征召，正符合了狭义的"幕僚"定义。"幕僚"的本意就是将帅率领部队出征在野外搭起帐篷作为临时的指挥部，将帅自行招聘、选任僚属帮助处理军政事务。忽必烈即位前指挥的重要战役有两次，一次是征大理，一次是征南宋。征大理前于日月山临时召见了徐世隆；征南宋时，在濮州设立了临时军前幕府征召了宋子贞、李昶。他们的被召是非常明确地直接服务于军事决策，符合幕僚的本来意义。而且在忽必烈即位的当初，很快被任用，给予重要的职位。宋子贞在中统元年，授为益都路宣抚使，拜右三部尚书；李昶也在中统元年，召至京师，以翰林侍读学士行东平路的总管同议官；徐世隆在中统元年，被拜为燕京宣抚使。忽必烈即位时，这些人很快被重用，正是因为潜邸工作的经历取得了忽必烈的高度信任与认可。由此把东平府的被征者虽未长久服务于忽必烈王府也归入忽必烈潜邸幕僚成员中。元人虞集所撰的《陈思济神道碑》写道："昔我世祖皇帝……方在潜邸，已得姚公枢公茂，许公衡仲平，杨公果正卿，商公挺孟卿，王公鹗百一，窦公默子声，王公磐文炳，徐公世隆威卿诸贤，置诸帷幄，尊礼而信任之。暨登极改元，则皆在辅相论思之列矣。"在此记载，虞集把许衡、王鹗、王磐，徐世隆等这类临时征召者与姚枢、窦默等长期服务于王府的人相并列，视为忽必烈潜邸帷幄中的人。

东平府所培养的人才，在忽必烈潜邸时期做出了一定的贡献，忽必烈即位后，在元初的政坛上，东平人的贡献尤为突出。仅从翰林院的任职情况，就可以反映出东平府为元初政坛输送了大量的文化要人。翰林院是中央政府中枢机构之一，负责拟旨、修史、制典顾问，一般总是有很高文化修养的人，同时受皇上尊宠者才得以任职。元朝自至元元年正式设立翰林院，其内部机构屡经变更调整，但东平大量人士总能适应变化，保持供职翰林的连续性。王磐、徐世隆、李谦、孟棋、阎复、李之绍、曹伯启、信世昌、张孔孙、王构以及徐琰、申屠致远、夹谷之奇等东平府不下十数人先后在翰林院任承旨、学士等职。著名文学家袁桷曾大为感叹道：

> 朝廷清望官曰翰林院，曰国子监，职诰令，授经籍，必遴选焉。始命，独东平之士什居六七。或曰："洙泗，先圣之遗泽也，诚宜然。"又曰："其浸汪洋渟伏，昔东诸侯阐兴文儒，飞矣交集，弦歌之声不辍于黉序，有自来矣。"桷向为翰林属，所与交多东平（人），他郡者仅二三焉，若南士则犹夫稀米矣。士乐得所依，连蕞以进，各以其所向，上有以挽之，下有以承之，势使之然也。①

东平府的严氏父子先后在东平经营五十年，为元朝文化的繁荣做出了独特的贡献。此后，东平文化圈将这种健劲的势头一直保持到元朝中后期。

---

① （元）袁桷：《送程士安官南康序》，李修生主编：《全元文》第 23 册，江苏古籍出版社 2001 年版，第 210 页。

## 第二节 真定府被征召者

真定府的史天泽也是金末元初的大世侯之一。史天泽所管辖的地区主要是原金朝在河北地区东、西二路。成吉思汗八年（1213），蒙古太师木华黎攻河北，史秉直（史天泽之父）率子弟数千口投降木华黎。木华黎命史秉直管领降人家属，屯霸州。史秉直长子史天倪分为千户，随木华黎征战中原，成吉思汗十五年，受命还军真定。金朝真定守将武仙降蒙后，史天倪就任河北西路的兵马都元帅行府事，武仙为副帅。成吉思汗二十年，武仙反叛，史天倪被杀害，其弟史天泽（1202—1275）袭兄职任元帅，在蒙古军和周围世侯的帮助下驱走武仙，完全占领了真定。窝阔台即位，依蒙古制度改组汉军，史天泽被分为万户，史氏当时占有真定路十一州，三十余城。宪宗二年，史天泽又得到卫州五城为分邑，任其子史格为节度使治之。史氏是汉人世侯中唯一得到正式分邑的人。直到至元元年忽必烈废除世侯制，史氏镇守真定地区长达四十余年。

史家素有兴学养士的美名，史天泽的曾祖史伦，因筑室发土而得金，从此开始富有。在金末战乱中史伦建家塾、召儒士，并出钱为被掳为奴的士族赎身，士人争相归附。其祖父史成珪"倜傥有父风，遭乱，盗贼四起，乃悉散其家财，唯存廪粟而已"。父亲史秉直"读书尚气义"，北京路任职时，任用被士人誉为"先达"的崔铉为行六部郎中。兄长史天倪的府中养有文人幕僚王缙、参谋王守道等人。史天泽袭元帅位为万户后，继承祖上的家风，更加注意搜罗人才。所以当时有很多名士依于史氏门下，在府中担任职务。世业儒的沧州人王昌龄受到史天泽的赏识，署为万户府参议。高唐人赵安世，金贞祐二年（1214）词赋进士，北渡后，任万户府详议官。浑源人雷膺，戊戌试中选，被辟为万户府掌书记。此外有李大节、刘汝翼、周惠、张德辉等。不仅史天泽延揽儒士，他的一些幕僚和属下长官也热心收罗名士。王昌龄余暇阅史书，接文士。徒单公履、曹居一等名士都来投靠他。在史天泽及其幕僚的多方延致下，真定"盖为文士之渊源，儒者之薮泽，鸿才硕德，耀如月星者□□于此"①。史天泽对一些流寓真定的名士若"王滹南（若虚）、元遗山（好问）、李敬斋（冶）、白枢判（华）、曹南湖（居一）、刘房山（伯熙）、段继昌、徒单颙轩（公履），为料其生理，宾礼甚厚。暇则与之讲究经史，推明治道"。他们被史天泽作为清客，留养在真定，史天泽与他们之间处于亦宾亦友的关系。寓居真定的名士段绍先曾为史天泽的叔父史进撰《神道碑》，为史天泽的父亲写《行状》。

宪宗窝阔台八年，真定成为忽必烈之母唆鲁禾帖尼的分邑，真定府开始和忽必烈家族有了密切联系。据《元史》卷二《太宗本纪》载：八年丙申秋七月，"诏以真定民户奉太后汤沐，中原诸州民户分赐诸王、贵戚、斡鲁朵……"真定府因为是忽必烈母亲的汤沐地，所以忽必烈自然对此地有更多的熟悉与了解，当他开始组织潜邸幕僚时，真定府成为忽必烈征召谋臣的重要地方。

忽必烈从真定府招纳的幕僚成员可考者有张德辉、李冶、张礎、周惠。

张德辉（1195—1274），字耀卿，号颐斋，冀宁交城人。少年力学，金时声闻科场，四赴廷试，后试补御史台掾史。宪宗五年汴梁破后，北渡侨居在成安县，史天泽闻其名，聘为经历官。七年随史天泽南征，南征期间军中的筹划调度，多出于张德辉。南征返回后，张德辉兼提领真定府事，后升为真定府参议，协助史天泽处理整个路总府的工作，在府中做了"多所裨益"的工作，"由是声望隆于诸镇，而上达于阙廷矣"。②"上在王邸，岁丁未（1247），遣使来召。"《行状》中记载了忽必烈与张德辉首次相见时谈话的具体内容：

> 既见，王从容问曰："孔子没已久，今其性安在？"（张德辉）对曰："圣人与天地终始，无所往而不在。王能行圣人之道，即为圣人，性固在此帐殿中矣。"王曰："或云辽以释废，金以儒亡，有诸？"对曰："辽事臣未周知，金季乃所亲睹，宰执中虽用一二儒臣，余则武弁

---

① 段绍先：《义州节度使行北京路兵马都元帅史公神道之碑》，李修生主编：《全元文》第22册，江苏古籍出版社2001年版，第266页。
② （元）苏天爵辑撰：《元朝名臣事略》，姚景安点校，中华书局1996年版，第206页。

世爵,若论军国大计,又皆不预,其内外杂职,以儒进者三十之一,不过阅簿书,听讼理财而已。国之存亡,自有任其责者,儒何咎焉!"王悦,乃询以"祖宗法度具在,而未施设者甚多,将若之何?"公指御前银盘曰:"创业之主,如制此器,精选白金,良匠规而成之,畀付后人,传之无穷。今当求谨厚者司掌,乃永为宝用。否则不惟缺坏,恐有窃之而去者。"王良久曰:"此正吾心所不忘也。"①

张德辉与忽必烈的这段对话与一般谈论"圣人之道"的理论不同,而是很具体地针对当时的现实问题进行的一次"答辩"。北国游牧统治者向来不重视儒士在治国中的作用,用儒士也仅仅看重的是料理"钱谷"之事,或者文书工作。而对于军国大计,很少问及,甚至有人持儒者议论误国的偏见,因而忽必烈问"金以儒亡"的问题。忽必烈的此问,大概是当时流行的说法。张德辉客观可信地分析了儒者在亡金中所占的位置,并用金朝任用儒者在朝廷中所占的具体数字的比例解释金亡不在于儒,而"自有任其责者"。张德辉阐述的更为重要的观点是用儒者未必会亡国,而不用儒者必将亡国。创业者必须有"良匠"为之规划,否则天下不仅不可传,而且将会被别人"窃之而去"。如何得到天下、治理天下也正是忽必烈所关心的。张德辉通过与忽必烈的对话在宣扬儒家治国理念、期望忽必烈重用儒士的同时,还有着具体的明确的目的,就是期望忽必烈能够接受和重视具体的尊孔祭孔仪式。张德辉在王府的第二年春天,行释奠礼②于王庭。王曰:"孔子庙食之礼何居?"对曰:"孔子万代王者师,有国者尊之,则严其庙貌,修其时祀。其崇与否于圣人无所损益,但以见时君崇儒重道之心何如耳。"王曰:"自今而后,此礼勿废。"③张德辉对话是非常机智的,尊孔与否,对圣贤无所损益,但这种形式是检验时君是否崇儒重道的重要标志。三年前,王鹗曾在王庭举行过一次释奠礼,当时忽必烈就给予积极配合。经张德辉解释后,忽必烈决

---

① (元)苏天爵辑撰:《元朝名臣事略》,姚景安点校,中华书局1996年版,第206页。
② 释奠礼:原为古代学校的祭祀典礼,荀子《礼论》把"礼"最核心的内容归结为"天地"、"先祖"、"君师"三项,释奠属于"三礼"中的"君师"之礼。释奠礼就是设荐俎馔酌而祭,每年春、秋举行两次。此前,1244年王鹗就在忽必烈王府中举行过一次释奠礼。
③ (元)苏天爵辑撰:《元朝名臣事略》,姚景安点校,中华书局1996年版,第206页。

定:"自今而后,此礼勿废。"

张德辉所写的《岭北纪行》详细记载了他这次应召的经过。从文中所记录的时间,张德辉这次在王庭中停留了十个多月:"岁丁未夏六月初吉,赴召北上……仆自始至迨归,游于王庭者凡十阅月。"从《纪行》所写的内容看,张德辉在王庭度过的时日是非常愉悦的。张德辉开始时是抱着"速去速回"的心理,在去的路上,看到雨过天速晴时,与同行的人说此是好征兆,"吾辈此行,其速返乎"。但被忽必烈召见之后,他从心理到情感上认可了这位漠北王子。"仆自始至迨归,游于王庭者凡十阅月。每遇燕见,必以礼接之,至于供帐、衾褥、衣服、饮食、药饵,无一不致其曲,则眷顾之诚可知矣。自度衰朽不才,其何以得此哉?原王之意,出于好善而忘势,为吾夫子之道而设,抑欲以致天下之贤士也?德辉何足以当之?后必有贤于隗者至焉。"① 张德辉对忽必烈礼遇的感念之情溢于言表。当忽必烈访问到中原人才时,张德辉向忽必烈举荐了魏璠、元好问、李治等二十余人。张德辉离开王庭将要返回时,再次举荐了白文举、郑显之、赵元德、李进之、高鸣、李槃、李涛数人。张德辉由于此次在王府中愉快的经历,五年后他与元好问再次北上,面见忽必烈,请忽必烈为儒教大宗师,"王悦而受之"。同时上奏为儒士争取"蠲免兵赋的权力",王为此降旨。显然,张德辉、元好问把忽必烈视为蒙古统治者中能够保护儒士的重要人物。此前,在窝阔台汗时期,癸巳年四月,元好问就向耶律楚材写信《寄中书耶律公书》,开列了亡金的著名学者、贤达人才五十四人,恳请耶律楚材加以保护。忽必烈即位,张德辉被任命为河东宣抚使,迁东平路宣慰使。任职两年后,考绩为十路之最。至元三年,参议中书省事。至元十一年卒,年八十。

李治(1192—1279),字仁卿,号敬斋,真定栾城人。关于李治的名字,《元朝名臣事略》、《元史本传》、《永乐大典》、《四库全书总目》称为李治。柯劭忞在《新元史》中说李冶本名治,后改成冶。缪荃孙《藕香零拾》中为这种说法提出三条佐证:首先元代王恽的《中堂记事》中有"李治,授翰林学士,知制诰,同修国史"的记载,与李治的经历相吻合。其次,元好问的

---

① (元)张德辉:《岭北纪行》,李修生主编:《全元文》第22册,江苏古籍出版社2001年版,第292页。

《金故少中大夫程震墓碑》中由李冶题额，上面刻的是李治而不是李冶。其三，元好问在为李治父亲写的墓志铭上写其三个儿子的名字，分别是李澈、李滋、李治。按照汉人起名的习惯，李治作为三兄弟之一，姓名也应该是带水的。元好问为其父写的《李通传》也写的是子治，字仁卿。故此用李治的原名。

李治是金正大七年（1230）词赋进士，曾任钧州知事官。蒙古军破钧州城后，李治微服北上，流落在忻州、崞县（山西宁武、原平）一带。经过一段时间的颠沛流离的生活后，在崞县铜川定居下来。在定居铜川的这段时间里，他潜心于自己喜欢的数学研究。李治是一位数学奇才，他与杨辉、秦九韶、朱世杰并称为"宋元数学四大家"。贵由汗二年，完成了他的数学名著《测圆海镜》，元宪宗九年又完成了《益古演段》。这两本数学著作，在中国数学史上具有重要意义。李治在《益古演段·自序》中曾表达自己的数学观念："术数虽居六艺之末，而施之人事，则最为切务。故古之博雅君子马、郑之流，未有不研精于此者也。"进一步把数与礼、乐做比较："由技兼于事者言之，夷之礼，夔之乐，亦不免为一技；由技进乎道者言之，石之斤，扁之轮，非圣人之所与乎？"

约在元宪宗元年，李治结束了在山西的避难生活，回真定元氏县封龙山定居，期间受史氏的宾礼甚厚。他在北宋李通读书堂的故基上建起封龙书院，收徒讲学，常与元好问、张德辉一起游封龙山，被称为"龙山三老"。元好问与李治交往甚密，李治的父亲去世后，元好问为其撰写墓碑。《墓碑》曰："某窃自念言：自南渡以来，登先生门者十年。先生不鄙其愚幼不肖，与之考论文艺，商略古昔人物之流品……"元好问曾向李治的父亲学习。李治与元好问互有酬唱作品《雁丘词》。丁巳年五月（1257），"世祖在潜邸，闻其贤，遣使召之"[①]，忽必烈派董文用专程去请李治，并说："素闻仁卿学赡才优，潜德不耀，久欲一见之，切毋它辞。"李治到达王庭后，忽必烈向李治询问："河南居官者谁最贤？""天下当何以治之？"均为现实具体的问题。当忽必烈询问到人才问题时，李治借此机会向世祖推荐了一批贤才：

---

① 《元史》卷一百六十《李治传》，中华书局 1976 年版，第 3759 页。

> 天下未尝乏材，求则得之，舍则失之，理势然耳。且今之儒生如魏璠、王鹗、李献卿、兰光庭、赵复、郝经、王博文辈，皆可用之材，又皆贤王之所素知，已尝聘问者也。举而用之，何所不可，但恐用之不尽耳。夫四海之内，曷止此数子哉！诚能广延于外，将见云集辐凑于朝廷矣。①

从这段对话中可知，在忽必烈召见过的人中，一部分人是不曾"举用"的。其中的原因，有些人可能是忽必烈并不欣赏，虽然忽必烈用人观念在逐渐改变，但从根本上他还是更喜欢具有实用技能的人。从他对大理学家许衡与大文学家元好问的态度，可以看出他对理论方面的饱学之士与诗文才学之士并不很重用，他可能真不知道用"这类人"做什么事情。此外，忽必烈在潜邸为封王时，还不能够任意聘用天下良才，从他召用张礎后，阿里不哥认为张礎是自己封地的人，忽必烈应该还张礎于他。由此可见，在其他封王地方的人，忽必烈的征召是受一定限制的。

当忽必烈向李治询问到地震发生的原因时，李治借此表达了自己的政治见解。他向忽必烈解释地震的原因："天裂为阳不足，地动为阴有余。地道阴也，阴太盛则变常矣。今之震动，或奸邪在侧，或女谒盛行，或馋慝弘多，或刑狱失中，或征伐骤举，五者必有一于此矣。……辨奸邪、去女谒、屏馋慝、减刑狱、止征伐，上当天心，下合人意，则可变咎证为休征矣。"②李治明显地是借题发挥，而且用一种蒙古王子可以接受的方式，提出蒙古统治者在统治方面的缺失。世祖对李治的话是"嘉纳之"。李治后来把自己与忽必烈的对话整理为《王庭问对》。忽必烈即位后，于至元二年召李治为翰林学士知制诰同修国史，一年后以老病为由辞职，之后一直在封龙山下讲学著书。直到至元十六年去世。

李治是真定人，又曾被真定史帅作为清客留养，故归类在真定府中被征召的人。

张礎（1231—1294），字可用，渤海人。其父张范，为真定劝农官，因

---

① （元）苏天爵辑撰：《元朝名臣事略》，姚景安点校，中华书局1996年版，第261页。
② （元）苏天爵辑撰：《元朝名臣事略》，姚景安点校，中华书局1996年版，第262页。

此定居真定。张氏世代业儒，元宪宗六年，由平章廉希宪推荐入世祖潜邸。《元史·张础传》载"丙辰岁，平章廉希宪荐于世祖潜邸"。真定原属于忽必烈之母唆鲁禾帖尼的分邑，其后由其幼子阿里不哥继承。所以在《元史》本传中有忽必烈与阿里不哥争夺张础的记载：

> 时真定为诸王阿里不哥分地，阿里不哥以础不附己，衔之，遣使言于世祖曰："张础，我分地中人，当以归我。"世祖命使者复曰："兄弟至亲，宁有彼此之间，且我方有事于宋，如础者，实所倚任，待天下平定，当遣还也。"己未，从世祖伐宋，凡征发军旅文檄，悉出其手。①

从这段记载，反映出两个事实：一是分地所在的人是属于分地主人所用，忽必烈以所谓"兄弟至亲，不分彼此"，以及我"方有事于宋"为推脱之词，此后正是他们"兄弟至亲"之间开始了争夺皇位的战争。反映的另一事实，是蒙古统治诸王之间，也在争夺人才，他们都已经明白得到汉人中有才干之人的重要性。由此也可以明白，在被忽必烈征召过的一些人中，有的未曾被起用，大概是因客观条件的限制。忽必烈在潜邸时作为封王，并没有权力征聘全天下的人。后来忽必烈也并未还张础于阿里不哥，而是一直服务在忽必烈王府。忽必烈即位后，中统元年张础为平阳路同知转运使。至元十四年为江南浙西道提刑按察副使，迁岭南广西道提刑按察使，拜国子祭酒，寻出为安丰路总管。至元三十一年卒于官，年六十三。

周惠，字德甫，隰州人。周惠的生平《元史》无载。在《山西通志》载："周惠字德辅，为江淮都转运使，先为真定等处参谋。"② 由此条记载，可知周惠早年在真定府做过参谋类的工作。因此把他归为从真定府入潜邸的幕僚成员。在《元令旨五道石刻》中载周惠曾经传第四道世祖的令旨给李俊民："又甲寅年七月二十日，宣差周惠德复赍到令旨，泽州庄靖先生呈本州见有进修学业刘璋、张贤、张大椿、中天祐等，乞劝奖事、准呈。"③ 说明在甲寅

---

① 《元史》卷一百六十七《张础传》，中华书局1976年版，第3929页。
② 觉罗石麟、储大文编：《山西通志》，雍正版卷一三五，中华书局2006年版，第3451页。
③ 《元令旨五道石刻》，转引自《凤台县志》点校本，卷十九，三晋出版社2011年版，第510页。

年（1254）周惠已经入潜邸，是较早服务于潜邸的幕僚成员。周惠曾为淇州（辖境相当于今淇县、浚县、林县临淇一带）的知州，在任期间，任贤能、缉盗贼、建仓库、立集市。百姓耕牛和田器不能自置者，由官府供给。经五年努力，淇境社会井然，农业丰收，商业繁荣，淇人感其德，在城内西北隅建"周府君祠"祭祀。王恽《秋涧集》载："（周惠）慷慨有大志，早贵幸，乐与贤士夫游，终江淮都转运使。"王恽所言的"早贵幸"或许就是指早年被忽必烈重用。忽必烈即位后，授江淮都转运使。

本节考述的四人中，张礎、周惠推荐入王府后，一直居在潜邸，长期服务于王府。张德辉与李冶只是短暂的停留。但他们都在不同程度地在潜邸时期为王府做出了贡献。

## 第三节　顺天府被征召者

成吉思汗十年五月，金帝自中都（今北京）南迁汴京后，河北大乱。易州人张柔（1190—1268）聚宗族数千家，聚集在西山东流寨，选壮士集结队伍用以自卫。这支队伍逐渐壮大，形成一股远近闻名的地方势力，"远近惮之，莫敢犯"。金宣宗封张柔为中都留守，兼大兴府尹、本路经略使，行元帅事。成吉思汗十三年（1218），木华黎率军南进时，"马蹶被执"，遂帅众以降，木华黎仍受张柔旧职。成吉思汗二十年，授行军千户、保州等处都元帅。二十二年，张柔由满城移镇到保州。窝阔台汗六年灭金后，升为万户。张柔在顺天，"披荆棘、立城市、完保聚、辟田野、复官府、举典制，摧伏强梗，拊存单弱，使暴骸之场重为乐国"①。张柔使顺天境内的经济得以恢复，社会秩序得以重建。张柔不仅注重经济及社会秩序的建设，而且特别注重对历史文化遗产的保护。窝阔台汗五年正月，金帝奔归德（今河南商丘），崔立以汴京降，张柔等将领进入汴京城，"诸将争取金缯"，张柔于金帛一无所取，独入史馆，取走《金实录》并秘府图书。元好问在保州寄居时多次向张

---

① （元）元好问：《顺天万户张公勋德第二碑》，李修生主编：《全元文》第1册，江苏古籍出版社1999年版，第591页。

柔借抄《金实录》。中统二年，张柔献《金实录》于朝廷。

张柔"性喜宾客，闲暇辄延引士大夫与之言笑谈论，终日不倦。岁时赡给，或随其器能任使之"①。顺天又为"燕南的大都会"，与政治、文化中心燕京距离很近，深得地利之便，亡金名士多流寓于此。灭金后，张柔率军攻宋，顺天的日常事务由左副元帅贾辅（1192—1254）负责。"汴梁亡，朝省名士五十余人会于保下"，贾辅对居留在此的名士，"皆厚为资给，尽礼延待，擢其英俊而加任使，其耆德则事之。由是四方贤士，翕然来归，冠佩蔼然，有平原、稷下之盛"②。贾辅在战乱中，曾收集了大量的书籍，"始贮室，室则盈，贮于堂，堂则溢，乃作楼藏之。楼既成，尽以帙卷置其上，而为之第，别而为九。六经则居上上，尊经也；传注则居上中……"③对于读书人而言，战乱中能有这样一个藏书丰富的地方，自然是很有吸引力的。名士郝经拥有此楼的钥匙，"恣其搜览"。在战乱中张柔、贾辅对文人、文化遗产极尽所能予以保护，对挽救中原文化免于毁灭富有一种历史使命感。居留在顺天府的名士，吸引了忽必烈的注意，忽必烈从顺天府征召了金状元王鹗与名士郝经。

王鹗（1190—1273），字百一，曹州东明人（今山东东明县）。金哀宗正大元年（1224）中状元，登辞赋第一甲第一名。授翰林应奉，任职于归德、汝阳等地，累迁尚书省郎中。金哀宗天兴三年（1234），蒙古军攻破蔡州，王鹗被俘，万户张柔闻其名，救之，纳为幕僚，馆于保州。王鹗在张柔幕府中住了十余年。1244年冬，忽必烈遣赵璧、许国祯聘王鹗于保州。这一年正是《元史·世祖本纪》中所记载的忽必烈"思大有为于天下"的一年。"岁甲辰（1244），帝在潜邸，思大有为于天下，延藩府旧臣及四方文学之士，问以治道。"忽必烈开始招聘人才，首先想到的是金朝状元，这是合乎常理的。王鹗"自以亡国羁臣，义不可再仕，辞疾者久之"，但"已而就道"④。忽

---

① （元）王磐：《蔡国公神道碑》，李修生主编：《全元文》第 2 册，江苏古籍出版社 1999 年版，第 270 页。
② （元）郝经：《左副元帅祁阳贾侯神道碑铭并序》，《郝经集校勘笺注》第十三册，田同旭校注，三晋出版社 2018 年版，第 2874 页。
③ （元）郝经：《万卷楼记》，《郝经集校勘笺注》第九册，田同旭校注，三晋出版社 2018 年版，第 1906 页。
④ （元）苏天爵辑撰：《元朝名臣事略》，姚景安点校，中华书局 1996 年版，第 238 页。

必烈一见王鹗甚喜,"呼状元而不名。朝夕接见,问对非一,凡圣经所谓修身齐家、治国平天下之道,无不陈于前,上为耸动"。忽必烈听王鹗讲《孝经》、《书》、《易》,儒家齐家治国之道,古今事物之变,"每夜分,乃罢"。尝谕公曰:"我今虽未能即行,安知它日不能行之耶!"王鹗北行时,画家马云汉赠他一幅宣圣画像。王鹗到达王庭时,适逢秋丁(农历八月上旬丁日)孔子的祭日,王鹗向忽必烈奏请举行释奠礼。忽必烈非常愉悦地接受并参加了这一仪式,"自是春秋二仲岁以为常。主上所以尊师重道者,实公启之"。王鹗是在甲辰冬觐见的忽必烈,此时汉儒士进入忽必烈王府的人还很少,忽必烈懂得"尊师重道"是受王鹗启发。王鹗在王府中停留二载后,返回故里。忽必烈"赐以马,仍命近侍阔阔、柴祯等五人从之学。继命徙居大都,赐宅一所",恩遇非常。庚戌(1250)春,宪宗将任以政,公力辞而还。忽必烈即位,建元中统,授王鹗为翰林学士承旨,当时的制度典章多由其裁定。至元元年(1264),加资善大夫。王鹗建议修国史,并设立翰林学士院,奏曰:"自古帝王得失兴废,班班可考者,以有史在。我国家以威武定四方,天戈所临,罔不臣属,皆太祖庙谟雄断所致,若不乘时纪录,窃恐岁久渐至遗忘。《金实录》尚存,善政颇多,辽史散逸,尤为未备。宁可亡人之国,不可亡人之史。若史馆不立,后世亦不知有今日。"[①]王鹗的建议,得到世祖的采纳,命修国史,附修辽金二史。至元五年致仕。十年卒,年八十四,谥"文康"。

郝经(1223—1275),字伯常,泽州陵川人(今山西晋城陵川)。郝家世代业儒,教授乡里。即使在战乱时期,郝家亦不曾放弃对后人的培养。为避战乱,在郝经十岁时,郝氏一家,北渡居于顺天。定居顺天后的第二年,郝经开始读书。"昼理家务,少隙则执书不辍。"郝经《先妣行状》:"于是命经就学,欲其先经也,乃命之曰经。经亦感奋,以夜继日,或冠衣不释,如是者有年。"戊戌年开考,郝经的父亲郝静直先生向寺僧张仲安借屋于铁佛寺,得其南堂,聚童子而教之,以佐生业。郝经随父开始读书于铁佛寺,在铁佛寺苦学五年,声名渐起。五年后,顺天府左副元帅贾辅闻其名,请郝经

---

① (元)苏天爵辑撰:《元朝名臣事略》,姚景安点校,中华书局1996年版,第239页。

入府设馆,教授诸子。郝经在贾侯府中为馆客七年。在这七年里,郝经的生活是稳定的。他潜心读书教学,为他以后的学术研究打下了坚实的基础。贾府把自己家书楼的钥匙交予郝经,郝经可以"恣其搜览"。郝经在《万卷楼记》中叙述了自己感激的心情:

> 侯(贾辅)既贮书于楼,谓其将佐曰:"昔蔡中郎书籍畀之王粲,而粲卒名于世。今吾之书若是,不有所畀,适足以为蠹鱼之食,不免堕檐之讥矣。吾闻郝氏子嗜书力学,吾将畀之,鞅掌之隙,亦得窃听焉。"
> 
> 时经寓居铁佛寺之南堂,坐彻明者五年矣。以书币邀致其府,于楼之侧筑堂曰"中和",尽以楼之书见付,使肆其观览。侯则时令讲解一编。辄曰:"吾之书有归矣。吾不为书肆矣。向吾之书贮于楼中,今则贮子之腹中。向者大圣人之道布于方策,今则布诸子之心矣。子则摛光揭耀,俾吾之书用于世,以济斯民,则子之腹乃万世之府也。不然,则亦蠹鱼之穴,堕檐之楼尔。子其勉之!"
> 
> 经再拜,谢其不克负荷,每为流涕感刻曰:"经举家之盎缶不能购一经,故每区区晨夜,叩人之门,籍书以为学。今侯以数十年之勤,数万卷之多,尽以见畀,虽侯之盛意,岂非天邪?如怠忽自弃,以多书而不能如无书之初心,业不能勤,而卒无有成,则非负侯,是负天也,复何以立于世哉!"①

郝经居于"中堂",读书于"万卷楼"。对于一个喜好读书的人,能够自由地就读于一座拥有"不啻万而曰万"的书楼,其心中的满足感是不言而喻的。"公乃大足平生之愿,卒成伟世之器。厥后,张(张柔)贾(贾辅)子孙,皆为将相名臣,以显于世。"(苟宗道《翰林侍读学士国信使郝公行状》)从这段文字的记叙,可以明白为何许多文人学士愿意依附于当时的世侯门下。这些世侯满足文人的绝不仅仅是衣食之需,更为重要的是这些世侯懂得并尽可能地满足于士人的精神所需,尤其是他们能够懂得和重视士人的价值。汉

---

① (元)郝经:《万卷楼记》,《郝经集校勘笺注》第九册,田同旭校注,三晋出版社2018年版,第1907页。

人世侯所重视文人的价值不仅仅是"钱谷之能",或文墨类吏牍工作,而更看重其传道、教育之功效。贾侯能够意识到自己的书通过郝经而"用于世,以济斯民"。世侯这种对文化的挽救与重视,与当时许多文人的愿望相一致。他们聘用硕儒教育自己的子孙,希望自己的子孙受到最好的教育;而儒士由此可以传道授业,在元初这样一个特殊的时代,通过口耳相传,文化得以传承。贾侯认为自己所能做的是"向者大圣人之道布于方策,今则布诸子之心矣"。这正是贾侯与郝经愿望的一致之处。后来顺天府元帅张柔闻郝经之名,礼请设馆于帅府,在贾府中设馆授诸子学。

在贾、张二府设馆期间,郝经得遇大文豪元好问。元好问曾从学于郝经的祖父郝天挺,六年业成,名震京师。"初,遗山元先生学于公之大父,乱后往来燕赵间,一见公,奇之曰:'吾子状类先生,才识间出,家世渊源,有所积而然也。'遂相与论作诗作文法,复勉公以百世远大之业。"① 在这段时间,郝经遇到的另一位重要人物是赵复。赵复(1200—1277),德安人,南宋著名的理学家。蒙古太宗攻下德安,屠城之际,赵复一家遇难。赵复本想投水自杀,被汉将杨惟中搭救,后随姚枢北上。赵复北上后曾有一段时间逗留在顺天府,并与郝经住在一起。当时的郝经只有二十五岁,还是一个年轻人,而赵复已经四十八岁,近"知命"之年。赵复对郝经十分赏识,"江汉赵先生爱公文笔雄赡,练达性理,谓之曰:'江左为学读书如伯常者甚多,然似吾伯常挺然一气立于天地之间者,盖亦鲜矣。'"② 在赵复离开顺天府时,郝经写了《送汉上赵先生序》。从文中可以看出赵复当时对"被俘北上",心情还处在悲切的状态。郝经写了有关变与常、穷与达的一段话送赵复:

> 虽然,穷乎此而达乎彼,果穷也耶?先生尚蹈夫常矣,而未蹈夫变也;尝行夫一国矣,而未行乎天下也。天其或者欲由常以达变,由一国以达天下欤?昔之所睹者,江、汉、荆、衡而已。今也仰嵩高,瞻

---

① (元)荀宗道:《翰林侍读学士国信使郝公行状》,《郝经集校勘笺注》第十五册,田同旭校注,三晋出版社2018年版,第3355页。

② (元)荀宗道:《翰林侍读学士国信使郝公行状》,《郝经集校勘笺注》第十五册,田同旭校注,三晋出版社2018年版,第3355页。

太华,涉大河之惊流,视中原之雄浸,太行恒碣,脊横天下。昔之所游者,荆吴闽越而已。今也历汴洛,睨关陕,越晋卫,观华夏之故墟,睹山川之形势,见唐、虞、三代建邦立极之制,齐鲁圣人礼义之风,接恒岱之旷直,激燕赵之雄劲。昔之所学者,富一身而已。今也传正脉于异俗,衍正学于异域,指吾民心术之迁,开吾民耳目之蔽,削芜漫,断邪枉,破昏塞,俾《六经》之义、圣人之道焕如日星,沛如河海,巍如泰华,充溢旁魄,大放于北方。如是,则先生之道非穷也,达也。①

这既是郝经对赵复当时心情的劝慰语,更是动乱时代郝经自己对国家、民族、天下及个人穷达的独到的思考与看法。郝经认为赵复被俘北上,来到异俗,在目下的境遇也许是"穷";然而由南方一隅之地,到能够游览天下,更重要的是赵复可以传理学于北方,如此赵复此行并不为穷,或者可以视为"达"。在此郝经把"天下"与"国家"两个概念的不同意义阐释得很明白,他超越了地理意义上的国家、天下概念,而强调"道"和"理"达于天下的重要性:"素患难达于患难,素夷狄达于夷狄,时有时而穷,事有时而穷,理则达矣。"他认为赵复应该把传播理学于天下,"传正统于异俗"视为自己人生中的大达。与这些大理学家、大文学家的接触,开阔了郝经的思想,使他对一些问题进行更为深入的思考。

郝经在顺天府的这段时间里,不仅学问日渐自成一家,而且声名益重。"诸镇侯伯驰书交币,各欲聘为己用,皆拒而不答。"蒙古宪宗五年(1255)九到十月,忽必烈连续遣使征召郝经,苟仲道《翰林侍读学士国信使郝公行状》载:"壬子,上以皇太弟开府金莲川,征天下名士而用之,故府下诸公累荐公于上。乙卯秋九月,上遣使召公,不起。十月,召使复至。"郝经为此很感动,叹曰:"读书为学,本以致用也。今王好贤思治如此,吾学其有用矣!"于是,应召北上,宪宗六年正月,郝经见忽必烈于沙陀:

上问以帝王当行之事,公援引二帝三王治道以对,且告以"亲亲而

---

① (元)郝经:《送汉上赵先生序》,《郝经集校勘笺注》第十一册,田同旭校注,三晋出版社2018年版,第2299—2300页。

仁民，仁民而爱物"之义。自朝至晡，上喜溢不惓。自后连日引对论事，甚器重之，且命条奏所欲言者。公乃上《立国规模》二十余条，以为创法立制，必有一定规模，然后可行，故有一国规模，有天下规模，有万世规模。当今依仿前代，建立万世规模，皆当时天下国家大事。上复问当今急务，公举天下蠹民害政之尤者十一条上之，切中时弊，上皆以为善。虽不能即用，至中统后，凡更张制度，用公之言十六七。①

郝经赢得忽必烈的赏识和器重。郝经在王府居留了一段时间，之后返回燕地。蒙古宪宗七年，元遗山先生卒于获鹿寓舍。"讣至，公走常山三百里哭之"。从元遗山去世郝经哭祭百里的记载，可知郝经此时已经从王府返回。之后的一段时间，郝经因父亲得风痹疾，居家侍父。宪宗八年，郝经父亲病逝。第二年，宪宗九年，蒙古分三路攻宋，忽必烈负责东路军战事，遣使急召郝经从行。郝经作为儒生，对兵事议论剀切，忽必烈为此非常惊异。愕然曰："是汝与张拔都（张柔）共议耶？"郝经言："此特经之臆说，柔不知也。"由此可见郝经是非常精通军事的，以至于戎马一生的忽必烈对他所议的军事策略感到惊异，以为郝经的军事策略是出于战斗经验丰富的张柔。后杨惟中为江、淮、荆、湖南北等路宣抚使，任郝经为宣抚副使。南宋权相贾似道请罢战议和，郝经抓住机遇，进《东师议》、《班师议》，极力主张忽必烈与宋罢战议和，退军北还，先继帝位。中统元年（1260），忽必烈即位，拜郝经为翰林侍读学士，佩金虎符，充国信使使宋。郝经怀着弭兵靖乱的信念使宋，但被宋相贾似道拘于真州，直到至元十二年二月，元军攻占建康，贾似道惶恐万分，才释放郝经等使者。至此，郝经已经被拘留真州长达十六年，北归的第二年秋七月病逝。

被拘留真州的十六年里，郝经把自己的精力全部投入到著书立说中。他的著述颇丰，苟宗道在《翰林侍读学士国信使郝公行状》中，详细列举了郝经的著述：翻陈寿《三国志》著《续后汉书》；关于《春秋》的《章句音义》、《制作本义》、《比类条目》、《三传折衷》，凡四书，总名之曰《春秋外

---

① （元）苟宗道：《翰林侍读学士国信使郝公行状》，《郝经集校勘笺注》第十五册，田同旭校注，三晋出版社 2018 年版，第 3356 页。

传》；又有《周易外传》、《太极演》、《原古录》、《通鉴书法》、《玉衡真观》、《删注三子》、《一王雅》、《行人志》等书，及现今文集《郝文忠公陵川文集》若干卷。《续后汉书》与《陵川集》得以流传至今，其他皆散佚不传。

郝经被拘留真州十六年，元初的政坛上少了一位治世的名臣，但在元代却多了一位著名的学者、文学家。这也许是郝经的命运使然，郝经在《万卷楼记》中曾言："今侯以数十年之勤，数万卷之多，尽以见畀，虽侯之盛意，岂非天邪？如怠忽自弃，以多书而不能如无书之初心，业不能勤，而卒无有成，则非负侯，是负天也，复何以立于世哉！"或许天意使郝经著书立说。因此在顺天府获得难得的读书机会，在真州被拘留又只能以著述度过难熬的岁月。郝经在政治、哲学、经学、史学、文学等诸多领域都有建树，学界对其各个方面都有研究。在此主要叙述分析其生平中由顺天府至忽必烈王府的这段经历，其余皆略。

潜邸时期，顺天府可考成员仅王鹗与郝经，但这两位都是当时非常有名的人物。他们在政治、学术、教育等各个方面做出了卓越的贡献。且有文学、学术著作留传于后代。

## 第四节 "四方"征召的名士

世侯府外，忽必烈也"闻名"在四方征召了一部分可以"问道"治国的人才。

世祖在四方征召的人才有史可考者：

赵璧（1220—1276），字宝臣，云中怀仁（今山西怀仁县）人。《元史》本传载："世祖为亲王，闻其名召见，呼秀才而不名，赐三僮，给薪水，命后亲制衣赐之，视其试服不称，辄为损益，宠遇无与为比。"[①] 据张之翰《大元故荣禄大夫中书平章政事赵公神道碑铭》载："年二十三，有荐闻于上，召至行宫。"以此推算，赵璧应该是在乃马真后称制元年（1242）入侍忽必

---

① 《元史》卷一百五十九《赵璧传》，中华书局1976年版，第3747页。

烈王府的，是较早同忽必烈接触的汉儒士之一。赵璧有着很好的儒学修养，少"从九山李微、金城兰光庭学"，"朝诵暮课，一日千里"。李微和兰光庭二人均是金末名士。侍忽必烈后，赵璧开始学习蒙古语，并翻译儒家经典《大学衍义》为蒙语。忽必烈常在马上听赵璧讲儒家的经典，又命令蒙古弟子十人跟从赵璧学习。并命赵璧"驰驿四方，聘名士王鹗等"。忽必烈"大有为于天下"的想法，正是由于早期赵璧等人的影响形成的。赵璧处事果敢大胆，《元史》记其：

> 宪宗即位，召璧问曰："天下何如而治？"对曰："请先诛近侍之尤不善者。"宪宗不悦。璧退，世祖曰："秀才，汝浑身是胆耶！吾亦为汝握两手汗也。"一日，断事官牙老瓦赤持其印，请于帝曰："此先朝赐臣印也，今陛下登极，将仍用此旧印，抑易以新者耶？"时璧侍旁，质之曰："用汝与否，取自圣裁，汝乃敢以印为请耶！"夺其印，置帝前。帝为默然久之，既而曰："朕亦不能为此也。"自是牙老瓦赤不复用。①

赵璧具有非凡之胆量，他对皇上进谏所言的内容即使作为皇弟忽必烈都为其"握两手汗"；他对先朝重臣冒上的行为敢于直面怒斥，即使皇帝"不能为此也"。元宪宗二年（1252），赵璧任河南经略使。按罪斩杀贪淫暴戾的河南刘万户的党羽董主簿，刘万户因惧赵璧而死。元宪宗九年，赵璧为江淮荆湖经略使，从忽必烈攻宋，兵围鄂州，入城与贾似道议和。高丽国王为权臣所逐，聚兵平壤，赵璧护送高丽国王复位。从史书所记载的几件事观之，赵璧是一位通身是胆的儒士。王恽在《中堂事记》评价赵璧："资宏伟，能任大事，以气量宏天下。"②忽必烈即位，中统元年（1260），赵璧任燕京宣慰使。立中书省后，赵璧任平章政事。至元十三年（1276）卒，年五十七。

赵璧在经略河南时，聘用宋道协助治理。

宋道（？—1286），字弘道，潞州长子人。《元史》载："赵璧经略河南，

---

① 《元史》卷一百五十九《赵璧传》，中华书局1976年版，第3747页。
② （元）王恽：《中堂事记》上，文津阁《四库全书》别集类卷八十，第四〇一册，商务印书馆2005年影印，第326页。

闻其名，礼聘之。"①《山西通志》同样记载了此事："（宋道）金兵部员外郎元吉孙，善记诵，屏居河内者十余年。赵璧经略河南，以礼聘至。……太子珍戬（真金）以耆德召见，应对详雅，命择可备顾问者，举郭祐、何玮、徐琰、马绍、杨居宽、何荣祖、杨仁风等。"②从这段记载可知，宋道当时深得太子的信任，曾为太子真金举荐许多人才。宋道潜邸时期的主要贡献就是参与了治理河南的工作。中统三年宋道被授翰林修撰，从赵璧攻打济南、襄阳，多赞大计。后为征东行省员外郎，曾持诏去高丽，迁徙江华岛居民于平壤。后太子以江西为分地，命宋道铨举守令，并立詹事院，宋道于至元二十三卒于太子宾客任上。

杨果也是在治理河南过程中，被王府聘用。

杨果（1197—1269），字正卿，号西庵，祁州蒲阴（今河北安国县）人。金哀宗正大元年（1224）登进士第。宪宗二年，忽必烈在治理河南时任命杨果为参议。当时兵革之余，法度草创，皆由杨果完成。中统元年，杨果拜北京宣抚使。二年，拜参知政事。至元六年，出为怀孟路总管，大修学庙。终以老致政，卒于家，年七十三，谥"文献"。

王博文（1223—1288），字子冕（一作子勉），号西溪，东鲁任城人。《元史》未予其作传，了解王博文的生平主要凭两条资料：第一条资料是魏初《西溪王公真赞并序》记其："公时年未三十，闻望四达，士大夫咸以远大期之。未几，与陵川郝君伯常同奉召。逮主上龙飞，即被擢用。"③郝经是在元宪宗五年（1255）被召，说明王博文也应是在这一年被忽必烈召至王府。另一条资料是胡祗遹的《紫山大全集》卷一九《祭王中丞子勉文》，记载："秦王开府，招贤礼宾。明年渡江，智勇获伸，君以才学，拜首纶恩。中统龙飞，官制一新。勋德誉望，立朝名臣。"④"秦王开府"自然是指忽必烈的王府；从"明年渡江，智勇获申"说明在潜邸时期，王博文曾跟随忽必烈

---

① 《元史》卷一百七十八《宋道传》，中华书局1976年版，第4146页。
② 觉罗石麟、储大文：《山西通志》，雍正版卷一三七，中华书局2006年版，第3489页。
③ （元）魏初：《西溪王公真赞并序》，李修生主编：《全元文》第8册，江苏古籍出版社1999年版，第480页。
④ （元）胡祗遹：《祭王中丞子勉文》，李修生主编：《全元文》第5册，江苏古籍出版社1999年版，第476页。

去南方征宋。胡祗遹与王博文是"儿女亲家",王博文的长子王希贤娶了胡祗遹之女。胡祗遹对王博文自然是非常了解的,胡祗遹另作《王西溪画赞》,评价了王博文的人品:"无城府而人不忍欺,不崖岸而人莫不敬。气分四时,感春也多;士有九德,得宽也盛。"① 王博文德才兼备,早年就有文名,少时与王恽、王旭齐名,并称"三王"。其中《白兰谷天籁集序》一文名气盛大,其原因概因白朴有盛名,王博文又善为文:"有神者笔,有奇者文,用力之专也。"② 此篇序文由此也负有盛名。也因有此文,在"元曲四大家"中唯有白朴后人能详知他具体的出生年代。此文不仅富有文采,且具有珍贵的史料价值。至元十八年(1281),王博文累官河东山西道提刑按察使,历礼部尚书、大名路总管;二十三年,遣江南道行御史台中丞,二十五年卒,赠鲁国公,谥为"文定"。

李俊民(1176—1260),字用章,号鹤鸣,泽州晋城(今山西陵川)人。金庚申年(1200),中举状元,应奉翰林文字。于金宣宗贞祐元年(1213)任沁水县令,未几,弃官不仕。从甲戌年(1214)至乙未年(1235),二十多年的时间中,李俊民为避战乱到处流浪,居无定所。元太宗七年(1235),李俊民应泽州太守段直之邀返回家乡,开始了真正的隐居生活。杨奂描写李俊民这段时间的生活:"居乡间,终日环书不出。四方学者不远千里而往,随问随答,曾无倦色。"由于李俊民的声望,尤其是精通邵氏皇极术数之学,《元史》本传载"俊民在河南时,隐士荆先生者,授以邵雍《皇极》数。时之知数者,无出刘秉忠之右,亦自以为弗及也"③,由此引起忽必烈的重视。忽必烈在元宪宗三年(1253),"以安车召之,延访无虚日。遽乞还山,世祖重违其意,遣中贵人护送之"。元宪宗四年,忽必烈再次召令李俊民,并希望他能够举荐人才,俊民于是推荐刘璋、张贤、张大椿等人。虞集的《翰林学士承旨董公行状》还记载了李俊民为忽必烈教授皇子的事迹:"丁巳,世祖令授皇子经,是为北平王、云南王也。而太师窦默、左丞姚公枢、鹤鸣李

---

① (元)胡祗遹:《西溪王公真赞》,李修生主编:《全元文》第 5 册,江苏古籍出版社 1999 年版,第 386 页。
② (元)魏初:《西溪王公真赞并序》,李修生主编:《全元文》第 8 册,江苏古籍出版社 1999 年版,第 480 页。
③ 《元史》卷一百五十八《窦默传》附《李俊民》,中华书局 1976 年版,第 3733 页。

公俊民、敬斋李公治、玉峰魏公璠偕至，于是王府得人为盛。"忽必烈即位后曾对身边的侍臣说："朕求贤三十年，惟得窦汉卿及李俊民二人。"①可见潜邸时期李俊民在忽必烈心目中的位置是非常之重要的。忽必烈即位时，李俊民已卒于嵩山，享年八十五岁，葬于晋城崔家庄北。元世祖中统初，赐谥"庄靖先生"。

王利用，字国宾，号山木，生卒年不详。通州潞县人。《元史》本传记载："幼颖悟，弱冠与魏初同学，遂齐名，诸名公交口称誉之。初事世祖于潜邸，中书辟为掾，辞不就。"②在潜邸的具体情况史无记载。从"诸名公交口称誉之"可以推断，王利用应该是忽必烈身边的一位或几位名公推荐的。忽必烈"闻名"后召入潜邸。忽必烈即位后，曾历诸多职位：中统初历太府内藏官，出为山东经略司详议官，迁北京奥鲁同知，历安肃、汝、蠡、赵四州知州，入拜监察御史。擢翰林待制，奉旨程试上都、隆兴等路儒士。升直学士后与耶律铸同修实录。大德二年（1298），改安西、兴元两路总管。后致仕居汉中。廉希宪尝语人曰："方今文章政事兼备者，王国宾其人也。"③成宗即位，起为太子宾客，上改革时政十七条。卒于官位，年七十七。

崔斌（1223—1278），字仲文，小名燕帖木儿，马邑（今山西朔县）人。《元史》本传载崔斌"达政术"，"世祖在潜邸召见，应对称旨"④。崔斌因"达政术"而闻名于世祖，被召入王府。在潜邸期间世祖命崔斌辅佐卜怜吉带戍守淮南，期间崔斌视察敌方形势乘机偷袭，多所俘获。至元年间"世祖尝命安童举汉人识治体者一人，安童举斌。入见，敷陈时政得失，曲中宸虑"。中统之后，在南征平宋的过程中崔斌屡立战功。最能显示他军事才能的是攻打潭州。围攻潭州是从至元十二年十月开始的，因主帅阿里海牙身中流矢，不能指挥，攻打潭州由崔斌指挥。史书记载，在第一次攻城失败后，崔斌并未按一般军事指挥者的思路采用退守后方的行动，他说服诸将趁敌人"小捷而骄"，焚其角楼，断其援道，再次架云梯进攻。次日晨，崔斌持盾身先士

---

① 《元史》卷一百五十八《窦默传》，中华书局1976年版，第3733页。
② 《元史》卷一百七十《王利用传》，中华书局1976年版，第3993页。
③ （清）顾嗣立编：《元诗选癸集》乙集，秀野草堂原本，清嘉庆三年补刻，第28—29页。
④ 《元史》卷一百七十三《崔斌传》，中华书局1976年版，第4035页。

卒，首先攻上城头，潭州外城被攻破。至元四年，崔斌被授中书郎中，镇守东平。至元十年，改河南宣慰使，历任湖广行省参政、左丞。至元十五年，阿合马擅权日甚，朝廷中无人敢言，当皇上向崔斌询问江南各省治理的情况时，崔斌"以治安之道在得人，今所用多非其人，因极言阿合马奸蠹。帝乃令御史大夫相威、枢密副使孛罗按问之，汰其冗员，黜其亲党，检核其不法，罢天下转运司，海内无不称快"。后崔斌迁江淮行省左丞，既至，"凡前日蠹国渔民不法之政，悉厘正之，仍条具以闻"。学者李军评价崔斌"是一个在军事上有勇有谋、政治上具有治国才干，同时又具有诗人气质的文武兼备的全才，是一个应该为之讴歌的三晋英豪"①。至元十七年十二月，阿合马罗织许多罪名暗中杀害了崔斌。裕宗（太子）获知后，"遣使止之，已不及矣。天下冤之"。时五十六岁。至大初予以平反，追封郑国公，追谥"忠毅"。

忽必烈潜邸时期，王府中还闻名征聘了一些方外人士，被征召者有八思巴、印简、至温、萧辅道。萧辅道之外，另外三人分别在前面章节中已经考述。八思巴，见第一章"忽必烈佛教信仰确立"；印简，见第一章"元初帝王与印简大师"；至温，见第二章中"刘秉忠推荐僧友为幕僚"。

萧辅道（1191—1252），字公弼，号东瀛子，卫州（今河南汲县）人。太一道第四祖中和真人。《元史》载："世祖在潜邸闻其名，命史天泽召至和林，赐对称旨，留居宫邸。"②王恽的《清跸殿记》也载："初，上之在潜也，思得贤俊，以裨至理，闻太一四代度师萧辅道弘衍博大，则其人也。于是以安车来聘。既至，上询所以为治者，师以爱民立制，润色鸿业，用隆至孝者数事为对，上喜甚，赐之重宝，辞不受。"③在此，真人所倡导的教义的主要内容，是儒家的治国安邦之法。王恽的《故真靖大师辉路道教提点张公墓碣铭并序》又记载："壬子夏六月，复从中和北觐岭邸，加号真靖大师，改提点卫辉路道教事。"④萧辅道于宪宗二年（1252）卒，世祖即位后，赐号"中和仁靖真人"。

---

① 李军：《资兼文武，三晋英豪——崔斌其人及其诗》，《山西大学学报》2005年第1期。
② 《元史》卷二百二《释老传》，中华书局1976年版，第4530页。
③ （元）王恽：《清跸殿记》，李修生主编：《全元文》第6册，江苏古籍出版社1998年版，第97页。
④ （元）王恽：《故真靖大师辉路道教提点张公墓碣铭并序》，李修生主编：《全元文》第6册，江苏古籍出版社1998年版，第560页。

从上述征召人士中，可知当时王府中收罗了各种身份的人。既有治国领军的人才，也有持经念佛的僧人、道士。只要这些人"有名"于时，有真正的"安邦"之法，忽必烈就会征召到王府中，询道问法，或任职于其中一方面的工作。

## 第五节　主动依附、战争掳回及其他途径入幕的成员

忽必烈王府中有部分成员是主动依附者，这些依附者中有的是忽必烈在征云南时主动追随的，有的是长辈嘱托于王府或地方官员派遣在觐见世祖时入幕，有个别成员，如张禧父子是因个人所处的环境逼迫而投奔王府的。另有少数成员是在战争中掳回后，被人举荐或因具体事务的需要征入王府的。

### 主动依附的成员

张禧（1217—1296），东安州人。《元史》本传记载："禧素峭直，为主将所忌，诬以他罪，欲置之法。时王鹗侍世祖于潜邸，禧密往依之，鹗请左丞阔阔荐禧与其子弘纲俱入见。"[①] 王鹗是在乃马真后三年（1244）冬入王府，停留二载后，返回故里。据《元史·阔阔传》载，王鹗在庚戌年再次被召：王"问以治道，命阔阔与廉希宪皆师事之。既而阔阔出使于外，追还，而鹗已行，思慕号泣，不食者累日，世祖闻而异之。岁庚戌，宪宗复召鹗至和林，乃命阔阔从之游。"[②] 据此王鹗有第二次被召的经历。张禧与其子是一同入王府，史载其子入府时十八岁，由此推算，张禧父子入王府时间应该是在王鹗第二次去和林期间，此时阔阔是王鹗的学生，王鹗让阔阔推荐，也合符情理。故张禧入王府时间在庚戌年（1250）。张禧入王府的原因，是因为自己生活环境的逼迫。后张禧随忽必烈南征，在攻打鄂州时，张禧与其子张弘纲皆参战，"帝悯其父子俱入险地，遣阿里海牙谕禧父子，止一人进战"。世祖即位赐金符，授新军千户。至元十七年，加镇国上将军、都元帅，日本行

---

[①]　《元史》卷一百六十五《张禧传》，中华书局1976年版，第3865页。
[②]　《元史》卷一百三十四《阔阔传》，中华书局1976年版，第3250页。

中书省平章政事。

张弘纲（1232—1301），字宪臣，张禧之子。父亲张禧因遭诬陷入狱，弘纲设计救父出狱，后父子同时投靠忽必烈王府。入王府时间在庚戌年，当时弘纲十八岁，以此推算其生年应在1232年。入王府后，从父多次跟随世祖征战，屡立战功，被授官昭信校尉、管军总把，历升总管、广威将军、招讨副使，由佩银符换金符。成宗初年，从右丞相刘深南征八百媳妇国（泰国历史上一个曾经控制泰北地区的王国），至八番（今贵州贵阳以南），遭遇宋隆济的叛军，力战阵亡。追封齐郡公，谥"武定"。

覃澄（1218—1275），字彦清，德兴怀来（今属河北怀来县）人。《元史》误写为"谭澄"。覃澄十九岁袭职为交城令，吏治精明，对"豪民有持吏短长为奸者，察得其主名，皆以法治之"。宪宗四年（1254），忽必烈征大理返回途中，覃澄主动依附入王府。《元史》本传载"甲寅，世祖还自大理，澄进见，留藩府"①，以其弟代为交城令。阿兰答儿钩考期间，"世祖每遣左丞阔阔，与澄周旋其间，以弥缝其缺，及亲入朝，事乃释"。中统元年，覃澄任怀孟路总管，岁大旱，组织民众开凿唐温渠，引沁水以灌田。先后任河南路总管、京兆总管、陕西四川道提刑按察使等职。覃澄为四川佥省守成都时，到任"葬暴骸，修焚室，振饥贫，集逋亡，民心稍安"。西南夷罗罗斯归附后，帝认为抚新国宜选择文武全才的人去管理，任覃澄为副都元帅，同知宣慰使司事。以疾卒于任上，年五十八。覃澄为政清廉，才干著称，忽必烈与刘秉忠品评当时牧守时，秉忠曰："若邢之张耕，怀之谭澄，何忧不治哉！"②

郑鼎（1215—1278），泽州阳城人。郑鼎参与了忽必烈潜邸时期以及忽必烈即位中统，至元间许多重大事情，但因《元史》记载有误，把"癸丑，从世祖征大理国"，误为"庚戌，从宪宗征大理国"，故而后来研究者，没有把郑鼎纳入忽必烈幕僚中。郑鼎实际是忽必烈幕僚中重要的一位成员。《山西通志》卷一百八十二"艺文"之"追封郑鼎制"曰："当群寇抢攘之际，兵符早握，驱雷电以荡余氛。潜邸从游，廓风云而遇真主。""潜邸从游"显然是指元世祖潜邸时期的事情。国初郑鼎为泽、路、辽、沁千户。世祖征大

---

① 《元史》卷一百九十一《良吏一》，中华书局1976年版，第4356页。
② 《元史》卷一百九十一《良吏一》，中华书局1976年版，第4357页。

理时，郑鼎追随。行军在六盘山经临洮时，山路盘曲难行，只能舍骑徒步而行，当时世祖生有足病，孛儿速背世祖而行，郑鼎先行开路。"敌据扼险要，鼎奋身力战，敌败北，帝壮之"。忽必烈率领军队在山谷中行进两千余里，入大理行至波涛汹涌金沙江，忽必烈情不自禁地"临水傍危石，立马观之"，郑鼎虑及世祖安全，谏说"此非圣躬所宜"，扶世祖下马。大理平后，班师返回，郑鼎率军殿后，全军安全而归。入朝后"帝问以时务，鼎敷对详明，帝嘉纳之，赐名曰也可拔都"。己未年（1259），忽必烈南征时，郑鼎又从世祖南伐，"攻大胜关"、"破台山寨"，屡立战功。世祖即位，中统元年，因功升迁为平阳、太原两路万户。阿兰答儿叛乱时，鼎带领本道兵马去平叛。至元三年改平阳路总管，《山西通志》记载："岁大旱，鼎下车而导汾渠。修学校、建横涧桥，民德之。"至元十一年，从伐宋。十四年，改湖北道宣慰使，平蕲、黄二州的叛乱时，舟覆而亡，卒年五十四。其子袭职为太原、平阳的万户。

姚天福（1230—1302），字君祥，绛州稷山人。《新元史》言："世祖以皇太弟驻白登，县令使天福进葡萄酒于行帐，应对敏治，帝奇之，留直宿卫。"①宪宗三年，忽必烈出征云南路经白登，姚天福应该是在这一时期入侍王府。在潜邸时的事迹史书未有记载。忽必烈即位后，被重用。至元初，授怀仁县丞。至元五年，拜监察御史，"每廷折权臣，帝嘉其直，锡名巴儿思"②。（巴儿思：比喻为虎，不惧强悍。）至元十六年（1279），授嘉议大夫、淮西道按察使。二十年，迁山北道按察使。二十二年，入为刑部尚书，寻出为扬州路总管。二十六年，复为淮西按察使。三十一年，授陕西汉中道肃政廉访使。大德二年（1298），授江西行省参政，以疾辞。大德六年，以疾卒，年七十三。

赵弼（1244—1301），字元辅，云阳人。"公年十二，入侍世祖圣德神功文武皇帝，朝夕左右，近三十年"，赵弼入王府的过程，《赵公墓志铭》载："岁甲寅，总管君（赵弼父）卒。明年，杨夫人挈公以玉杯名马赘觐于六盘渊龙之所。"据此记载，宪宗五年（1255），赵弼由杨夫人（赵弼继母）带着在六盘山拜见了忽必烈。当时赵弼年仅十二岁，忽必烈非常喜爱幼小的赵弼：

---

① 柯绍忞：《新元史》卷一八四《姚天福传》，中国书店1988年影印，第746页。
② 《元史》卷一百六十八《姚天福传》，中华书局1976年版，第3960页。

给事行内，未尝有过，上爱之。尝冬狩，野宿寒甚，命寝御衾中。四征弗庭，恒扈从。驻跸鄂渚，笞不共命者，公亦跪曰："无功当责。"上笑遣之曰："童幼，未能立功也。"上每御辇，必坐公于前，凭之乃安。夕则令左右讲说故事，因问渡江时事，公终始全举无遗，上大喜。①

赵弼至幼入王府，为忽必烈近侍，朝夕左右近三十年。忽必烈出征、冬狩，赵弼常随从。幼时跟随野宿，在特别寒冷的时候，忽必烈曾让赵弼睡在御衾中，恩宠非同一般。至元十七年，授朝列大夫，符宝郎。十九年，授资德大夫，签书枢密院事，后改嘉议同知大都留守，司本路都总管大兴府事兼行工部。

### 战争中掳回的成员

张惠（1223—1285），字廷杰，成都新繁人。丙申年（1236），蒙古军入蜀时，张惠被虏到杭海。居数年后，能通晓"诸国语"②，丞相蒙速速爱而荐之，入侍世祖潜邸，"以谨敏称，赐名兀鲁忽讷特"。在潜邸时的具体事迹，史无记载。世祖即位，授燕京宣慰副使，为政宽简。至元元年，拜为参知政事，行省山东。至元二十年，拜平章政事，行省扬州。二十二年，复命以行省杭州，至无锡卒。

杨惟中（1205—1259），字彦诚，弘州（今河北阳原县）人。蒙古军大举南侵时，杨惟中尚年幼，战乱中丧失了父母，被蒙古军掳去。太宗窝阔台将他选作侍从。《元史·杨惟中传》记载："宪宗即位，世祖以太弟镇金莲川，得开府专封拜。乃立河南道经略司于汴梁，奏惟中等为使，俾屯田唐、邓、申、裕、嵩、汝、蔡、息、亳、颍诸州。"忽必烈向皇兄蒙哥奏请杨惟中等人治理河南，之后杨惟中又参加治理关中的工作。1258年，忽必烈南征时，杨惟中任江淮、荆湖南北路宣抚使，1259年宪宗蒙哥汗去世，忽必烈停战北还。杨惟中在北返途中，卒于蔡州，时年五十五岁。中统二年（1261），

---

① （元）萧㪍：《元故荣禄大夫平章政事议陕西等处行中书省事赵公墓志铭》，李修生主编：《全元文》第 10 册，江苏古籍出版社 1998 年版，第 770 页。
② 《元史》卷一百六十七《张惠传》，中华书局 1976 年版，第 3923 页。

追谥"忠肃"。

**非"人伦圈"中，其他人推荐的幕僚成员**

杨惟中治理关中时，推荐李克忠帮助。

李克忠（1215—1276），京兆人。李克忠熟悉京兆情况，在治理关中的过程中，杨惟中召李克忠帮助治理关中，后入侍忽必烈王府。在《蒙兀儿史》中有一条关于李克忠的记载：至元十二年，忽必烈派遣哈撒儿海牙等出使安南，以李克忠佐之，返回时"吐蕃梗命，云南行省创开新路于纳洪秃刺蛮，克忠等始得平行而还"①。其他关于李克忠的情况未发现更多史料。

廉希宪推荐寇元德。

寇元德，生卒年不详，中山人。亡金名士寇靖次子，寇靖字唐臣，自号松溪翁，元军攻破汴京后，耶律楚材等人数请寇靖出仕，寇靖隐居不仕。刘因为寇靖写《处士寇君墓表》，文中写到廉希宪举荐寇元德入忽必烈潜邸之事："次（寇靖次子）元德，早以文学名天下。相国廉希宪荐，事今上潜邸。从征江南。"②从中可知寇元德有在潜邸王府服务的经历，并随从参加江南之战。忽必烈即位后，"自真定宣抚司谘议，历怀孟京兆判官，迁知陕州，再加同知岳州总管，转同知京畿都漕运使，改燕南河北提刑按察副使，今擢为两浙都转运使"。寇元德为官清廉，姚枢、杨果、王磐"皆作诗以美之"③。在济源奉仙观现存《崇宁葆光大师卫公道行之碑》记载，此碑由李谦作颂念之文，由王博文题额，寇元德书丹。此碑文刊立于至元二十二年。从中可以获得寇元德的两个信息，其一书法造诣很高，其二在当时与名流交往甚多。寇元德曾历怀孟京兆判官，对济源的奉仙观应该很熟悉。

**未能确定所进之途的四人**

解诚（？—1293），易州定兴（今河北易县）人，是元代著名的水军将

---

① （元）屠寄：《蒙兀儿史记》卷第一〇八，《列传》第八十九，世界书局1981年再版。
② （元）刘因：《处士寇君墓表》，李修生主编：《全元文》第13册，江苏古籍出版社1999年版，第445页。
③ （元）刘因：《处士寇君墓表》，李修生主编：《全元文》第13册，江苏古籍出版社1999年版，第446页。

领。窝阔台太宗时期攻宋的"焦湖之战"中解诚得三百余艘宋军战船,并阻遏了宋军的援兵,缴获了大量军粮。后解诚从忽必烈征云南大理,又因"善水战","从伐宋"①时立重要战功,获金符、水军万户的官职。忽必烈潜邸时期两次重大战役,解诚都参与其中,并屡立战功。"世祖嘉其功,尝降制奖之。"至元三十年卒,追封易国公,谥号"武定"。

柴祯,字庄卿,生卒不详。据《元史·王鹗传》载:贵由汗元年(1246),王鹗从潜邸王府返回时,世祖"仍命近侍阔阔、柴祯等五人从之学"。由此可知,柴祯当时已经在王府,而且曾经从王鹗学习,是王鹗的弟子。《内翰王文康公》也记载了此事:"故一时学者翕然咸师尊之(王鹗),如中书左丞阔阔子清,右三部尚书柴祯辈,皆出公门。"②从忽必烈指派柴祯跟随王鹗学习,可以推断柴祯当时在王府中年龄较小,而且是很受忽必烈的器重。忽必烈即位,柴祯官至右三部尚书。至元四年(1267)九月,柴祯调任云南王府兼府尉,胡祗遹曾作《送柴尚书云南开府三首》以赠,作者在诗中称颂柴祯"公议得忠良""海徼称忠节,江神识俊才"。以柴尚书的能力,开发边疆一定能够取得很大成就:"从今不毛地,三万里农桑。""宽猛存吾法,忠勤任俗宜。农商皆皞皞,鸡犬亦熙熙。"惜柴祯史书无传。

陈思济(1232—1301),字济民,号秋冈,河南柘城人。虞集所撰《神道碑》记载:"公讳思济,字济民。幼知孝弟,出于天性,读经传,随达其理,为书气韵有法,弱冠事世祖潜于藩邸,以才器闻。博闻积学,顾问进退,靡所阙遗。"③从这段记载可知,陈思济是在二十岁时入侍忽必烈王府,也就是在宪宗二年,入侍潜邸的。其潜邸时期的具体业绩没有记载。但陈思济是忽必烈潜邸时期王府中常常提起的一个人物。虞集在拜见董士选(董文炳之子,时为江西左丞拜江南行台御史中丞)时,董士选与虞集言:"此(陈思济)世祖潜邸时老人,中朝之旧也。"④董士选作为潜邸老臣的后人,能

---

① 《元史》卷一百六十五《解诚传》,中华书局1976年版,第3870页。
② (元)苏天爵辑撰:《元朝名臣事略》,姚景安点校,中华书局1996年版,第240页。
③ (元)虞集:《陈文肃公神道碑》,李修生主编:《全元文》第27册,江苏古籍出版社2004年版,第303页。
④ (元)虞集:《陈文肃公神道碑》,李修生主编:《全元文》第27册,江苏古籍出版社2004年版,第306页。

够知道陈思济是潜邸时的老人，当是其父董文炳平日所言。忽必烈即位后，陈思济"专主奏记之事于掖垣矣"。至元六年，入拜监察御史，出知沁州。大德五年（1301）卒，年七十，追封颖川郡侯、太常，定谥曰"文肃"。

周定甫，生卒年不详，滨州人。据程钜夫《跋姚雪斋赠周定甫诗后》："右少师姚文献公赠周君定甫先生诗一卷。定甫事世祖潜邸，中统建元，召为中书，详定官制。明年，置行省平阳，授左右司郎中。"由此记载可知，定甫曾经在忽必烈潜邸时期服务于王府。又云："定甫博学远识，所至立名节。姚公与周旋久，故知之深，号一时贤公卿。"①可见周定甫与姚枢互相非常了解，感情深厚。现有史料中未找到与周定甫有关的更多的资料。

本章主要考述的是"世侯府"与"四方"征召的潜邸幕僚成员。这种途径入潜邸的人才大概属于两种类型：一类是"天下名士"。王鹗是前金状元；郝经当时是"诸镇侯伯驰书交币，各欲聘为己用，皆拒而不答"，忽必烈两次连续征召方去王府；张德辉是"声望隆于诸镇，而上达于阙廷矣"；李治"世祖在潜邸，闻其贤，遣使召之"。他们皆属于名流一类。另一类是出于具体重大军政事务的需求征召的人才。修建开平城时，征召贾居贞任监筑之职；征大理前，单召徐世隆咨询军事之策；征南宋前在濮州召宋子贞、李昶参谋军事决策……其中有些人，曾被多次征召。除个别成员长期留在王府外，许多人是服务于一时一事。这些人可以视为忽必烈幕僚群体中的高级参谋和顾问。在忽必烈潜邸时期，他们程度不同地做出了一定贡献。忽必烈即位后，由于有潜邸时的经历，他们大多数人参与了元初的建设工作。

而主动依附者和在战争中掳回的成员，多数较为年轻，他们在潜邸时期属于年轻一代，有个别一些人就是在王府中长大的，忽必烈对他们中许多人关怀备至，亲如父子家人。潜邸时期，他们或随世祖出征，或协助治理世祖封地，做出了一定的贡献。在忽必烈即位后，他们处于正当年，许多人"布列台阁"，成为元初的"重臣"。

---

① （元）程钜大：《跋姚雪斋赠周定甫诗后》，李修生主编：《全元文》第16册，江苏古籍出版社2000年版，第210页。

# 第五章　忽必烈潜邸幕僚形成的基础：价值观念的契合

在忽必烈潜邸幕僚中多数属于汉族成员。潜邸幕僚中的决策者、中坚成员及基础成员中的一大部分属于汉人。汉族成员不仅在数量上占多数，从作用上而言，在忽必烈夺取政权和建立政权的过程中，起关键作用的是北方汉族中的一大批硕儒贤士及汉族世侯中的精英。在当时蒙汉的社会性质不同、文化水平颇有轩轾，蒙古近乎纯游牧的"行国"社会，而汉族社会的历史文化已经渊源久长、农业高度发达。在巨大文化差异的背景下，潜邸幕僚集团能够形成是双方建立在各自文化基础上形成的思想观念，在独特的社会背景下互相理解、碰撞甚至是在误读的过程中，一些价值观念互相形成契合。而这种契合对潜邸幕僚的形成起着重要的作用。

## 第一节　汉族士人的"天下观念"与忽必烈明君特质的契合

价值观念、人生态度是决定每一个人人生走向的关键，这一点在任何时代都是相同的。一群汉族士人在当时的背景下，能够跋山涉水赴草原之地在一个异族王子的帐中为幕僚，自然与他们的价值观念、人生态度有着密切的关系。其"天下"观念是支配他们这种行动的重要因素。这种观念的形成，首先源于中国封建社会中的大文化背景，在很长时间里，中国人的心目中，"天下"与"国家"实际是两个概念。"国家"是一家一姓之国，此国之兴亡与皇室家族及与此有着密切关系的臣属有关，而与普通知识分子和一般百姓关系并不很大,此中关系与道理在天下动乱时期尤为明显。生活在元代的张养浩的一句话把这种关系说得非常之透彻:"兴,百姓苦;亡,百姓苦。"在此略去的主语是"国家"二字。既然兴亡对百姓一样的苦,百姓对此自然就不会很关注。但是"天下"的安稳与否则与普通知识分子与百姓的生存是密切相关的。顾炎武先生有一段话对此有精确的论述:

> 有亡国,有亡天下。亡国与亡天下奚辨?曰:易姓改号,谓之亡国;仁义充塞,而至于率兽食人,人将相食,谓之亡天下。……是故知保天下然后知保其国。保国者,其君其臣肉食者谋之;保天下者,匹夫之贱与有责焉耳矣。①

常言的"天下兴亡,匹夫有责"由此而来。如果我们把此话说成"国家兴亡,匹夫有责",其意义与顾先生当时的意义则大不相同。简而言之,就是"国家"灭亡之际,也可以做到天下安稳,其关键是灭国取国者的思想观念及行为方式。把"国家"和"天下"当作一个概念是近代人所为:"像今天我们常说的'国家'、'社会'等等,原非传统观念中所用,而是海通以后新输入的观念。旧用'国家'两字,并不代表今天这涵义,大致是指朝廷皇室而说。"② 所以,今天的"国家"概念实际是国际交流之后,从国外输入的新概念。具体而言,西方的"国家"原词 nation 在传到中国时,最早译成"国"和"邦"。1864 年丁韪良翻译的《万国公法》是东亚世界第一部国家法的书籍。"国家"的概念第一次在这本著作中被明确提出"所谓国者,惟人众相合,协力相护,以同立者",具体限制"国家"的概念是必须有国权、国君、国法。西方这一国家的概念,与中国古人心目中模糊的"天下"观念有所相似。而中国人原来的"国家"是介于"家"与"天下"之间的一个概念。《礼记·大学》中有段中国人非常熟悉的"常言":"物格而后知至,知至而后意诚,意诚而后心正,心正而后身修,身修而后家齐,家齐而后

---

① (明) 顾炎武:《日知录集释》卷十三《正始》,黄汝成集释,栾保群、吕宗力校点,上海古籍出版社 2006 年版,第 756—757 页。
② 梁漱溟:《中国文化要义》,学林出版社 1987 年版,第 166 页。

国治，国治而后天下平。""齐家、治国、平天下"这三者明显是递进关系。"家、国、天下"是三个逐步扩大的概念，"国"是处于"家"和"天下"之间的一个概念。"家"是自己的小家庭，包括与自己有着血缘关系的家族；而"国"则是皇帝的家，也就是皇室；"天下"则是比国更大的一个概念。"治国"不是士人的目的，通过帮皇帝治国而后达到治天下，才是中国古代知识分子最宏大的理想。处于乱世时代的知识分子，"平天下"的这种愿望和责任更为强烈。潜邸幕僚成员心怀"天下"理想正是源于这样的历史文化血脉。

大的传统文化之外，地域环境与文化直接具体影响了潜邸幕僚士人的观念。忽必烈潜邸幕僚成员大多数来源于北方地区。由于北方地区自五代北宋以来一直受着契丹、党项、女真等少数民族政权的统治，这种状况前后延续了四百余年。生活在这个地区的人们对正统观念及华夷之辩已经较为淡漠，在当时当地文化精英中的士人对此观念有了一种与前代士人及当代南方文人不同的理解和阐释，郝经的观点在当时的北方文人中具有一定的代表性。郝经这样评价北方异族的统治：

> 昔元魏始有代地，便参用汉法。至孝文迁都洛阳，一以汉法为政，典章文物灿然与前代比隆，天下至今称为贤君。王通修《元经》即与为正统，是可以为鉴也。
>
> 金源氏起东北小夷，部曲数百人，渡鸭绿，取黄龙，便建立号，一用辽宋制度，取二国名士置之近要，使藻饰王化，号"十学士"。至世宗，与宋定盟，内外无事，天下宴然，法制修明，风俗完厚。真德修谓"金源氏典章法度在魏右"，天下亦至今称为贤君。燕都故老语及先皇者，必为流涕，其德泽在人之深如此，是又可以为鉴也。①

在此郝经把北魏的孝文帝、金世宗称为天下之"贤君"，他们都属于异族的统治者。但他们的统治能够使"内外无事，天下宴然，法制修明，风俗完

---

① （元）郝经：《立政议》，《郝经集校勘笺注》第十二册，田同旭校注，三晋出版社 2018 年版，第 2565—2566 页。

厚"。北魏孝文帝能够"以汉法为政",金朝统治者能够用"辽、宋制度","用夏变夷"。在此郝经的"夷夏观念"与前人的夷夏观念有一个很大的不同,一般人往往把"夷夏"的定位与国家政权、民族、地域联系在一起,而郝经是完全以接受汉文化的程度及天下的安定来作为夷夏衡量的标准。他甚至用这样的标准判断和衡量社会中具体的人与事。他认为夷人中有夏人,反之夏人中也有夷人。郝经把"夷夏"更多地或者说完全地看成一个文化意义上的概念。在《金源十节士歌》中,郝经对金灭亡时守节的十位"烈士"给予了高度赞扬,其中《乌古孙道原》赞美了乌古孙道原一家满门忠烈:"家中复有贞义女,父死于君女死父。蹋户悬梁义不辱,骂贼投缳有余怒。一门忠贞古未有,名节俱全义不朽。从今莫把夷狄看,中原几人能自守?"能够用生命捍卫和坚守儒家的道德,做忠臣为义女的人,难道还能够把他们当作没有"文明"的夷狄之人吗?所以郝经说从今"莫把夷狄看",因为他们的行为、表现符合和坚守了儒家文化的精神,是许多中原人难以企及的。郝经认为"十位节士"、"皆死事死国,有古烈士之风。可以兴起末俗,振作贪儒"。郝经的这种夷狄观念是把儒家文化与具体的朝廷政权及地域种族完全分离开来。这种与传统文化不同的"夷夏观念",对忽必烈潜邸幕僚的形成起着重要作用。因为与这种观念相联系的就是夷人是否应该成为最高统治者及所建立的政权是否"正统"的一个"尖端问题"。对这个问题的思考及答案,也就是对汉人服务于忽必烈潜邸王府的一种定性回答。

在中国历史上一直存在着一个政权的"正统"与"非正统"的说法,这种说法无论是当时的执政者还是后世的历史学家都非常重视。因为这个说法,在历史上许多想登上政治最高舞台的人受到了限制,曹操至死未称帝。对于何为正统这个问题,潜邸幕僚成员郝经有着独特的思考,在《传国玺论》和《时务》篇中集中论述了这一问题。在《传国玺论》中郝经谈到从秦始皇制了皇帝玉玺之后,"天下之人,遂以为帝王之统,不在于道,而在于玺。以玺之得失,为天命之绝续,或以之纪年,或假之建号,区区数寸之玉,而为万世乱阶矣。厥后,晋传之宋,宋传之齐、梁、陈,陈传之隋,隋传之唐,而五季更相争夺,以得者为正统,遂入于宋。靖康之乱,为金所有"。把是否拥有传国玺看作是否为正统的传国者,郝经认为这种看法是没有道理的。但他又认为国的确是可传的：

> 如尧传之舜，舜传之禹，可以谓之传矣；武王传之成王，成王传之康王，可以谓之传矣。凡不以礼授受者，皆不可谓之传。征伐而得，则谓之取；篡杀而得，则谓之夺；攘窃而得，则谓之盗。①

尧、舜及三代之所以可以称之谓"传"，是因为他们所传主要是"道"：

> 圣主受命，为天地人物立主，乃复以道为统，而以为传。故尧传之舜，舜传之禹，禹传之汤，汤传之文武。本于天命，根于皇极，原于心性仁义，谨于存养畏敬，明于夫妇父子、君臣上下，察于纲纪礼乐、文物政事，是以为二帝三王，而道高万世，生民之治，古今莫及未闻有后世帝王所谓传国玺者也。②

由此可知，郝经认为传国为正统必须具备两个条件：从形式上而言，必须是"以礼授受者"，无论是接受者，还是传给者必须以"礼"；另一个更为重要的条件，所传者是道，所受者也是道。而以此为标准，后来统治者拥有的政权，或为取，或为夺，或为盗。他认为真正的正统在两汉以后就已经不存在了：

> 故尧舜而下，三代而已矣。三代而下，二汉而已矣，后世不可及也。二汉之亡，天地无正气，天下无全才，及于晋氏，狙诈取而无君臣，谗间行而无父子，贼妒骋而夫妇废，骨肉逆而兄弟绝，致夷狄兵争，而汉之遗泽尽矣，中国遂亡也。故礼乐灭于秦，而中国亡于晋。已矣乎！吾民遂不沾三代、二汉之泽矣乎。③

---

① （元）郝经：《传国玺论》，《郝经集校勘笺注》第七册，田同旭校注，三晋出版社2018年版，第1517—1518页。
② （元）郝经：《传国玺论》，《郝经集校勘笺注》第七册，田同旭校注，三晋出版社2018年版，第1516页。
③ （元）郝经：《传国玺论》，《郝经集校勘笺注》第七册，田同旭校注，三晋出版社2018年版，第1509—1510页。

既然真正的正统在两汉以后就不存在,"道"和"国"也不能够以礼相传,由此郝经得出的另一个结论性的观点就是道之所在,就是国之所在,国之所在就是正统所在:

> 中国而既亡矣,岂必中国之人而后善治哉?圣人有云:"夷而进于中国则中国之,苟有善者,与之可也,从之可也,何有于中国于夷?……以是知天之所与,不在于地而在于人,不在于人而在于道,不在于道而在于必行力为之而已矣。"①

由此可见郝经的"夷夏观念"正是建立在"中国亡于晋"这样的历史观念之上。既然"正统的"、"传承的"中国已亡矣,天之所给予的不在于何地不在于何人,而在于"道",在于为道而能够身体力行的人,能够行"道"之人全部可以列入贤君之中。"天无必与,惟善是与;民无必从,惟德之从。"在《立政议》一文中郝经以此为标准赞美了从汉至宋、金千载以来有志有德之贤君,在几十位贤君中有汉人也有夷君:

> 由汉以来,尚志之君六七作。于汉,则曰高帝,曰文帝,曰武帝,曰昭帝,曰宣帝,曰世祖,曰名帝,曰章帝,凡八帝。于三国,则曰昭烈一帝。于晋,则曰孝武一帝。于元魏,则曰孝文一帝。于宇文周,则曰武帝一帝。于唐,则曰高祖,曰文皇,曰玄宗,曰宪宗,曰武宗,曰宣宗,凡六帝。于后周,则曰世宗一帝。于宋,则曰太祖,曰太宗,曰仁宗,曰高宗,曰孝宗,凡五帝。于金源,则曰世宗,曰章宗,凡二帝。是皆光大炳烺,不辱于君人之名,有功于天下甚大,有德于生民甚厚。人之类不至于尽亡,天下不至于皆为草木鸟兽,天下之人犹知有君臣父子、夫妇昆弟,人伦不至于大乱,纲纪礼仪、典章文物不至于大坏,数君之力也。②

---

① (元)郝经:《时务》,《郝经集校勘笺注》第七册,田同旭校注,三晋出版社2018年版,第1510页。
② (元)郝经:《立政议》,《郝经集校勘笺注》第十二册,田同旭校注,三晋出版社2018年版,第2564页。

在千年的历史里,郝经列举了二十六位不辱于人君的人,在这二十六位中,其中的五位是属于夷狄之君的,郝经认为,正是因为有了这几位仁君,华夏人类才没有变得与鸟兽相同,华夏文明才能够一脉相传。

通达的"夷夏观"、独到深刻的"正统观"形成了更为清晰、明确的"天下观";反之,正因为胸中怀有"天下"才会有这样通达的"夷夏观"和"正统观"。在这样一种观念的指导下,于是郝经等人理性地、自觉地为天下服务,而不是服务于一姓一族,在《送汉上赵先生序》中充分表达了郝经的这种思想和动机。《送汉上赵先生序》,是郝经写给赵复的。赵复(1200－1277),字仁甫,云梦人。南宋著名的理学家。蒙古太宗攻下德安,赵复本想投水自杀,被汉将杨惟中搭救,后随姚枢北上。赵复北上后曾有一段时间逗留在顺天府,与郝经住在一起。当时的郝经只有二十五岁,还是一个年轻人,而赵复已经四十八岁近"知命"之年,是著名的理学家。在赵复离开顺天府的时候,郝经写了《送汉上赵先生序》。文章围绕着个人的穷与达的关系展开论述,赵复及与赵复具有相同经历的人,南宋灭亡后被俘北上,这种经历一般人自然视为人生之最"穷"。郝经把个人的穷达与"国家"、"天下"相联系,认为这种经历既可以使人"穷"也可以使人"达",所以此文开首一句是"穷先生者此行也,达先生者也此行也"。如果一个人仅仅把自己的"行为"限制在"一国"之内,那么宋国已亡,赵复身处"国破家亡",必然是"穷途末路";如果把自己的行为放大在"天下",以前"尝行夫一国矣而未行乎天下也",现在则有行于天下的机会,这当然是一种"达"。以前赵复的行为仅仅被限制在"江、汉、荆衡而已",现在他则可以"仰嵩高、瞻太华、涉大河……观华夏之故墟,睹山川之形势"。更为重要的是郝经认为赵复传播理学于天下,"传正统于异俗"应视为自己人生中最大的"达"。所以,郝经认为,赵复此行应该是人生之大达而非穷也。"此行也,人视先生以为大穷,经则以为大达。"在此郝经"国家"、"天下"的概念内涵,与现代人顾炎武对"国家"、"天下"的阐释,几乎是相同的。郝经的这种"天下国"的观念代表了当时许多北方士人的看法。

这种观念也直接作用于许多士人在现实中的选择。在金源、蒙古、南宋三家争夺天下之际,天下历经近四百年的分裂动乱,人们迫切渴望天下的安定统一、结束战乱,但谁能主宰沉浮安定天下?此时,大蒙古国统一草原,灭亡西夏,平定金源,征服大理,是一个崛起的、兴盛的民族;相比较,汉族的南宋统治者不能收复燕云,不能抵御金源,不能安抚西夏,更不能臣服大理,是一个积贫积弱、日益衰败的政权。因此一大批中原才俊与豪杰之士,选择了在金莲川开府的蒙古王子忽必烈,希望通过辅佐忽必烈,行"中国之道",统一天下,以"中国之道"建立一个统一安定的"天下国",结束长期的分裂动乱,进而弥合中原传统文化长期的断裂,挽救中原传统文化免于毁灭。选择辅佐当时尚是皇弟的忽必烈,不仅仅是由于蒙古民族的强盛,还源于忽必烈本人所具有的某些特质吸引了中原士人。

与汉族士人的"天下观念"相比较,当时蒙古王子忽必烈有着更为具体、现实的理想。《世祖本纪》开篇即言:"岁甲辰,帝在潜邸,思大有为于天下,延藩府旧臣及四方文学之士,问以治道。"在此"大有为于天下",与"延藩府旧臣及四方文学之士,问以治道"之间是有着因果关系的。为何在"甲辰"之年忽必烈具有了思"大有为天下"的想法?大概有这样几种因素在起作用:甲辰之年,忽必烈恰好是"而立"之年,有大作为之人的而立之年,必然会有"立"的思想与意识。他也许不知道"三十而立"这样的说法,但这是生命发展的自然规律。所以在这一年,忽必烈"大有为天下"的这种思想与意识开始变得明确与强烈起来。也就在这一年忽必烈召见了在当时声望很高的金状元王鹗,王鹗为忽必烈讲《孝经》、《书》、《易》,以及儒家齐家治国之道,古今事物之变,"每夜分,乃罢。"忽必烈尝谕公曰:"我今虽未能即行,安知它日不能行之耶!"此种表白再次说明了忽必烈此时"大有为天下"的抱负。忽必烈在这时产生"有为天下"想法的另一个重要的原因,与刘秉忠的影响有关。此时刘秉忠进入王府已经两年多,刘秉忠与忽必烈年相若,刘秉忠比忽必烈年少一岁,同为近而立之年的"天下英才"。刘秉忠留在王府后与忽必烈有着诸多的交流,在这种频繁的交流中,刘秉忠作为汉族士人的"天下观念"必然会影响着忽必烈。忽必烈在刘秉忠去世后曾谓群臣曰:"秉忠事朕三十余年,小心慎密,不避艰险,言无隐情,其阴阳术数之精,占事知来,若合符契,惟朕知之,他人莫得闻也。"[①] 忽必烈与

---

① 《元史》卷一五七《刘秉忠传》,中华书局1976年版,第3694页。

刘秉忠之间他人"莫得闻也"的交流也许在这个时候就开始了。刘秉忠从佛门中以僧人的身份在忽必烈身边为幕僚，如果不是出于辅佐"龙飞"之人的想法，是不可能屈身于王府的。而当时蒙古帝国的形势，也促使忽必烈产生"有为天下"的想法。当时为大汗的忽必烈的伯父窝阔台刚刚去世，就在历史记载忽必烈"思大有为"的这一年，窝阔台汗时期重要的汉族谋臣耶律楚材也去世，由皇后乃马真后暂时称制，蒙古帝国的局势陷入混乱之中，窝阔台汉时期由耶律楚材治理出现的一点汉文明迹象开始倒退，帝国的形势也促使忽必烈产生"思大有为天下"的志向。

关于忽必烈"天下"观念的具体内容，从他给宋降臣刘整的诏书与建国号"大元"时颁诏天下的诏书中，可以有较为具体的了解。中统二年（1261）八月，忽必烈颁手诏给刚刚归降的南宋夔府守将刘整：

> 且土地定其疆，固有朔南之异，而父母爱其子，曾何彼此之分。朕尝以四海为家，万方在己，凡有来宾之俗，敢忘同视之仁。近因宋国之未臣，遂致川蜀之重扰，彼军旅焉，老淹于屯戍；彼民人焉，力尽于转输。况值凶荒，举皆转徙。保聚山麓者，延生于岁月；潜匿泽薮者，横死于风霜。彼君有昧于天时，在朕心亦有其慙德，今兹刘整慕我国朝，既能顺德而来当副徯苏之望。市肆勿异，田里俾安，尔有货财，毋令劫掠，尔有禾稼，罔使践伤。诸回回通事人等逃在彼军者，许令自还为良，不属旧主……①

"四海为家，万方为己"，这就是忽必烈"天下概念"的内容。而且他认为所谓的国家是因为土地而定其疆界，对于百姓而言，犹如"父母爱其子，何曾彼此之分"。且因为有国家之分，有疆界之分，所以带来连年的战争，百姓因此流连失所，"举皆转徙"。在诏令的后面他非常具体指示所享的土地"市肆勿异，田里俾安，尔有货财，毋令劫掠，尔有禾稼，罔使践伤"。忽必烈的"天下观念"与他的前辈以蒙古贵族傲视天下的观念是完全不同的。在至

---

① （元）王恽：《中堂事记》（下），《秋涧先生大全集》卷八十二，《四部丛刊》（227），商务印书馆1962年版。

元十二年（1275）另一份诏谕南宋降将高达的书中，对此说得更为具体：

> 昔我国家出征，所获城邑，即委而去之，未尝置兵戍守，以此连年征伐不息。夫争国家者，取其土地人民而已，虽得其地而无民，其谁与居。今欲保守新附城壁，使百姓安业力农，蒙古人未之知也。尔熟知其事，宜加勉旃。湖南州郡皆汝旧部曲，未归附者何以招怀，生民何以安业，听汝为之。①

在此忽必烈纠正和批判了此前蒙古统治者对汉地单纯杀掠之后放弃不治理，由此不断引起战争的错误做法。他意识到夺取土地的同时要拥有在土地上生活的人民，没有人民单纯有土地是没有价值的。使所得土地的百姓"安业力农"才是最为重要的，而如何才能使所得之地的百姓"安业力农"？他意识到"蒙古人未之知也"，应该由原有的汉人、南人"熟知其事"者来管理。由此以汉人治理汉地变成自然的道理，汉人也自然成为他"天下"概念中的子民。虽然此前的蒙古统治者也曾用汉人治理汉地，但其理念与忽必烈是不相同的。忽必烈之前的蒙古统治者用汉人管理汉地，主要是让汉人管理者代替自己收纳粮税、出兵打仗，所以被征服土地的人民常常要承担双倍赋税，付给蒙古统治者的同时也要承担汉族管理者的摊派。而忽必烈用汉人是为了更好地治理汉地，是因为他知道"蒙古人未之知也"。因为他能够视"天下一家"，"奄四海以宅尊"，所以他能够客观地看待不同民族各自的擅长与特点，充分发挥其所长，为安定天下服务。忽必烈早期，囊括四海的这种气度甚至超过了秦皇汉武。在建国号"大元"的诏文中充分显示了他的这种气度：

> 诞膺景命，奄四海以宅尊；必有美名，绍百王而纪统。肇从隆古，匪独我家。且唐之为言荡也，尧以之而著称，虞之为言乐也，舜因之而作号。驯至禹兴而汤造，互名夏大以殷中。世降以还，事殊非古。虽乘

---

① 《元史》卷八《世祖五》，中华书局1976年版，第166页。

时而有国，不以（利）[义]而制称。为秦为汉者，著从初起之地名；曰隋曰唐者，因即所封之爵邑。是皆徇百姓见闻之狃习，要一时经制之权宜，概以至公，不无少贬。

我太祖圣武皇帝，握乾符而起朔土，以神武而膺帝图，四震天声，大恢土宇，舆图之广，历古所无。顷者，耆宿诣庭，奏章申请，谓既成于大业，宜早定于鸿名。在古制以当然，于朕心乎何有。可建国号曰大元，概取《易经》"乾元"之义。兹大冶流形于庶品，孰名资始之功；予一人底宁于万邦，尤切体仁之要。①

虽然这份诏书不是忽必烈亲手所为，但一定是很好地体现了忽必烈的思想。忽必烈对诏书能否完全体现自己的思想是非常看重的。在至元九年（1272），忽必烈想拟写一份赦免罪人的诏书，召来许多文臣撰写，未能称旨。最后翰林学士王磐奉命草拟释囚诏旨进读，忽必烈才感到称心，称赞道："此朕心也，欲言而不能形之于口，卿能为朕言之。"一份日常事务中释放囚犯的诏文，忽必烈尚如此要求，这份颁布天下定国号的诏文，忽必烈与大臣们一定是无数次的商讨而成的，需要充分表达忽必烈自己的思想。这份诏书内容的主题大概："大元"国号是延续"唐尧"、"舜虞"的中华文化传统而来的，是尧舜之后的继承；同时"大元"之国号又优于此前或以地而封号的"秦汉"，或以"爵邑"而封的隋唐，它更具有"公天下"之意义；忽必烈认为这样的封号是符合成吉思汗为代表的蒙元历史的事实的："我太祖圣武皇帝，握乾符而起朔土，以神武而膺帝国，四震天声，大恢土宇，舆图之广，历古所无。"忽必烈自认为自己比汉族皇帝的度量宏大，眼界开阔，这种自豪、优越感时或有所表现。史载刘秉忠等人根据历朝的古礼结合蒙古礼俗修订完朝仪后，奏上所订的朝仪，曾向忽必烈讲述当年汉高祖刘邦在感受了独尊无二、至高无上的百官朝见的朝仪活动后曾说："吾乃今知皇帝之贵也。"未曾想忽必烈的回话竟是："汉高眼孔小，朕岂若是。"刘秉忠与忽必烈是年相若的又君臣又朋友的关系，当他为忽必烈制定了"尊严宸极，辩上下而示等

---

① 《元史》卷七《世祖四》，中华书局1976年版，第138—139页。

威"的朝仪后，以为忽必烈一定会在他面前表现出无比喜悦之状，而他作为年相若的近臣再私下"调侃"一下。但长于"术数"的刘秉忠这次没有完全估摸准确忽必烈的心理，忽必烈不是小亭长出生的刘邦，作为成吉思汗的嫡孙，蒙古大汗至高无上、臣民匍匐叩首的场面，在他父兄的时代早已有所领略。

忽必烈"度量弘广"的表现，在很多时候是超出汉族皇帝的。他能够允许并理解在他的视野范围内悼念和祭拜先朝的皇帝。王鹗为忽必烈讲述儒家之道，"每夜分，乃罢"。忽必烈曾为王鹗在大都赐宅一所，但王鹗在闻知金主自缢后向忽必烈请求去葬金主的汝水之傍祭拜，"世祖义而许之"。王鹗"设具牲酒，为位而哭"①。与王鹗相较，从南宋来的赵复的行为语言表现得更为过激。《元史·赵复传》载，赵复被召至忽必烈潜邸："世祖在潜邸，尝召见，问曰：'我欲取宋，卿可导之乎？'对曰：'宋，吾父母国也，未有引他人以伐吾父母者。'世祖悦，因不强之仕。"赵复与忽必烈对话的态度明显是对立的。赵复的态度作为常人是可以理解的，但作为蒙古最高统治者的忽必烈，能够容忍赵复的不合作，这是历代统治者中较少见的。而且赵复非同常人，他是大理学家，他的行为与言语具有很大的影响力；但是忽必烈并不曾因此而对赵复"治罪"，"世祖悦，因不强之仕"。此后赵复在北方娶妻生子，自由讲学，传程朱理学于北方，对传统文化之弘扬做出很大的贡献；而忽必烈利用南宋降臣刘整攻打南宋的全套计划，扫平了南宋，统一全国，忽必烈、赵复各自完成了自己的历史使命。忽必烈完成了平宋的任务，而赵复完成了传道于北方的使命。如果没有忽必烈的"度量弘广"，赵复性命都难保存，传道之任全然不可实现。

忽必烈作为一位游牧民族军事征服者，而能够拥有"奄四海以宅尊"、"天下一家"的观念，能够像《元史》评价的"度量弘广、知人善任"，其重要原因之一，许是忽必烈心性中所具有的"仁性"得到了很好的栽培与充分的发挥。郝经在《立政议》中说忽必烈："恭惟皇帝陛下，睿享仁慈，天锡智勇，喜衣冠，崇礼让，爱养中国，有志于为治，而为豪杰所归，生民所望

---

① 《元史》卷一百六十《王鹗传》，中华书局1976年版，第3756页。

久矣。"张德辉《岭北纪行》中谈到忽必烈"自度衰朽不才,其何以得此哉!原王之意出于好善而忘势"。《元史》评价忽必烈:"及长,仁明英睿,事太后至孝,尤善抚下。"郝经评价忽必烈首先看到的是"睿享仁慈",张德辉认为忽必烈能够每次见他"必以礼接之,至于供帐、衾褥、衣服、饮食、药饵,无一不致其曲",并非因为自己有高才硕德,而是忽必烈天性的"好善而忘势"。赵弼十二岁失去父亲,杨夫人(养母)挈公去见忽必烈,忽必烈留赵弼于身边,"尝冬狩,野宿寒甚,命寝御衾中",关爱如同自己的子女。《元史》中用"仁明英睿"四个词表述了忽必烈四方面的优点,而"仁"是列为第一的。在儒家的观念里,为国君者首要的是有仁人之心。黄宗羲《原君》中认为:生民之初是没有国君的,产生国君是因为有"人者出",这个"人者"就是"仁者",他的特点是"不以一己之利为利,而使天下受其利;不以一己之害为害,而使天下释其害",是一个可以"推恩"于天下的人。 在诠释如何为"君主"的观点上黄宗羲的观点与孟子是完全一致的,所以黄宗羲认为"孟子之言,圣人之言也"。在儒家的经典中,《孟子》是谈论"王霸"之术较多的一部著作。孟子认为"为国君"首先要"仁",他跟梁惠王谈"王亦要曰仁义而已矣";与齐宣王谈如果能把对牛"觳觫"之仁心,扩充为对天下之爱心,"地方百里"而足以王天下。在《元朝名臣事略》中记载了忽必烈与齐宣王甚为相似的"觳觫"之仁心表露的一件事情:至元九年(1272),天下牢狱中关押了太多的犯人,忽必烈命令诸路死罪以下的犯人全部暂时纵放回家,预定秋七月归京师受刑。秋后因犯全部归京后,忽必烈"恻然矜闵",不愿意让囚犯受刑,决定赦免罪人,召词臣草拟戒谕天下的圣旨,"久之皆不能称旨",盖由于词臣像孟子所言的"百姓皆以王为爱也"一样,不能够真正理解忽必烈的"觳觫"之仁心;后翰林学士王磐草拟释囚诏旨,忽必烈非常满意,称赞道:"此朕心也,欲言而不能形之于口,卿能为朕言之。"① 忽必烈这种"觳觫"之仁心并非是因为偶或看见"牛"而为之,而是一直落实到他的刑法方面的政策中,在沿用汉王朝传统的笞、杖、徒、流、绞五刑时,忽必烈做了修订。《草木子》记载:"元世祖定天下

---

① (元)苏天爵辑撰:《元朝名臣事略》,姚景安点校,中华书局1996年版,第243页。

之笞、杖、徒、流、绞五等,笞杖罪既定,曰:'天饶他一下,地饶他一下,我饶他一下。'自是合笞五十,只笞四十七;合杖一百十,只杖一百七。天下死囚,审谳已定,亦不加刑,皆老死于囹圄。"① 这种所谓的"天饶他一下,地饶他一下,我饶他一下"是没有法理依据的,而是君王"宽仁"心理的表现。忽必烈曾说:"老臣有言,天下事如圆枘方凿,能少宽之,无往不可。"② 或许这就是忽必烈采用"轻刑"的依据。忽必烈所以形成这样的"宽仁"之理念,概有多种原因,其中的三个因素是较为重要的,一是他生活的家庭环境,一是他早年与佛教的接触并最终信仰佛教,更为重要的是后来汉幕僚中的人不断加强的"仁政"的熏染。关于佛教及儒士的熏染在此前、后的章节皆有论及,这里略述忽必烈生活的家庭环境中两位女性对忽必烈的影响。

忽必烈虽然是生长在游牧民族的军事征服者的家庭中,但是他身边能够影响到他的两位女性却是天性仁厚,"慧根"超常。他的母亲唆鲁禾帖尼在《剑桥中国辽西夏金元史》中有如此描写:

> 唆鲁和帖尼的同代人把她看成那个时代最伟大的妇女之一。……如果没有她的政治手腕以及她对他们的培养,她的儿子们不会成功地取代窝阔台家族成为主要的蒙古皇室家族。
>
> 唆鲁和帖尼深深地影响她的儿子们。首先,她确保儿子们是有文化的,对于渴望统治一个伟大帝国的人来说,有文化是一种必不可少的能力。此外,她以自己的表率作用教导他们一些基本的政治准则。例如,在中国北方的她的属地里,她既不剥削汉族臣民也不在这个地区进行抢掠。她意识到如果她鼓励而不是干预,当地的农耕经济便会增加税收。她对宗教的宽容政策也给她的儿子们留下深刻的印象。尽管她本人是一个聂思脱里派基督教徒,她向佛寺、道观以及伊斯兰宗教学校(madrasa)捐助金钱以及其他具体的支持。③

---

① (元)叶子奇:《草木子》卷三《杂制篇》,吴东昆等校点,上海古籍出版社2012年版,第50页。
② (元)苏天爵辑撰:《元朝名臣事略》,姚景安点校,中华书局1996年版,第65页。
③ 〔德〕傅海波、〔英〕崔瑞德编:《剑桥中国辽西夏金元史》,中国社会科学出版社1998年版,第483—484页。

在忽必烈的母亲管理分地的初期，蒙古统治者多数人还是一种单纯的掠夺管理方式。但是忽必烈的母亲宽厚仁慈，她很少干预当地的农耕经济。她与所在分地的汉族管理者保持了友好的关系，她的真定分地无论是在经济方面还是在文化方面都得到了很好的发展，在当时成为一片文化的绿洲，此后这个地方成为忽必烈潜邸时期及元初建设时期的人才库。《元史》中记载唆鲁禾帖尼是："钦惟庄圣皇后英明溥博，圣善柔嘉。尊俪景襄，阴教纯被。……迹圣绪洪源之有渐，知深仁厚泽之无垠。"①庄圣太后的确是恩隆德厚，所谓："行之大者名必显，恩之隆者报则丰。"唆鲁禾帖尼成为两位皇帝的母后。她开明的政治思想，深仁厚泽的品德对皇子忽必烈有着很大的影响。影响忽必烈的另外一位重要的女性是他的皇后，察必皇后所具有的"仁爱"之心，足以能够"推恩"于天下。她的朴素之仁心，甚至使她忘记了自己的政治立场。平宋之后，宋府库的各种宝物被聚在了忽必烈的殿廷上，忽必烈召察必皇后去观看这些宝物，皇后"遍视即去"，忽必烈派身边的人追问皇后想要何种宝物，皇后回答："宋人贮蓄以遗其子孙，子孙不能守，而归于我，我何忍取一物耶！"宋太后全氏投降北上至京，不习北方风土，身体多有不适。察必皇后多次奏请忽必烈让送太后回江南，直到忽必烈告她太后回江南会因政治影响遭不测之祸，"后退，益厚待之"。平宋后，忽必烈大宴群臣，众皆欢喜，唯后不乐。《元史》载："帝曰：'我今平江南，自此不用兵甲，众人皆喜，尔独不乐，何耶？'后跪奏曰：'妾闻自古无千岁之国，毋使吾子孙及此则幸也。'"②太后的所言、所行、所思，与黄宗羲《原君》的观点如此相合。黄宗羲在《原君》中认为如果把天下之产业视为帝王家己有，那么"远者数世，近者及身，其血肉之崩溃在其子孙矣。昔人愿世世无生帝王家"。察必皇后之忧患正在于此。作为宫中之妇人，皇后能够与一代思想家的"思想"相通，非他之故，仅是未被现实欲望而蒙蔽的素朴的仁人之心所致。黄宗羲以为"以俄顷淫乐不易无穷之悲，虽愚者亦明之矣"，但是历朝历代无数至聪极智的帝王将相不能明白"愚者亦明之"的道理。察必皇后的仁人之心与忧患意识，致使她非常明白"为君"之职分，曾谏止忽必烈在京

---

① 《元史》卷一百一十六《后妃二》，中华书局 1976 年版，第 2897 页。
② 《元史》卷一百一十四《后妃一》，中华书局 1976 年版，第 2871 页。

郊允许"割地牧马"的错误旨令,自己能够带领后宫"取不用之羊臑皮缝为地毯"。皇后的这种行为与思想也是影响忽必烈具有"宽仁"理念和行为的一个因素。

忽必烈作为一位非汉族的帝王,在他身上表现出的另一特质,就是他没有中原皇帝那种对帝位过度保护由此而产生敏感和复杂的迷信思想。从中国第一位皇帝开始有了"焚书坑儒"的行为之后,几千年的历史中因"文祸"许多人被丧失生命,其数量之大难于统计。元朝之后的明朝"血洗儒林",明史专家吴晗统计洪武二十多年中所杀的功臣名将和儒林士人的数量不亚于朱元璋打江山时南征北战消灭人的总数,像李国文所言:"按老朱以往的脾气,每一个字都足以杀他一次头。"① 然而元朝几乎是没有"文祸"的,这种没有"文祸"的短暂历史,是由元代的开国皇帝忽必烈开创的。在忽必烈时期也不乏构成"文祸"的因素,《元史·世祖本纪》记载这样一件类似文祸的事件:

> 丁未,中书省臣言:"妄人冯子振尝为诗誉桑哥,且涉大言,及桑哥败,及告词臣撰碑引谕失当,国史院编修官陈孚发其奸状,乞免所坐遣还家。"帝曰:"词臣何罪!使以誉桑哥为罪,则在廷诸臣,谁不誉之!朕亦尝誉之矣。"②

桑哥这一事件如果在其他朝代,足以构成一次大的"文字狱"。所告的诗歌内容,不仅仅是赞誉桑哥,"且涉大言"。这大言也许就是指朝廷,或许就是忽必烈本人。然而忽必烈大帝客观、冷静地看待这件事情,而且"朕亦尝誉之矣"一句话,避免了一场因文字而带来的灾难。忽必烈所言的仅是一个事实,的确许多人曾经赞誉过桑哥。关于为桑哥撰碑的历史事实,《元史》本传有记载,桑哥本是八思巴国师的弟子,"能通诸国语言,故尝为西番译史"。国师八思巴在至元十七年,乌思藏发生骚乱中被谋害,世祖派遣桑哥率领大军前往讨伐,次年桑哥率军到达乌思藏,先后攻下叛乱者所据朗卓康

---

① 李国文:《中国文人活法》,人民文学出版社2004年版,第253页。
② 《元史》卷十七《世祖十四》,中华书局1976年版,第362页。

马土城（今康马县境）和甲若仓之城（今江孜县境），处死叛首，班师回朝。由于这次的战功，加之后来桑哥显示出的理财能力，世祖"始有大任之意"。至元二十四年诏立尚书省，分别任命了尚书、中书两省官，以桑哥为尚书平章政事。同年十一月，又进桑哥为尚书右丞相，兼总制院使。至元二十五年十一月，大都人史吉等请为桑哥立"德政碑"，朝廷批准，命翰林学士阎复撰文，题为《王公辅政之碑》。次年闰十月，碑成，立于省前。当时桑哥权倾朝野，据《元史》本传载，他"由是以刑爵为货而贩之，咸走其门，入贵价以买所欲。贵价入，则当刑者脱，求爵者得，纲纪大坏，人心骇愕"[①]。至元二十八年终因其"结党营私，贪赃受贿"致罪拘捕入狱，《王公辅政之碑》也被推倒。无论写《王公辅政之碑》的人还是写诗曾经赞美桑哥的人，都因忽必烈说"词臣何罪"，"朕亦尝誉之矣"，而不被追究。宋代御史台发起的《乌台诗案》，差点把一代文学巨人苏轼置于死地；如果忽必烈此次不予制止，写《王公辅政之碑》的大文人阎复即便不死也难逃牢狱之苦。但忽必烈或许"不懂文字狱"，或许他更明白"词臣"有时仅是奉命写字而已，写诗也仅仅是一时一地的情感抒发，何以苏轼的"东海若知明主意，应教斥卤变桑田"就是讽刺皇上"兴水利"政策呢！

忽必烈对文字的"不敏感"，不愿以文为祸，其中关键的原因或许是他对失去皇位、失去天下没有像历代的汉皇帝那样过度地紧张与敏感，没有像一般的汉皇帝所具有的那种感到天下有许多人都在觊觎皇位的危机感。《元史·世祖本纪》七中曾记载一件事，或许可以佐证他的这种心理。载："平滦路昌黎县民生子，中夜有光，诏加鞠养。或以为非宜，帝白曰：'何幸生一好人，毋生嫉心也。'"忽必烈能够知道这件事一定是观察天象的人告知的，告知者出于对皇家江山永固的考虑，要把出生时有"光异象"的人扼杀于摇篮之中，但忽必烈不仅没有扼杀而且是"鞠养"之，并劝身边人"毋生嫉心也"。游牧统治者对江山失去似乎并不像中原皇帝那样具有天崩地裂之感。究其原因大概有二：一是出于宗教的原因。他们认为江山的得到与否，更多属于上天的意志。从成吉思汗到忽必烈每次重要的出征一定要先请

---

[①] 《元史》卷二百五《奸臣》，中华书局1976年版，第4575页。

教术士。至元十一年攻克襄樊以后,对南宋大规模军事进攻即将开始,但忽必烈迟迟难下决心,密问阴阳术士田忠良:"汝试筮之,济否?"忠良对曰"济"①,之后,忽必烈才下决心大举进攻南宋。当元军渡长江克鄂州的消息传到王廷即将要进攻临安时,忽必烈面带忧色,又对谋臣姚枢言:"自太祖戡定天下,列圣继之,岂固存之令久帝制南国耶?盖天命未绝。朕昔济江而家难作,天不终此,大惠而归。今伯颜虽济江,天能终此与否,犹未可知。是家三百年天下,天命未在吾家先在于彼,勿易视之。其有事宜,可书以进。"② 姚枢为忽必烈分析当时宋朝的形势,如果元朝的军队不进攻临安,则"是一宋未亡,复生一宋。又南方官府,以情破法……"③ 至此忽必烈才下决心进攻临安。忽必烈所以犹豫再三,当年他将攻宋时,自己的皇兄蒙哥汗去世,这就是他所言的"家难作"。由此忽必烈认为是上天让南宋拥有江山,非人力可为。可见,对江山之得失,蒙古统治者是诚心地相信和仰仗于上天意志。依靠着这种对上天的诚心信任,皇帝本人反而不会每日战战兢兢,像以往的历代皇帝稍有风吹草动便大开杀戒。另外一个原因,作为游牧民族武力的征服与被征服的情况频繁发生,通过军事力量在短时间内拥有了财产、地盘,而同时如果遇到更为强大的对手,曾经掠夺的财物、地盘也许可能又属于了他人,"游牧"的特点就在"动",对于世代拥有、永固江山的这种想法并不强烈,对于失去也并没有痛不欲生、天崩地裂之感。或许他们会觉得即使失去,以后自己军事力量强大还可以卷土重来,元朝最后一位皇帝迅速撤离中原的行为也许可以佐证这种看法。至正二十八年,朱元璋进攻大都时,元朝最后一位在皇位三十多年的皇帝带着后妃、太子迅速弃大都北走撤到了上都,朱元璋遣使到上都招降,元惠宗还作了一首诗送给朱元璋:

  金陵使者渡江来,漠漠风烟一道开。
  王气有时还自息,皇恩何处不昭回。
  信知海内归明主,亦喜江南有俊才。

---

① 《元史》卷二百三《方技》,中华书局1976年版,第4536页。
② (元)苏天爵辑撰:《元朝名臣事略》,姚景安点校,中华书局1996年版,第163页。
③ (元)苏天爵辑撰:《元朝名臣事略》,姚景安点校,中华书局1996年版,第164页。

归去诚心烦为说，春风先到凤皇台。①

对失去江山这样潇洒的帝王，在中原皇帝中是前无古人、后少来者。而他诗中的"王气有时还自息，皇恩无处不昭回"反映了他的"天命观"。朱元璋自然也很遂心，认为惠宗退出中原是"顺天命，退避而去"，为这位蒙元最后一位统治者脱欢贴睦尔封号为顺帝，意为能"顺天命"。这份洒脱，是汉族皇帝们永远不可企及的！

忽必烈与中原文化养植出来的皇帝的另一不同点，就是他并不硬性地、恪守于"君无戏言"这一类的所谓保持"至尊"规则，并不认为自己说出的话，就要永远正确、一定要执行。他曾为宰臣曰："朕或怒，有罪者使汝杀，汝勿杀，必避回一二日乃复奏。"史家感慨地评论忽必烈的这句话："斯言也，虽古仁君，何以过之。"忽必烈认可皇帝也有喜怒哀乐，在情绪异常时会有错误的判断和言行。对自己错误的话语即时纠正则可，而不像中原皇帝，为一句与自己母亲的"不及黄泉无相见也"的话，在悔恨之后不知所措，非要挖开"黄泉"才可相见。(《左传·郑伯克段于鄢》) 儒家经典记载君王即便是孩子也不能为"戏言"，成王已然言"余一人与虞戏也"，但周公固执的道理是"天子无戏言。天子言，则史书之，工诵之，士称之"。(《吕氏春秋·览部》) 故而必须有"桐叶封弟"，国君要"益重言"。国君是永远无错，永远神明，即便错了天下人也要以错的去执行，以证明其永远的正确性。相较而言，忽必烈这位来自于草原的皇帝，并不期望自己神明到没有任何一句错误的话，因而有对宰臣如此的嘱咐。《元史·世祖本纪》十，记载忽必烈因东川行院为了与李德辉争功，误奏王立久抗王师，并曾指斥皇兄，忽必烈遂下诏杀王立。后安西王向忽必烈叙述王立降附的本末，知道东川院所奏不实，自己下诏杀王立是一个错误，且以为王立已经被杀，"追悔何及"。当得知王立未杀时，即刻召见，命为潼川路的安抚使。忽必烈改正自己的误诏，斥责了误奏之人，事情也就此结束。

叶子奇《草木子》谓："大抵北人性简直，类能倾心以听于人，故世祖

---

① 元顺帝:《答明主》，杨镰主编:《全元诗》第六十册，中华书局2013年版，第411页。

既得天下，卒赖姚枢牧庵先生、许衡鲁斋先生诸贤启沃之力。及施治于天下，深仁累泽，浃于元元。"①因"性简直"，使得忽必烈具备了封建社会许多皇帝所不具有的优秀品性。忽必烈身上所体现的许多"特质"正符合了中原士人对明君诉求，他们"平天下"必备条件就是需要一位可以辅佐的明君。于是，当时中原北方的一些英才，毅然选择奔赴漠北忽必烈的王府为幕僚。

## 第二节 "蒙汉杂糅"的君臣观与"双向"忠君观的契合

　　元代的君主具有蒙古大汗与中原皇帝两种角色融于一身的特点。忽必烈之前的前四汗时期的蒙古国，曾经是横跨欧亚大陆的帝国式的政权。大汗所在的兀鲁思与中亚各兀鲁思之间，在名义上构成一个以大汗为首、由成吉思汗各支后裔所组成的"黄金家族"统治下的政治共同体（兀鲁思：蒙古语"人众"、"国家"的意思），实际各个兀鲁思很独立，所以忽必烈建立的蒙元王朝，名义上是属于一个较大范围内的蒙古政治共同体内的一个组成部分，是这个政治共同体的最高权威所在。元代一直存在着以蒙制和汉制两种形式表明本朝统治合法性的双重符号体系，像蒙、汉并行的国号、庙号、纪年形式、两种官方语言、两种即位仪式等。皇帝既有汉文庙号也有蒙文庙号，忽必烈的蒙古庙号是薛禅汗、汉文庙号是世祖。所以忽必烈既是一位中原皇帝也是一位蒙古帝国的大汗。

　　由于蒙古社会在早期尚处于氏族部落社会，因此社会中的许多关系以血缘关系为基础，社会中的政治关系也经常用亲属关系来表述。由一方主动降附而形成的支配与被支配的关系，被比拟为父子关系。在成吉思汗时期，这种关系是明确表述的，主动投降蒙古的维吾尔部的首领亦都护获得了成吉思汗第五子的名义，元朝维吾尔人在朝中的显赫与此种关系有着密切的联系。而成吉思汗本人，在他势单力薄的时候，曾经投靠于克烈部首领，并称克烈部首领为汗父。在元代君臣关系中也时或表现出一种家庭中的主奴关系，时

---

① （元）叶子奇：《草木子》卷三《克谨篇》，吴东昆等校点，上海古籍出版社2012年版，第39页。

隐时现地保留着来自草原游牧社会的私人隶属关系。而且在有些场合，有意无意中一些官员们自称自己为奴婢。至元三十一年（1294）五月，御史台的蒙古官员在给新即位的成宗皇帝上奏时，就称自己为"歹奴婢每"："如今皇帝新即位，歹奴婢每比之在前更索向前用心出气力。"①对皇帝自称奴婢的人，不仅限于蒙古出身的官员，有时候汉族官员也会这样称呼，南宋降将范文虎在至元十七年的廷奏中也自谓奴婢：

> 伯安歹、李占哥招收已前做罪过私投亡宋蒙古、回回、汉儿诸色人等，圣旨有来。如今出来底也有，不出来底多有。乞降圣旨，委付奴婢并李拔都儿再行招收，尽数出来底一般。②

当然现存的汉文史料中所见廷臣以奴婢自称的并不多。姚大力先生在《论蒙元王朝的皇权》一文中考证了共有四条，在此引述蒙汉人各一条。例证虽然不多，但它反映的是一种存在的事实。当忽必烈是皇帝与大汗的双重身份时，其所属的臣僚们其实也就具有了双重的身份——朝臣与家奴。而君臣关系之间也就会或隐或现地存在着主奴关系，或者说在中原王朝的君臣关系中掺杂着蒙古帝国的主奴关系。主奴之间的关系要比之间的君臣关系更具有随意性。按照中原王朝的体制，"刑不上大夫，为其近于君，且所以养廉耻也"，按士大夫的看法，大臣有罪，"应死则死，应流则流"，但不可以"轻加笞辱，以皂隶待之"③，不能够用对待奴仆的办法施用于士大夫，尤其元以前的宋朝，对士大夫更是礼敬有加。但元朝则不然，朝臣受杖之事在现存的史料中时或见之。至元二十八年，桑哥失势被诛后，忽必烈怒斥台臣，台臣们竟自承"夺职、追禄、杖三者为命"。元成宗朝，江南行台御史及浙西廉访司弹劾江浙行省平章不法者十七事，平章反告御史违反制度调阅军防机密档案，双方在廷前力辩后，"平章、御史各杖遣之"④，消息传出，居然"众呼

---

① 《元典章》卷六，"台纲二"，陈高华等点校，中华书局2011年版，第166页。
② 《元典章》卷三十四，"兵部一"，陈高华等点校，中华书局2011年版，第1178页。
③ 《资治通鉴》卷二一二，"唐纪"二八，沈志华、张宏儒主编，中华书局2009年版，第8908页。
④ 《元史》卷一百七十《尚文传》，中华书局1976年版，第3986页。

万岁"。由此可见在元代的时候，人们已经对这种以家奴处罚朝臣的做法习以为常了。曾经为宰相的阿合马从生到死忽必烈都是以奴婢对待的。在他生时，因其党自相攻击，廉希宪治其事，"阿合马竟得决杖，遂罢所领，复还有司"[1]；死后，忽必烈"尽得其罪恶"以处置奴婢的办法，命"剖棺戮尸"。在元朝对"刑不上大夫"的这种尊严大概已经淡忘了。

但是在另一方面主人与家奴之间的关系要比封建社会君臣之间的关系更为亲密，主人常常视家奴为自己的"家人"。这种关系往往形成主人对家奴的绝对信任；而不像君臣关系，为君者时刻对臣有防备心理。张帆在《论蒙元王朝的"家天下"政治特征》时说：

> 同时，由于元朝君臣关系中长期保持着来自草原游牧社会的私人隶属色彩和身份差异，大臣不过是君主的家臣或奴婢，其权力在大多数时候都被看做皇权的外化和延伸，不被视为威胁。于是就出现了在汉族王朝乃至其他北方民族王朝中不常看到的情况：皇帝委任责成，大胆放权，大臣勇于任事，不加避忌。[2]

对大臣的信任与放权在忽必烈身上表现得尤为突出。至元九年，忽必烈封忙哥剌为安西王（忙哥剌是忽必烈第三子），"赐京兆为封地，驻兵六盘山"。安西王府应运而生，建立了开城府，汉人商挺为王相，王府中的许多政令出于商挺，有时候安西王把王庭中的事情全权委托于商挺："十四年，诏王北征，王命挺曰：'关中事有不便者，可悉更张之。'"至元十七年安西王去世后，王妃让商挺请命于朝廷，以其子阿难答继位。帝曰："年少，祖宗之训未习，卿姑行王相府事。"[3] 安西王忙哥剌刚去世时，忽必烈把王府的事全部交予商挺管理，这样的信任度，在常态的君臣关系中是不可能的。这种大胆放权的行为，忽必烈并非偶或为之。至元二十七年，安南国主陈日烜累召不止，其叔父入贡被朝廷封为安南王，返回后被陈日烜杀害，忽必烈派遣张

---

[1] （元）苏天爵辑撰：《元朝名臣事略》，姚景安点校，中华书局1996年版，第134页。
[2] 张帆：《论蒙元王朝的"家天下"政治特征》，《北大史学》2001年总第八期，第69页。
[3] 《元史》卷一百五十九《商挺传》，中华书局1976年版，第3741页。

立道出使，"立道对曰：'君父之命，虽蹈水火不敢辞，臣愚恐不足专任，乞重臣一人与俱，臣为之副。'帝曰：'卿朕腹心臣，使一人居卿上，必败卿谋。'遂授礼部尚书，佩三珠虎符，赐衣段、金鞍、弓矢以行。"①张立道请求有一位重臣俱往，自然是要请求一位非汉族的重臣与之俱往，其用意是明显的，一是为了朝廷的信任；二是谦虚地以为自己"愚恐不足专任"。类似的情况在中统初年郝经出使南宋时也发生过，忽必烈即位后，想派遣郝经出使南宋：

> 夏四月，见于开平，以公为翰林侍读学士，赐佩金虎符，充国信大使，赍国书入宋，告登宝位，布通好弭兵息民意。仍诏沿边诸将，毋得出境侵抄。及陛辞，公请与一二蒙古偕行，帝不许，曰："只卿等往。彼之君臣皆书生也，且贾似道在鄂时，已尝请和于我矣。"将出，帝赐葡萄酒三爵，且命公曰："朕初即位，凡事草创。卿今远行，所当言者可亟上之。"公乃具草，言帝临御之初，当大有为，以定万世之业，皆佐王经世之略，凡十六条。其言备御西王、罢诸道世袭，尤为切至，帝皆节次行之。②

忽必烈初即位出使南宋这样重大的外交事务，以常规忽必烈应该派遣一位蒙古王室中的人与郝经同往，郝经也是如此的想法，所以要求"与一二蒙古偕行"，但帝不许，其理由："彼之君臣皆书生也"，忽必烈认为郝经也是书生，所以双方之间更好沟通。这样的决策是建立在对郝经高度信任的基础上。其实不仅仅是"书生"之事尽托于汉人，有时候重大的军事行动忽必烈也能够全权委托于汉人。至元三十年（1293），忽必烈欲再次征讨交趾国，命刘国杰为湖广安南行省平章帅军出征，刘国杰要求有一宗王与他同领军务。忽必烈以为："蛇一首两尾则能行，两首一尾则左右前却。将在军中，专制其事可也。"不予批准。刘国杰力请，而后命宗王亦吉列歹任监军，但任刘国

---

① 《元史》卷一百六十七《张立道传》，中华书局1976年版，第3918页。
② （元）荀宗道：《故翰林侍读学士国信使郝公行状》，《郝经集校勘笺注》第十五册附录，田同旭校注，三晋出版社2018年版，第3357页。

杰为主帅，忽必烈又特为降诏宣谕："凡号令、进退、赏罚一决于公，宗王受成而已。"①忽必烈在用人方面常常突破蒙古皇帝用人的惯例。一般情况下，蒙古皇帝用人时由蒙古、色目人为正职，而汉人为副职。《元史·百官志》明确记载："官有常职，位有常员，其长则蒙古人为之，而汉人、南人贰焉"②，而忽必烈"不拘一格用人才"，这种大胆放权的"善任"，使被用的汉族士人有一种"知遇"之感，由此甘愿"鞠躬尽瘁，死而后已"。

由这种主奴关系形成对"家臣的信任"渗透在君臣关系中，所表现的不仅仅是"善任"，更多时候体现在"知人"方面，或者说正因为"知人"方可"善任"。忽必烈相对于汉族中的皇帝，在知人方面表现得更为智慧。至元九年，元军发动攻宋，十一月正当元军扫清樊城外围要强化围攻之际，宋京湖制置大使李庭芝施用离间计，企图使忽必烈对元军统帅刘整产生不信任。李庭芝用金印牙符授予刘整为汉军大元帅、卢龙军节度使，加封燕君王，将书写好的信函，让永宁寺僧人一并送给刘整。印符与书信被永宁县令所获，立即驰驿报告给忽必烈。忽必烈闻讯开始非常震惊，本欲下令尚书平章张易和姚枢询问此案，恰在此时，刘整自襄阳军前回到京师，对忽必烈言："宋怒臣画策攻襄阳，故设此以杀臣，臣实不知。"忽必烈觉得刘整所言属实，刘整能够在这时候赶回京师，断定是不可能叛变的。忽必烈于是诏令刘整给李庭芝回书："整受命以来，惟知督厉戎兵，举垂亡孤城耳。宋若果以生灵为念，当重遣信使，请命朝廷，顾为此小数，何益于事！"③忽必烈命刘整继续担任汉军及水军的统帅职务，很快刘整与阿术率军攻克了樊城，继而攻破襄阳，襄樊之战是攻克南宋关键的战役。忽必烈对刘整的信任，对这次重要战役取胜起到了关键的作用。刘整原为宋将，在荆湖制置使孟珙麾下时，因骁勇善战，孟珙称之为"赛存孝"（赛过唐名将李存孝）。刘整因抵御蒙哥汗攻蜀战功显著，升任为泸洲知州和潼川十五军安抚使，成了四川制置司下四大主力将领之一。刘整是京兆樊川人，身为北方人，南方诸将皆出

---

① （元）黄溍：《湖广等处行中书省平章政事赠推恩效力定远功臣光禄大夫大司徒柱国追封齐国公谥武宣刘公神道碑》，《黄溍集》，浙江古籍出版社2013年版，第1105—1106页。
② 《元史》卷八十五《百官志》，中华书局1976年版，第2120页。
③ 《元史》卷一百六十一《刘整传》，中华书局1976年版，第3788页。

其下,故引起策应使吕文德的嫉恨,蓄意贬低刘整军功,故意使与刘整有矛盾的俞兴制置四川,俞兴多方构陷刘整,刘整遣使向临安朝中诉说,朝中无人可以通达其意。中统二年获得贾似道和俞兴欲杀害自己的密信后,刘整决意以泸州十五郡、三十户降元。刘整降元后就向忽必烈献策攻南宋先取襄阳的计策:"无襄则无淮,无淮则江南可唾手下也。"刘整在接受了训练水军的任务后,日夜带兵操练,雨天不能外出时,就在兵营内画地为船练习。刘整既熟悉水军,又对南宋防御虚实有全面了解,他在襄樊之战中起到了至关重要的作用,是襄樊之战的第一功臣。后来刘整闻伯颜渡江入鄂州的捷报,遗憾自己不能先渡江灭宋愤郁而亡。掌握南宋大权的贾似道,深惮刘整,虽然朝野上下要求出战,但他迟迟不肯出兵,直到至元十二年闻刘整卒,贾似道才以为得到"天助",率十三万大军赴前线。忽必烈能够顺利攻克南宋,统一天下,一批南宋降将的归附和加盟起了很大的作用。因为元军本不善于水战,而这批归顺降将的参与,"夺彼所长",补己所短。忽必烈所以能够做到让降宋将领义无反顾地为自己效力,很重要的就在于他能够放心大胆地任用他们,做到用人不疑。

忽必烈能够与自己的大臣零距离地接触,正是因为他把自己特别亲信的大臣视为"家奴",有时候完全视作自己家庭成员的一分子,互相之间以兄弟相称。这种亲近的关系,在对待汉族世侯董氏一家中表现得最为典型。忽必烈呼董家长子董文炳为董大哥,而实际上忽必烈要比董文炳还长两岁,忽必烈如此称呼是把自己排在了董家兄弟行列中,而不是他与董文炳之间的长幼关系,更不是帝王家的排序。后来元成宗(忽必烈孙子)即位后呼董士选(董文炳次子)为董二哥,同样是以董家的排行为序。像董氏这样的近臣忽必烈在很多情景下以家人待之。董文炳夏天得病后,忽必烈以为大都夏天炎热,召文炳至上都养病。在上都庆贺忽必烈的生日时,董文炳被赐上坐,"每尚食,上食辄缀赐公",尝曰:"朕心文炳所知,文炳心朕所知。"董文用是董氏第三子,历事三朝,三代帝王皆厚待如家人,"公自先帝每侍燕,与蒙古大臣同列;裕宗尝就榻上赐酒,使毋下拜跪饮";成宗"辄亲取酒饮之"。董文忠是董家的第八子,二十二岁入侍王府,潜邸时期与长兄共同立功于沙场。忽必烈即位后,董文忠授符宝郎,负责此项工作的人,必须是取得皇上绝对信任的人。一旦从事这项工作，则"居益近密"。忽必烈常呼董文忠为"董八"而不呼其名，"亦异数也"。忽必烈甚至要求后宫中的人也把董文忠当作"家人"，一次董文忠因劳累过度休寝在宫中榻下，忽必烈"命妃蹴兴之，妃不敢前，上詈曰：'董八诚爱之专，敬慎之至，事朕逾父，汝以妾母，蹴之何嫌，而为是拘拘？'"这样的亲近行为在中原皇帝，即使亲兄弟之间也受制于礼，绝不可行。忽必烈的皇后察必在潜邸时期曾经亲自为幕僚成员赵璧制衣。《元史·赵璧传》载："（忽必烈）命后亲制衣赐之，视其试服不称，辄为损益，宠遇无与为比。"对臣下如此之关爱，在封建社会中原地区的皇帝是不可能做到的。忽必烈对臣下的这种超越君臣关系的亲近待遇有时会引来一些人的不满。梁曾两次出使安南，不辱使命，回京后向忽必烈奏报与安南王所交涉的事情并上交文书，忽必烈大喜，解下自己身上穿的衣服赐与梁曾，又令梁曾坐地上而免跪。中书省右丞阿里对忽必烈给予梁曾如此高的待遇甚为不满，忽必烈怒曰："梁曾两使外国，以口舌息兵戈，尔何敢尔！"当日，一位亲王从和林返京，忽必烈命侍从斟酒时，先赐梁曾后亲王，并向亲王解释："汝所办者汝事，梁曾所办，吾与汝之事，汝勿以为后也。"① 又于便殿赐酒馔，留梁曾夜宿禁中，谈论有关安南的事情，至二更方出。忽必烈知道自己的爱臣窦默过八十岁生日时，曾拱手于天，恭默瞻仰，为窦默祈寿："此辈贤士，安得请于上帝，减去数年，留朕左右，同治天下。"忽必烈对臣下的种种特殊的"厚爱"行为与表示，是中原皇帝不可能做到的。封建社会的皇帝，其君臣之礼、内外之分、礼仪之规矩在任何情况下都是严格遵守的。忽必烈这种对自己下臣的特殊的"示恩"，显然是"家人关系"的性质渗透在了封建社会的君臣关系中。

当然，对于"思大有为"于天下的忽必烈，绝不会只是把草原简朴风俗的一面带到中原王朝中，自觉地吸收和学习中原文化中优秀的东西是忽必烈身上更为可贵之处，也是他能够成为统一南北的第一位少数民族皇帝的主要原因。忽必烈在与中原士人接触的过程中，对中原士人所称道的历史上的明君不禁怀有向往之情，尤其是唐太宗李世民成为他塑造自我明君形象的一

---

① 《元史》卷一百七十八《梁曾传》，中华书局 1976 年版，第 4134 页。

个重要的参照偶像。史书记载忽必烈在不同的场合,与不同的人会常常谈到李世民与魏徵。《内翰王文康公》记载:"上之在潜邸也,好访问前代帝王事迹,闻唐文皇为秦王时,广延四方文学之士,讲论治道,终治太平,喜而慕焉。"① 很可能忽必烈延揽人才组织幕僚的念头始于李世民招致十八学士的启发。《元史·窦默传》载:"世祖即位,召至上都,问曰:'朕欲求如唐魏徵者,有其人乎?'默对曰:'犯颜谏诤,刚毅不屈,则许衡其人也。深识远虑,有宰相才,则史天泽其人也。'"忽必烈以唐太宗为理想的君主,以魏徵为理想的大臣。忽必烈与廉希宪在谈论治理天下的事情时,再次谈及魏徵:"上因论及魏徵,王曰:'忠臣良臣,何代无之,顾人主用与不用尔。'"② 魏徵为臣最鲜明的特点就是敢于直谏,而唐王李世民作为明君的重要特点之一也是善于纳谏。忽必烈对此能够深刻领会,并能够身体力行。忽必烈第一次独立出征是在元宪宗二年攻打大理,出征前忽必烈夜宴群臣,姚枢便给他讲述宋太祖遣曹彬伐江南时不杀一人的故事,第二日早行时,忽必烈在马上回答姚枢:"汝昨所言曹彬不杀者,吾能为之。"同时,徐世隆因进献太常乐,忽必烈在日月山单独召见徐世隆,对于即将出征的他,对于曾经有着"屠城掠夺"经历的蒙古军队,徐世隆首先进谏的内容也是"不嗜杀",并给忽必烈阐释孟子的"不嗜杀人者能一之"的道理,对于想大有作为于天下的忽必烈自然是吻合了其一统天下的心理。之后忽必烈进攻大理时,"饬公(姚枢)尽裂囊帛为帜,书止杀之令,分号街陌,由是其民父子完保,军士无一人敢取一钱直者"。(《姚文献公神道碑》)忽必烈由此终生铭记了这一重要的进谏的内容,"每有征伐,必谕以不杀"。二十多年之后,至元十一年伯颜总兵伐宋时,忽必烈把潜邸时南征大理之前谋士们对他进谏的内容,以严肃的口气向伯颜重复了一次:"曹彬不嗜杀人,一举而定江南。汝其今体朕心,古法彬事,毋使吾赤子横罹锋刃。"③ 由此,临安被攻破后"禁戢豪猾,抚慰士女,宋民不知易主"④。元人汪元量曾写诗赞美伯颜:"衣冠不改只如先,关会通行

---

① (元)苏天爵辑撰:《元朝名臣事略》,姚景安点校,中华书局1996年版,第238页。
② (元)苏天爵辑撰:《元朝名臣事略》,姚景安点校,中华书局1996年版,第134页。
③ (元)苏天爵辑撰:《元朝名臣事略》,姚景安点校,中华书局1996年版,第17页。
④ 《元史》卷一百四十八《董文炳传》,中华书局1976年版,第3672页。

满市厘。北客南人成买卖,京师依旧使铜钱。""伯颜丞相吕将军,收了江南不杀人。"①从忽必烈开始,蒙古军队实行了"不嗜杀"的政策,彻底改变了此前蒙古征服者的形象与理念。这也是蒙古统治者由野蛮迈向文明最重要的一步。能够迈出这一步归功于潜邸幕僚们"苦口婆心"的进谏,同时也归功于忽必烈能够诚心实意地"纳谏"。而忽必烈所以能够如此从谏如流,其中一个重要的原因是他想成为像李世民那样的明君。当他真的尝试着这样去做时,所带来的实际的利益出乎他的想象,"不嗜杀"的行为和政策,致使宋之百城,可以驰檄而下;蒙古军所至,各地望风归附,"不嗜杀人之效,其捷若此"。"十余年间,际天所覆,咸为一家",这样的业绩更加坚定和鼓励了忽必烈的虚心纳谏,也改变了他前期认为儒者无用的看法,他与西夏人朵儿赤道:"朕闻儒者多嘉言。"建国初期的许多建设工作,忽必烈能够听从大臣们的建议。御史台建立后,一度曾设立两位大夫为长官,监察御史姚天福向忽必烈进言:"古称一蛇九尾,首动尾随;一蛇二首,不能寸进。今台纲不张,有一蛇二首之患。陛下不急拯之,久则紊不可理。"②忽必烈依其言,裁减了一位御史大夫。继承皇位问题,在封建社会向来被看作是非常重大的"定国本"之事,忽必烈建元之后在汉族儒臣的辅佐下,开始尝试预立太子之事。中统二年皇子真金被封为燕王,是忽必烈诸皇子中第一位封王爵者,至元十年(1273)真金被正式册封为太子,并命其兼管中书令与枢密院。但在五六年的时间里,真金"终守退让",并不真正参政。至元十六年董文忠上奏:为固国之本,以为太子应该参政,而太子多年不参政原因在于遇政事"夫事已奏决,而始启太子"。大臣遇事总是先请皇上裁决,而后才启太子,太子就没有机会真正参政。董文忠奏言后,"帝即日召大臣,面谕其意,使行之。复语太子曰:'董八,崇立国本者,其勿忘之。'"③太子从此开始监国。太子真金监国,能够"明于听断",若不是英年早逝,太子当是元代难得的一位英主。忽必烈不仅善于听,更能善于行。天下之事,往往是令出有力而执行则无力。忽必烈常常能够在令出之时就果敢行动,可能是北

---

① (元)汪元量:《醉歌》,杨镰主编:《全元诗》第十二册,中华书局2013年版,第5页。
② 《元史》卷一百六十八《姚天福传》,中华书局1976年版,第3960页。
③ 《元史》卷一百四十八《董俊传》附《董文忠》,中华书局1976年版,第3504页。

人"简直"的性格所形成的具有强有力的行动能力,"太子监国"如此大事,董文忠奏言后,"帝即日召大臣,面谕其意,使行之"。忽必烈不仅仅能够纳谏军国大事,有时候一些细小之事,如果言之有理,属于自己行为不当,他也能够善纳其言。《元史·许国祯》载:有人盗走了大安阁祭祀神仙的钱币,忽必烈得知后很愤怒,命令诛杀此人,提点太医院许扆劝谏说:"敬神,善事也。因置人于死地,臣恐神不享所祭。"忽必烈"即命释之"①。作为至尊皇帝,处于天下一尊地位的忽必烈在知错之时能够承认自己所错。出于感恩的心理,忽必烈常常向侍臣们称赞塞咥㖊的能力。近臣不忽木问塞咥㖊所能时,忽必烈言在蒙哥汗执政时,塞咥㖊侍奉宪宗,常暗中以财物资助忽必烈。不忽木饱受儒学浸养,儒家修身立世的标准已经深入他的灵魂骨髓中,他听忽必烈所言后,反驳道:"是所谓为人臣怀二心者。今有以内府财物私结亲王,陛下以为若何?"忽必烈听罢,感觉不忽木所言在理,急忙挥手说:"卿止,朕失言。"这本来是君臣之间的闲聊,未必非要有是非正确之争,但满身学究气的不忽木确是如此与皇上认真,而皇上又能如此虚怀若谷地承认自己"失言"之误,却也难能可贵。而况"此一是非",也未必真理就在不忽木,对君的忠诚在儒家的经典中也不是唯一的、单向的,从个体的品德出发,忽必烈具有"感恩"之厚德也无可非议。忽必烈如此谦让,也许更多出于对直臣的保护,他曾说:"朕于廷臣有謩直忠言,未尝不悦而受之;违忤者,亦未尝加罪。盖欲养忠直,而退谀佞也。"②由于他的"养忠直",所以在他的身边长期有几位敢于直言的诤臣存在:"犯颜谏诤、刚毅不屈"的许衡,"不肯阿意承顺"的王磐,"刚直敢言"的崔彧,"虽帝怒甚,其辞不少屈"的昂吉儿,言辞激烈的窦默,廉希宪更是敢于公开地顶撞忽必烈。当然"逆龙鳞"总不如"顺龙颜"使龙舒服,忽必烈也自然有感受到直谏带来的不舒服。一次廉希宪"谠论具陈,无少回惜",忽必烈与廉希宪道:"汝昔事朕王邸,犹或容受,为天子臣,乃尔木强邪?"廉希宪回答:"王府事轻,为天子论天下事,一或面从,天下将受其害,非不自爱也。"③廉希宪的这种

---

① 《元史》卷一百六十八《许国祯传》附《许扆》,中华书局1976年版,第3964页。
② 《元史》卷一百三十四《朵尔赤传》,中华书局1976年版,第3255页。
③ (元)苏天爵辑撰:《元朝名臣事略》,姚景安点校,中华书局1996年版,第135页。

心理，或许代表了潜邸时许多旧臣的心理，忽必烈即位后，他们进谏的态度更为严肃，他们认为与天子论事要比为王府论事责任更为重大。

忽必烈对下臣既有源于草原主奴制度中的"家奴"观念，又自觉学习中原制度中明君的行为与思想，从而形成他自己特有的明君观念与明君行为。他具有比中原皇帝对自己下臣更为亲近"贴心"的恩赐，当然也有把罪臣当奴婢的没有尊严的处罚；同时又具有了中原明君贤明与"弘广"度量，由此取得了许多中原才智之士的认同，激发起这些人本就渴望效忠朝廷明君的心理。

"忠"的概念是儒家最早提出的。在先秦典籍中较早出现"忠"字的是《论语》，但孔子所说的忠，主要是指忠的本意。"忠"按《说文解字》《辞海》的解释，忠的本意为"敬"、"尽心"，全心全意即为"忠"。因此"忠"本是个体做事时候一种自我完善的精神追求，同时也是对他人、对事业及对国家民族一种责任心，属于道德范畴的一个概念。具体到君臣观念中"忠"是具有双向性的，因为既然是作为道德观念，每个人无论是君还是臣都应该具备。如"定公问：'君使臣，臣事君，如之何？'孔子对曰：'君使臣以礼，臣事君以忠。'"臣子的"忠"是建立在君王的"礼"基础之上，并非后世所宣扬的臣民单方面的"忠"。孔子更为明确的一句话是："邦有道则仕，邦无道，则可卷而怀之。"[①] 在此孔子明确地说出，君若无道可以"卷而怀之"，这与后世宣扬的"忠君不贰"的思想完全不同。之后，儒家的继承人孟子关于"忠"的意义阐释，基本继承了孔子有关"忠"的观念，孟子谓"教人以善谓之忠"。在对待君臣关系上，孟子曰："欲为君，尽君道；欲为臣，尽臣道。二者皆法尧舜而已矣。不以舜之所以事尧事君，不敬其君者也；不以尧之所以治民，贼其民者也。"[②] 孟子说的另外一段话，是许多人熟知的："君之视臣如手足，则臣视君如腹心；君之视臣如犬马，则臣视君如国人；君之视臣如土芥，则臣视君如寇仇。"[③] 孟子在孔子思想的基础上，阐释得更为具体、透彻。君臣之间虽不能够完全平等在一个位置上，但在本质意义上是对等的。所以后世日益专制的君王们并不喜欢"圣人"有关君臣方面的言论，朱

---

① 杨伯峻译注：《论语》，中华书局1980年版，第163页。
② 杨伯峻译注：《孟子》，中华书局2008年版，第165页。
③ 杨伯峻译注：《孟子》，中华书局2008年版，第186页。

元璋读《孟子》看到"民为贵,社稷次之,君为轻"时勃然大怒,宣布即日起"罢免孟子配享孔庙",要将孟子的牌位撤出孔庙,时因大臣们纷纷上奏,而且一些朝臣态度非常激烈,孟子才被保留在了孔庙中。

让专制君王们感到满意舒适的是法家的"忠君"思想。中国第一位专制君主秦始皇在读了韩非子的书后拍案称绝,急切地想见到韩非子:"嗟乎,寡人得见此人与之游,死不恨矣!"秦始皇所以如此,是韩非子的"忠君"思想符合专制者的"专制"需求。韩非子的"忠君"思想与孟子有着很大的不同,孟子忠君思想的双向性,在韩非子的思想里变成了单向的、一维的。韩非子"忠臣"的概念是:"忠臣之事君也,非竟取君之国也……故人臣毋称尧舜之贤,毋誉汤、武之伐,毋言烈士之高,尽力守法,专心于事主者为忠臣。"[1] 韩非子是完全站在君主的立场为"忠臣"下了一个定义,树立了一个标准,为臣只能绝对地听命于君主、服从于君主,而不能够也不必要去考虑君主本人的德行,只是专心于事君即可。而且韩非子把此标准绝对化,如果一个人不能够做到忠,就不应该再享有生存权力,韩非子曰:"为人臣不忠,当死;言而不当,亦当死。"与"忠臣"相对应,韩非子也为"明君"下了一个定义:"明君无为于上,群臣竦惧乎下。明君之道,使智者尽其虑,而君因以断事,故君不穷于智;贤者敕其材,君因而任之,故君不穷于能;有功则君有其贤,有过则臣任其罪,故君不穷于名。是故不贤而为贤者师,不智而为智者正。臣有其劳,君有其成功,此之谓贤主之经也。"[2] 韩非子所谓的"明君"就是"君"能够把天下所具有的一切好处全归于自己,利用天下之一切为自己服务;而把天下一切"过"全部归于臣,能够如此做并做得成功的就是"明君"。韩非子最终的目的是要确立封建帝王至高无上、君临天下的地位:"万乘之主,千乘之君,所以制天下而征诸侯者,以其威势也。"[3] 韩非子为使天下人能够信奉他的理论,他把自己的忠君观点归纳在日常伦理关系中,认为是天下之"常道"。"臣之所闻曰:'臣事君,子事父,

---

[1] 高华平等译注:《韩非子》,中华书局2010年版,第744页。
[2] 高华平等译注:《韩非子》,中华书局2010年版,第35页。
[3] 高华平等译注:《韩非子》,中华书局2010年版,第749页。

妻事夫。三者顺则天下治，三者逆则天下乱，此天下之常道也。'"①韩非子把"臣事君"与"子事父，妻事夫"相并列，把君臣关系与具有血缘亲情的关系相并列，使天下人易于接受。

韩非子是集春秋以来"忠君"思想之大成者，为封建帝王提出了一套较完整的关于"忠君"的封建伦理道德思想。其核心内容有两点：一是臣子要尽心竭力地事君，毫无条件地忠君，为君谋，代君过，替君死；一是企望国君高踞众人之上，拥有至高无上的权威，具有神秘莫测的权力，保持唯我独尊的地位，以建立专制统一的霸业。韩非子为建立统一的中央集权的封建国家，提供了理论依据，秦统一中国后采取的许多政治措施，是韩非理论的应用和实践。但专制的帝王暴政很快就结束了一个朝代。西汉王朝建立后，统治者总结了秦亡的历史教训，在初期变刑名之学而崇"无为而治"的黄老思想，使天下得以暂时的安定。但汉代统治者出于自身的需要，也并未放弃法家的尊主贵君、效死以忠的"忠君"思想，继续倡导并使忠君思想的理论更趋成熟。"权威的理论"有时候总是与权威本身相联系，当能够创造权威理论的董仲舒与具有绝对权威的汉武帝相遇时，统治中国人千年的权威的理论便诞生了。董仲舒抬高君主地位的方法比韩非子更为高明，为了证明君主是至高无上的，是"独一无二"的，他提出了"君权神授"的思想，《春秋繁露·为人者天》中曰："唯天子受命于天，天下受命于天子，一国则受命于君。君命顺，则民有顺命；君命逆，则民有逆命。"在此董仲舒以"君权神授"，把君主之位置于绝对的地位，无人可以取代。同时他把"忠君"的观念由韩非子的"忠臣"扩大到了全天下所有的人，天下所有的人要像敬天一样地敬忠于国君。董仲舒把《韩非子·忠孝》中的"臣事君，子事父，妻事夫"的说法发展总结为"三纲"，并用传统文化中的阴阳理论加以阐释："君为阳，臣为阴；父为阳，子为阴；夫为阳，妻为阴……王道之三纲，可求于天。"②"三纲"之外，董仲舒将传统的伦理思想规范化，曰："夫仁、谊（义）、礼、知、信五常之道，王者所当修饬也，五者修饬，故受天之祐，而

---

① 高华平等译注：《韩非子》，中华书局 2010 年版，第 741 页。
② （汉）董仲舒：《春秋繁露·基义》，中华书局 2012 年版，第 465 页。

享鬼神之灵，德施于外，延及群生也。"①既有"三纲"又辅以"五常"，则天下人的行为思想莫不纳之于"三纲五常"之内。董仲舒关于忠君的阐释，在大范围的分类中也属于儒家思想的继承，但与孔孟的忠君思想其实有很大的区别，他的思想实质是糅合了法家、道家、阴阳家等各种思想中有利于封建君主专制统治的成分。当他将自己的这一套忠君的"儒术"上奏于汉武帝时，汉武帝就像秦始皇当时看到了韩非子的著作，雄心勃勃的汉武帝为此找到了变"无为"为"有为"的理论依据。于是武帝"罢黜百家，独尊儒术"。因着董仲舒的"君权神授"有着宗教的色彩，而"仁、义、礼、知、信"五常之道又是伦理关系中个人修养所应有的，由此竟使"三纲五常"思想成为君主专制时代的正统思想。

魏晋南北朝时期，战乱频仍，政治黑暗，统治者们主要依靠门阀制度和佛教思想维护其统治。士大夫朝不保夕，许多人避祸于山林，忠君思想被时代搁置和淡化。唐代因与老子李耳认祖，中唐之前儒家思想本也不占主导地位，所以"忠君"思想也并不曾被统治者强调，而且经过长久的战乱，统治者懂得了"水可载舟亦可覆舟"的道理，民与君的关系在现实中形成的是双向的关系。到晚唐五代，社会处于大动荡中，军阀叛乱，藩镇割据，朝代更迭，传统的伦理道德观念受到巨大冲击，忠君原则也自然沦落不被重视。至宋，士大夫集团致力于重建伦理道德秩序以维护社会稳定，同时宋代统治者开始极力加强中央集权，其政权、财权、军权等无不统之于中央，归之于皇帝。正是在这种历史背景下，程朱理学应运而生。理学家把忠君思想与"理"相联系，程颢曰："君臣父子，天下之定理，无所逃于天地之间。"（《河南程氏遗书》五）"忠君思想"成为"理"的体现，违背此"理"，则为天下所不容。在专制君主心领神会的有意推崇下，忠君思想终于发展成为中国封建社会正统的伦理道德思想，提升到所有人必须无条件遵守的人生第一伦理的地位。"忠君"完全变成绝对的单向性的"臣之于君，竭其忠诚，致其才力，用否在君而已，不可阿谀逢迎，以求君之厚己也"②。臣的忠诚，与君对臣的薄厚没有关系，为臣的责任就是要"忠君"。

---

① 《汉书》卷五十六《董仲舒》，颜师古注，中华书局版 1962 年版，第 2505 页。
② 王孝鱼点校：《二程集》，中华书局 1981 年版，第 1242 页。

## 第五章 忽必烈潜邸幕僚形成的基础：价值观念的契合

从以上忠君思想的梳理中可以发现，当社会处于稳定，封建集权加强，天下一统之际，专制的"忠君思想"较盛行；而当社会动荡，天下不一时，则忠君思想就相对淡漠。历史发展至金元，社会再次处于动荡时期，尤其在北方，至五代、后辽、金元，沙陀、契丹、女真、蒙古等周边少数民族，相继进入中原，打破了汉族帝王长期一统天下的格局。同时由于南北长久的分裂，南宋"程朱理学"几乎没有影响到北方。"二程"的学术萌发在北宋末年，在北宋既未形成统一的学派，在当时也未产生大的影响。所以北方文人对儒家思想的继承主要还是源于孔孟圣人的思想。忽必烈潜邸时的幕僚文士在劝谏忽必烈时动辄以孔孟言之。廉希宪去觐见忽必烈时怀揣着《孟子》；王鹗北行去王廷时，身边带着画家马云汉赠他的孔子画像；徐世隆初见忽必烈时以孟子的"昔梁襄王问孟子不嗜杀人者能一之"劝谏。因为身边幕僚时时提及孔子，以至于忽必烈曾经问张德辉："孔子没已久，今其性安在？"（张德辉）对曰："圣人与天地终始，无所往而不在。王能行圣人之道，即为圣人，性固在此帐殿中矣。"具体到"忠君"思想，无论出于现实的需求还是传统思想的传承，忽必烈王府中的幕僚成员继承和遵从的是具有双向性的儒家忠君思想。

孔孟"忠君"思想双向性的可贵处，就是臣也可以选择君。而孔孟所生活的时代具备了这种选择的条件，孔子一路风尘仆仆，可适陈也可到蔡；孟子四处游说，有多个帝王可供选择。在天下纷争的时代，给天下人带来许多灾难，但同时也给予一些选择，所谓的"乱世出英雄"，大概就是言此吧！面对金源、蒙古、南宋三家争夺天下之际，北方历经近四百年的分裂动乱、人们渴望天下的安定统一，谁有能力结束分裂动乱、安定统一中国，谁就成为当时中原士人的必然选择。人们从蒙古统一草原，灭亡西夏，平定金源的进程中，看到的是一个崛起的蒙古民族；而赵宋在外不能收复燕云，不能抵御金源，不能安抚西夏，在内权臣互相欺压，贪污腐败，已是一个日益衰败的政权。但是忽必烈之前的前四汗，多是以武力征服，而少有义治；武力可以使人惧怕，但不能使人忠心。

当忽必烈作为蒙古王子的身份，在某些方面显露出"明主"的特征，尤其能够"礼贤下士"，对下臣能够比中原皇帝表现得更为坦诚、亲如一家时，中原一大批士人感觉他们有了选择明君的机会：刘秉忠披着僧人袈裟从寺院中走出来了，董文炳辞去县令九死一生追随忽必烈去大理，原本放弃出仕归隐山林的姚枢也走向了漠南，本已高龄的金状元王鹗乘"安车"行进在王府的路上，理学家许衡时时往返在王府的道途上……他们选择了他们认为的"明君"。"君之视臣如手足，则臣视君如腹心"。当忽必烈把董文炳视为兄长时，董氏便开始了自己"一门忠孝"的"忠君"行为：董文炳"大小数百战，奋不顾身，勤劳三十年，厥有成绩。往者睢阳城下，父已殁于兵锋。比来扬子桥边，男复终于王事。一门忠孝，万古芳香"①。忽必烈潜邸时期，董文炳冒死跟随，带着自己的两位弟弟冲杀在战场；忽必烈即位后，为一统天下，董文炳带领儿子、侄子战斗在阵前。董文炳长子士元"身被十七枪，甲裳尽赤"，亡于阵地。董文炳临终对家人的遗言是："吾以先人死王事，恨不为国死边，今至此，命也。愿董氏世有男能骑马者，勉力报国，则吾死瞑目矣。"董氏一家忠君的行为足可与前朝的"杨门"、"岳家"等"忠孝之门"相并列。之后董家第四代人董守简、董守中是元代著名廉吏。

在王府幕僚成员中，以忠义气节而被后来许多史学家和文学家所赞美的一代大文豪郝经，被后人称为"苏武式"的人物。忽必烈即位之初，采纳廉希宪等人"遣信使，谕以息兵讲和"的建议，派郝经出使南宋谈判和议。郝经抱着"通好、弭兵、息民"的愿望，出使南宋，但被宋相贾似道等人拘禁十六年。在囚禁期间郝经多次上表宋皇帝，遗书丞相、三省枢密院及两淮制置使，一再申说"祸天下者兵，福天下者和"的道理。认为"为祸福者在于北，成祸福者在于南"，郝经在此为了说明天下一家，时时把两国说成南北。然而他的拳拳之心，赤诚之意，丝毫不曾感动当时在宋朝当权的贾似道。期间有人劝其降宋，而且以蒙古为夷狄之主不可侍来劝郝经。郝经于是在《与宋国两淮制置使书》中给予回答："今主上在潜开邸，以待天下士，征车络绎，贲光丘园，访以治道，期于汤武。岁乙卯，下令来征，乃慨然启行。以为兵乱四十余年，而孰能用士乎？今日能用士，而能行中国之道，则中国之主也。士于此时而不自用，则吾民将膏鈇钺，粪土野，其无孑遗矣。"②随之，

---

① 李槃：《左丞董文炳赠谥制》，《元文类》卷十一，上海古籍出版社1993年版，第1367—137页。
② （元）郝经：《与宋国两淮制置使书》，《郝经集校勘笺注》第十四册，田同旭校注，三晋出版社2018年版，第3050页。

郝经又在《辨微论·时务》等诸多著述中，不断充实和论证"能行中国之道，则中国之主"的观点。

郝经的回复既是对他自己忠义行为的回答，也代表当时忽必烈幕府中许多士人的观点。他们愿意效忠于一个蒙古草原的所谓"夷狄之主"，是出于双向选择的结果。首先是忽必烈能够行中国之道，而在以郝经为代表的北方士人的观念中，"能行中国之道，则中国之主也"。忽必烈能够"访以治道，期于汤武"，这当然是郝经等人久已期盼的。郝经的《寓兴》诗曰："汉鼎既已坠，海内必有归。诚能正德业，亦足为王基。"其次，忽必烈能够"待天下士"，而兵乱四十年中，没有人能够重用士人，所以郝经在下令来征时，"慨然启行"。因为他认为此时如果不出仕，"则吾民将膏鈇钺，粪土野，其无孑遗矣"。为天下人免遭荼毒，是郝经等人出仕忽必烈王府的又一主要原因。在忽必烈之前的蒙古前四汗无论是蒙金战争还是蒙宋战争，其野蛮残酷的掠杀、屠城屡屡发生，无数民众被"粪土野"。忽必烈王府中汉人幕僚的出现，改变了这种屠杀历史。萧启庆先生言："蒙古人对战争态度的转变，就现存史料观之，实应归功于潜邸中汉人学者的劝导。"①郝经等人在当时的选择，应该在很大成分上是为了迎得天下之安稳，为了生灵免遭涂炭。郝经十六年被南宋扣押，使他对南宋朝廷有了更为清楚的认识："帝多嗜欲，怠于政事"；贾似道专权，奸诈暴横，误国害民。比较之下，郝经所遇的忽必烈"资赋英明，喜衣冠，崇礼乐，乐贤下士，甚得中土之心，久为诸王推戴，稽诸气数，观其德度，汉高帝、唐太宗、魏孝文之流也。"②郝经在文章中所表达的看法，代表了当时忽必烈王府中许多人的观点。窦默出仕忽必烈王府时，许衡《赠窦先生行》的诗：

> 莫厌风沙老不禁，斯民久已渴商霖。
> 愿推往古明伦学，用沃吾君济世心。
> 甫治看将奕长治，呻吟亦复化讴吟。

---

① 萧启庆：《内北国而外中国》（上册），中华书局2007年版，第139页。
② （元）郝经：《再与宋国两淮制置使书》，《郝经集校勘笺注》第十四册，田同旭校注，三晋出版社2018年版，第3068页。

千年际会真难得，好要先生着意深。①

许衡在此所言的"千年际会"，也许可以阐释为忽必烈是千年来所涌现有望一统天下的第一位少数民族皇帝。

## 第三节 蒙古统治者用人标准与幕僚成员"期于有用"的人生态度的契合

在中国古代传统的观念中，农工商一切属于"劳力类"的职业，皆不属于读书人的选择。研究技术被视为"奇技淫巧"一类，在很多时候甚至是被禁止的，"修己安人"才是天下最大的学问。知识分子的学术思想很多时候是与社会现实、自然环境相隔绝的。中国古代文人的思想、情感如果与现实中的自然发生关系，更多时候是欣赏、陶醉，在自然中寻求慰藉。梁漱溟曾言："对自然，他似只晓得欣赏忘机，而怠于考验控制。像所谓'人们意识密切结合于生产'者，这里恰恰不然，中国人的心思聪明恰没有用在生产上。数千年知识学问之累积，皆在人事一方面，而缺乏自然之研究。殖产营利，尤为读书人所不道。"② 而当历史发展到十三世纪，这种传统思想在蒙古强大军事力量的征服面前，被颠覆了。蒙古统治者非常重视现实的需要，尤其重视技术和技巧。元代民间流行一种说法，"一官、二吏、三僧、四道、五医、六工、七猎、八农、九儒、十丐"。现代学者多引用此句话，来说明当时儒士的地位。其实，全面看去，此种排列，除去官与吏之外，可以看出元代一是对宗教之重视，一是对"医、工、猎"这些属于技术行业的看重。在忽必烈之前的蒙古国的政治体系、机构建制非常简单，大汗皇帝们用人的标准完全是出于现实的需求。

蒙古起自朔漠，开始时官制非常之简朴。史载："元太祖起自朔土，统有其众，部落野处，非有城郭之制，国俗淳厚，非有庶事之繁，惟以万户统

---

① 王成儒点校：《许衡集》，东方出版社2007年版，第250页。
② 梁漱溟：《中国文化要义》，学林出版社1987年版，第236页。

军旅，以断事官治政刑，任用者不过一二亲贵重臣耳。"①蒙古汗廷的各项事务，皆由大汗的亲卫军怯薛（怯薛：蒙古语，意为轮流值班的守卫）充任。所以，在成吉思汗时期，怯薛人员之外基本不需要其他治国之人才。而他所重视的是巫、医、卜筮百工技艺之人。最早在成吉思汗身边仅有的一二位汉人，皆属于这种类型的人才，或者说皆当做这种类型的人才来使用。在成吉思汗身边最为重要的一位汉人是耶律楚材，他出身于契丹帝室，是东丹王之后。耶律楚材自幼接受正统的儒学教育，"及长，博极群书，旁通天文、地理、律历、术数及释老、医卜之说，下笔为文，若宿构者"②。1218年，成吉思汗在胪朐河的行宫中召见了耶律楚材，耶律楚材奉诏从永安出发，"过居庸、历武川，出云中之右，抵天山之北，涉大碛，逾沙漠，木浃十旬，已达行在"（耶律楚材《西游录》）。他怀着满腔建功立业的热忱去拜见成吉思汗这位旷世英雄。他于途中写了《过阊闾河四首》，表达自己当时的心情，其中一首："一圣龙飞德足称，其亡凛凛涉春冰。千山风烈来从虎，万里云垂看举鹏。尧舜徽猷无阙失，良平妙算足依凭。华夷混一非多日，浮海长桴未可乘。"他认为成吉思汗是历史上的明君尧舜，而他自然愿做张良、陈平这样的贤臣。"千山风烈来从虎，万里云垂看举鹏"，他以为君臣的"风云际会"，很快就会迎来"华夷混一"的太平盛世。但这仅是耶律楚材"一厢情愿"幻想中的所谓君臣龙虎"风云会"。成吉思汗既不知尧舜为何等的人物，当然也没有渴望找张良、陈平这样的贤臣，他所看重的是耶律楚材的占卜之术，他首先把耶律楚材当作一个能卜吉凶的预言家。耶律楚材很快就感受到了这一点，在跟随成吉思汗的西征中，占卜之外，他很少能够参与其他军事的谋划，很快他就从幻想中清醒过来，有时想自己在成吉思汗身边是否是一个"多余人物"："庙堂自有夔龙在，安用微生措治平？"（《壬午西域河中游春十首》）在跟随成吉思汗十年之后，随着成吉思汗的去世，耶律楚材幻想的明君贤臣"华夷混一"的理想被彻底打碎了："西域风尘汗漫游，十年辜负旧渔舟。"他羡慕苏武，羡慕昭君与班超："烟锁居延苏了恨，云埋青冢汉家羞。深思篱下西风醉，谁羡班超万里侯。"感觉自己虽然与苏武、昭君、

---

① 《元史》卷八十五《百官一》，中华书局1976年版，第2119页。
② 《元史》卷一百四十六《耶律楚材》，中华书局1976年版，第3455页。

班超经历相似，但结果完全不同。既不能像苏武的完节归汉，也没有像昭君能够换来胡汉息兵，更不可能像班超万里封侯，而白白浪费十年时光。其实耶律楚材根本不需要如此地憾恨，他所以有"多余人"的感觉、有功名不成的憾恨，是因为他一直在仰视着成吉思汗。如果他能够把成吉思汗作为"略逊风骚"的一代伟人对待，就能够明白，成吉思汗不是不想"大用"他，而是不具备那样的"知识储备"。他的管理制度仅是"万户制"，他所需的文化人才就是医卜之流。所以耶律楚材需要明白的是他自己幻化了一个"明君"，幻化一个明君而后又失望，这是许多中国古代文人曾有的经历。在成吉思汗身边熟悉的汉人，耶律楚材之外就是传召丘处机觐见成吉思汗的刘仲禄。关于刘仲禄《大元至元辨伪录》载："有刘温字仲禄者，以作鸣镝幸于太祖，首言僻说，阿意甘言，以医药进于上，言丘公行年三百余岁，有保养长生之术，乃奏举之。"① 可见刘仲禄是因"善于做鸣镝"的技巧，而被成吉思汗所用。在成吉思汗身边仅有的二三个汉人，他们或以医术、或以占卜、或因工艺之长，出任怯薛执事。所以在成吉思汗时代，蒙古族之外，所需要的人，或者说成吉思汗在本族之外用人的标准就是具有一技之长的完全实用性的人才。

成吉思汗去世后，由他的三子窝阔台继位。在窝阔台汗初期，灭金成为蒙古帝国的首要任务；亡金后，统治亡金地区又成为窝阔台汗的主要任务。这使得统治者不得不与中原的政治、文化进行直接的接触。面对如何统治被征服的农业区域的百姓，蒙古人没有丝毫的经验。只有游牧生活经验的蒙古官员别迭曾主张："虽得汉人亦无所用，不若尽去之，使草木畅茂，以为牧地。"耶律楚材对此而言："夫以天下之广，四海之富，何求而不得，但不为耳，何名无用哉！"② 耶律楚材的抗争，使北方地区在人类历史上避免了一场残酷而无知的毁灭性的行为。中国的北方没有像马克思所言："蒙古人把俄罗斯变成一片荒凉。"（《马克思恩格斯全集》第十二卷）耶律楚材于是向窝阔台陈述建立系统的税收制度，并具体为其谋划收入："地税、商税、酒、醋、盐、铁、山泽之利，周岁可得银五十万两，绢八万匹，粟四十万石。"

---

① （元）释祥迈：《大元至元辨伪录》卷三，北京图书馆出版社2002年影印。
② （元）苏天爵辑撰：《元朝名臣事略》，姚景安点校，中华书局1996年版，第76页。

窝阔台汗对不需要军事行为而能够得到这样巨大的财富，自然是非常愉悦的。他抱着尝试的态度，对耶律楚材说："诚如卿言，则国用有余矣，卿试为之。"窝阔台汗二年，在耶律楚材的建议下，蒙古国控制的黄河以北地区设置了十路征收课税所，课税所"设使、副二人，皆以儒者为之"，由此开启了蒙古国用汉人文臣的先例。次年，当窝阔台到云中，"诸路所贡课额银币，及仓廪物斛文薄，具陈于前，悉符元奏之数"。窝阔台对此非常惊奇，对曰："卿不离朕左右，何使钱币流入如此，不审南国复有卿比者否？"① 惊诧之余，窝阔台对文臣治理天下初步有所了解并开始赏识。即日授予耶律楚材中书省印章，"事无巨细，一以委之"。耶律楚材终于迎来他生命中的辉煌期。他对窝阔台讲"治器者必用良工，守成者必用儒臣。儒臣之事业，非积数十年，殆非易成"的道理，窝阔台似懂非懂地赞同着耶律楚材所讲的道理。在耶律楚材的建议下，窝阔台汗九年（1237），让耶律楚材"校试"了中原儒士，史称戊戌选试。但这次考试与历代科举的性质并不相同，试选儒士仅是为了确定儒籍，使儒士享有与僧、道同样的免役特权。这次选试，虽然没有达到耶律楚材及许多儒士所期待的效果，但在当时社会中对儒士阶层还是产生了一定的影响及现实的效用：首先部分身陷奴籍的士人脱身为民确立了儒籍，使儒士获得免役特权；其次为治理中原提供了一定数量的官员，并为后来蒙元政权储备了人才；更为重要的是对当时恢复文化教育具有一定的导向作用。总之在窝阔台汗时期，由于十路课税的设立所带来的经济利益及戊戌选试，蒙古统治者对儒士和儒学开始有了简单的认识。

但耶律楚材事业的发展到了窝阔台时代的后期，尤其是窝阔台去世后，很快就落入低谷。窝阔台汗于辛丑年（1241）冬天去世，由乃马真皇后称制。乃马真后摄政，立即罢免、捕杀了一些过去与她有旧怨的大臣。回回商人奥鲁剌合蛮以货取得朝政，中原众多事务委任于奥鲁剌合蛮，当时的执政者皆依附于奥鲁剌合蛮。因担心耶律楚材"沮其事"，奥鲁剌合蛮曾以银五万两贿赂耶律楚材，被遭拒绝后，奥鲁剌合蛮开始排挤耶律楚材。原来的中书省逐渐失去了决定政事的权力，"楚材面折廷争，言人所难言"，但毫无结

---

① （元）苏天爵辑撰：《元朝名臣事略》，姚景安点校，中华书局1996年版，第77页。

果。窝阔台汗去世两年之后，耶律楚材也"愤悒"而亡。之后贵由汗、海迷失后相继短暂摄政，其间汗廷中主要用的是西域人。蒙古统治者的行政管理制度及用人政策又倒退到以前，单纯地掠夺财货又成为他们的主要目的。史载："诸王及各部又遣使于燕京迤南诸郡，征求货财、弓矢、鞍辔之物，或于西域回纥索取珠玑，或于海东楼取鹰鹘，驲骑络绎，昼夜不绝，民力益困。然自壬寅（1242）以来，法度不一，内外离心，而太宗之政衰矣。"① 耶律楚材呕心沥血、经营十年所建立起来的法度、规模被卷土重来的落后野蛮的政治势力所淹没。但耶律楚材曾经"以一书生孤立于庙堂之上"，为相十年所留下的痕迹，被深深地刻在历史的进程中，它必将会影响着后来者。

贵由汗定宗去世后，"已三岁无君"。蒙古统治集团内部为了争夺汗位经过一段残酷激烈的斗争后，在1251年蒙哥即位。此时，蒙古进入中原已经四十多年，在经历了一段稍有整治而又陷入混乱的过程后，一部分开明的蒙古贵族注意到儒士对治理国家的作用。蒙哥的母亲唆鲁禾帖尼是一位非常开明和颇有政治才能的女性，他一直很注意让自己的儿子接触和学习汉文化，很早就与中原儒士们往来。在蒙哥未接位之前，唆鲁禾帖尼就让蒙哥征召中原名儒王鹗、魏璠，延访军国大计。在蒙哥汗执政期间任用了部分先朝汉官及其子孙担任他的必阇赤（必阇赤：蒙古语，音译掌管文书等事官名。《元史·兵志二》载："为天子主文史者曰必阇赤。"）但是，蒙哥汗从天性上出发并不推崇儒学，而更喜佛法。《元史》载："性喜畋猎，自谓遵祖宗之法，不蹈袭他国所为。然酷信巫觋卜筮之术，凡行事必谨扣之，殆无虚日，终不自厌也。"② 他曾说："世人将孔老与佛称为三圣，斯言妄矣。孔、老之教，治世少用，不达性命，唯说现世，止可称为贤人"，而"佛之垂范，穷尽死生善恶之本，深达幽明性命之道，千变万化，神圣无方，是真大圣人也。"③ 在儒与佛之间，蒙哥对佛更感兴趣。这种对佛的特别的喜好，对于作为帝王的蒙哥形成正、负两方面的影响。其正面的影响，他"不乐燕饮，不好奢靡，虽后妃不许之过制"，是蒙古帝王中少有的"不乐燕饮"者。此前的窝阔台汗

---

① 《元史》卷二《定宗》，中华书局1976年版，第40页。
② 《元史》卷三《宪宗》，中华书局1976年版，第54页。
③ （元）释祥迈：《大元至元辨伪录》卷二，北京图书馆出版社2002年影印。

就是因饮酒过度而亡。其负面影响,由于对佛的过度的喜好,"酷信巫觋卜筮之术,凡行事必谨扣之,殆无虚日",蒙蔽了他对其他方面先进思想的吸收与思考。他总是用佛教的思想与其他别的思想做优劣比较。《元史·高智耀传》有这样一段记载:

> 宪宗(蒙哥)即位,智耀入见,言:"儒者所学尧、舜、禹、汤、文、武之道,自古有国家者,用之则治,不用则否,养成其材,将以资其用也。宜蠲免徭役以教育之。"帝问:"儒家何如巫医?"对曰:"儒以纲常治天下,岂方技所得比。"帝曰:"善。前此未有以是告朕者。"诏复海内儒士徭役,无有所与。①

从这段对话可以看出,蒙哥汗对儒士几乎不了解,对儒士的作用远没有对巫医了解得更具体。蒙哥汗还是一位游牧君主和蒙古大汗,他具有强烈的以蒙古为中心的骄傲感,从内心里并不愿意接受来自其他国家和民族的文化影响。总之,在蒙古国初期,虽有少数汉人服务在蒙古大汗身边,他们仅是作为巫医一类的术士或技术人员被召用,而很难真正地参与蒙古国的军政大事。蒙古大汗对儒家文化及士人基本是一种排斥的态度。其中原因既有源于客观现实的因素,也有统治者自我主观的原因,概括而言:其一,初期的蒙古国刚刚以北方游牧民族君临中原,中原文化及人才对他们而言是完全的异己分子,他们在施政和用人方面首先要维护和延续"国朝"的传统,统治者的利益要得到最大程度的保护,他们在短时期里还无法接受比他们更为先进的制度和与维护这种制度相匹配的人才。其二,战争频繁,蒙古统治者本就擅长于"马上打天下",不善于文治,所以在刚入中原的时间段里也没有更多的时间思考文治和运用文治的人才。打仗是需要物资军需和医生,同时也需要为他们预测战争胜负的预言家,由此这段时间里蒙古统治者所用的基本是巫医方面的人才。其三,蒙古人在征服中原之前,已经发动了三次西征,接触到了各种文化,借鉴和吸收何种文化和制度需要一个选择、比较,甚至

---

① 《元史》卷一百二十五《高智耀传》,中华书局 1976 年版,第 3072 页。

反复的过程。相较而言与自己文化相类似而又比自己文化优秀的东西，更易接受。初期蒙古人的文化中，宗教占有主导地位。他们特别信奉萨满教，而佛教的教义及仪式远比萨满教先进得多，由此他们很快就得以接受。而游牧文化与农业文化却是完全不同的两种文化，需要较长一段时间的观察、感受、体验，而后选择性地接受。其四，中原地区仅仅是大蒙古国的一个组成部分，是一个提供不同物质财富的地区，在前四大汗时期中原地区并没有成为大蒙古国的统治中心，对中原的治理、中原机构的建设还没有成为大蒙古国的首要任务；而中原的治理经验又不可能用于其他的统治地区，所以中原儒士也就无用武之地。作为用人更为具体的一个原因，就是当时的蒙古统治者特别注重"根脚"——血统与"出身"。即使是蒙古人自己内部被委以重任的往往是皇族内部人或服务皇族几代人的世家老臣之子。

　　蒙哥汗继位后，把漠南的军国庶事交予相对熟悉汉地文化的其弟忽必烈，由此忽必烈获得了一个重要的发展平台。忽必烈的雄才武略，与此前的蒙古帝王有着很大的不同，据说在他幼年的时候，祖父成吉思汗就已经发现了他的与众不同，《蒙古源流》载，成吉思汗临危时曾言："幼年忽必烈之言，足使吾人注意。其言谨慎，汝辈尽应知之。彼将有一日据吾宝座，使汝辈将来获见一种命运，灿烂有如我在生之时。"忽必烈后来的功业使成吉思汗的预言变为现实。一位成功君主的首要和必须的条件就是要会用"天下人才"。《元史》首赞忽必烈"其度量弘广，知人善任使"。《蒙兀儿史记》屠寄云："汗目有威棱，而度量弘广，知人善任，群下畏而怀之。虽生长漠北，中年分藩用兵，多在汉地，知非汉法不足治汉民，故即位后引用儒臣，参决大政，诸所设施，一变祖父诸兄武断之风，渐开文明之治。"① "知人善任"是这些史书对忽必烈的共同评价。

　　忽必烈一生的用人政策大致可以分为五个阶段：忽必烈在壬寅年（1242）召见了当时中原的佛教领袖人物印简法师，印简建议忽必烈"宜求天下大贤硕儒"。法师的建议对忽必烈有较大的影响，两年后印简南归，与他同去的刘秉忠则留在了王府。印简南归之后，即1244年，忽必烈开始留

---

① （元）屠寄：《蒙兀儿史记》卷八，《忽必烈可汗本纪》第六，世界书局1981年再版。

心延聘人才。印简法师的建议、刘秉忠的留藩府，可以视为忽必烈思想汉化的开始，也是他作为草原王子对用人问题开始思考的一个重要时间点。在此之前，忽必烈身边仅有的几位汉人，或为世袭、投下之子，或是有一技之长的人。1241年入侍忽必烈的赵炳是勋阀之子，高良弼是以投下子入侍，许国祯父子是因精于医术而被召。1242—1244年，可以视为忽必烈用人的第一阶段，这个时期忽必烈与其他蒙古统治者在用人方面的标准区别不是很大，但这个阶段最为重要的人物刘秉忠来到王府。从1244至1250年可以视为忽必烈引进人才的第二阶段。《元史》载："岁甲辰（1244），帝在潜邸，思大有为于天下，延藩府旧臣及四方文学之士，问以治道。"在这一年，忽必烈首聘金状元王鹗，但之后三四年的时间中，忽必烈王府中再没有引进人才。大概是因为乃马真后摄政期间，大蒙古国整个的排汉形势使当时还没有势力的忽必烈难于再进一步发展自己的力量。在贵由汗即位之后（1246），其间刘秉忠南归中原赴父丧，借此机会进一步熟悉了中原的形势，与自己家乡的朋友、学生及之前许多往来的乡人取得联系。这段时间刘秉忠集中推荐自己最亲近的朋友进入藩府。张文谦、张易、张德辉、李德辉等，以刘秉忠为中心的"人伦圈"基本是这个时期形成的。由李德辉推荐的窦默、姚枢也先后进入藩府，这个阶段忽必烈所引进的人才，既不是仅仅具有一技之长的人，也很少有纯粹儒者，多为综合型的人才。即使儒士身份的人，也往往兼具其他技能。从1251至1259年可以视为忽必烈引进人才的第三阶段，也是忽必烈尝试着利用"汉人治汉地"非常重要的一个阶段。1251年其兄蒙哥登上了蒙古国的汗位，忽必烈成为皇弟。随之忽必烈奉汗兄之命承担了总领漠南的重任。这个期间所进之人，更多的时候是出于现实的需要。用儒士治理邢州的成功，对于忽必烈而言，犹如当年他的伯父窝阔台看见耶律楚材不离其左右而能使仓廪充实一样的惊奇，增加了他进一步使用汉人儒者的信心。之后的治理河南、关中及重大的军事战役，他都重用和依赖身边的汉族文士。这十年的时间里，王府中人才济济。萧启庆言："从此以后，四方人材如潮似涌地流入忽必烈的金莲川幕府中。"他们中既有名流学者，像郝经、许衡等，更有善于治理一方的刘肃、张耕等人。这个时期是潜邸幕僚们建功立业至为重要的一个时期。忽必烈即位后还常常怀念这个阶段的人与事，他曾与跟随他从征大理的贺人杰说:"昔从太祖饮水黑河者①,至今泽及其子若孙。其从征大理者,亦朕之黑河也,安可不禄其劳!"(《姚燧集·贺公神道碑》忽必烈把与自己从征大理的人比喻为成吉思汗时期饮水黑河的人。从征大理是一个象征,忽必烈对整个潜邸时期幕僚成员怀有特殊的情感。1260—1263是忽必烈用人的第四阶段,是他即位之初的中统年间。这个阶段的用人政策基本是第三阶段的继续和发展。潜邸时期汉幕僚成员治理汉地所做的重大成就,及争夺皇位时的特殊贡献,使忽必烈在即位之初重用潜邸幕僚。元人李谦云:"世祖皇帝始居潜邸,招集天下英俊,访问治道。一时贤士大夫,云合辐辏,争进所闻。迨中统至元之间,布列台阁,分任岳牧,蔚为一代名臣者,不可胜纪。"②忽必烈即位之初,"用历代遗制,内而省部,外设监司"。"省部"就是指中书省,"监司"指十路宣抚司和宣慰司。中统元年设立总领全国政务机构的中书省,中书省执宰中的人员以藩邸旧臣为主,汉族官僚居半。据不完全统计,在中统元年至四年担任中书省左右臣相、平章政事、左右臣、参知政事总计18人,属于潜邸时的旧臣的就有12人。同样担任十路宣抚司的正、副使大多数是潜邸旧臣,除了四名色目人,其余都是汉人,如姚燧所言:"尽出藩府旧臣,立十道宣抚使。"③

然而,忽必烈与汉文士的这种美好的合作,很快就被李璮的叛变所破坏。李璮是金元之际山东南部豪强军阀李全养子。在蒙古大举攻金时期,李璮乘势起兵称雄,迫于蒙古军队的势力,遂转而归附蒙古,被授以山东淮南楚州行省,长期占据在以益州为中心的鲁南及淮北的部分地区。在政治立场上,他始终摇摆于蒙古与南宋之间,而内心实际另有别的图谋。中统三年(1262)二月初,李璮乘忽必烈北征阿里不哥的机会,举兵反叛。对于李璮的反叛,忽必烈事先有所觉察和防备。获悉李璮叛乱后,忽必烈颁布一份诏书,历数李璮背信弃义、反叛朝廷罪恶,而后降诏调集各路蒙古军汉军征

---

① 饮水黑河者:1203年成吉思汗与蒙古族最强大的敌人王罕决战时,成吉思汗势力单薄,败退到黑河边,身边只剩下19人,潜伏在黑河边,饥寒交迫。后宰杀马匹充饥,成吉思汗捧起黑河水对天盟誓。此后"饮水黑河者",就是指吉思汗时期具有特殊贡献的人。
② (元)李谦:《中书左臣张公神道碑》,《元文类》卷五十八,上海古籍出版社1998年版,第1367-764。
③ 查洪德编校:《姚燧集》,人民文学出版社2011年版,第220页。

讨。七月底俘获了李璮，平息叛乱。李璮叛乱使忽必烈对汉人的信任开始有所动摇，而让他更为吃惊的是他身边的宰相王文统暗中支持了李璮的反叛行为，这使忽必烈的心理受到很大刺激。王文统原系李璮的幕僚，也是李璮的岳丈，早在忽必烈率兵渡江攻打鄂州时，刘秉忠、张易举荐王文统为"才智士也"。忽必烈即位后，迅速将王文统提拔至朝廷，首任中书省平章政事，掌管日常政务和财政。忽必烈非常赞赏王文统的经邦理财之术，不时"纶音抚慰"，"且有恨其见晚之叹"。念及王文统年龄较大，忽必烈特许其不必劳于奏请，平时可运筹于中书省，遇大事面陈。获得王文统与李璮往来的书信后，忽必烈斥问王文统："朕拔汝布衣，授之政柄，遇汝不薄，何负而为此？"① 忽必烈从自己的心理出发，无法理解王文统的背叛行为，因而敏感的民族问题自然地开始占据他的心理。王文统被诛后，在忽必烈之前蒙古统治者所倚重的回回人，乘机攻击汉人官僚："回回人虽时盗国钱物，未若秀才敢反逆。"在忽必烈重用汉人的情感受到很大的伤害时，与忽必烈说这样的话，必然会影响他用人的政策。中统三年，成为忽必烈用人的又一转折期。之后忽必烈对汉人官僚、士大夫由原来充分的信任转向谨慎使用、多有戒备与防范。从中统四年到至元末，为忽必烈用人政策的最后阶段。此后的用人政策基本向着一个方向发展，晚年这种发展态势更为明显。忽必烈人事政策的明显变化，首先表现在任用宰相上。王文统被杀后，回回人阿合马独揽朝廷左右部的财政大权，宠眷日隆。在至元元年阿合马占据了中书省平章政事的宝座，阿合马执政后很快就开始了对许衡等汉族士人的排挤，很多人被排挤出朝廷，或在外做官，或退隐不仕。有时出于现实的需要，或是对潜邸老臣及某些汉人具有的特殊感情或信任感，忽必烈还是会重用一些汉人，比如在统一南宋这类重大事情上，多与汉族老臣商讨；但与昔日在潜邸王府时期推诚相依的情感心理已大不相同，与中统初年重用潜邸旧臣，汉文士"布列台阁，分任岳牧"的状况全然不同。从《元史》卷一百一十二《宰相年表》中统计，至元元年到至元二十一年，中书宰执共计74人。其中蒙古人和色目人37人，汉人及南人37人，更为严重的是在右丞相、左丞相、平章等重要

---

① 《元史》卷二百六《叛臣》，中华书局1976年版，第4596页。

职位汉人仅6人，蒙古人和色目人则多达27人。同时，中统三年设立的宣慰使的16名官员中，蒙古人和色目人占有9人，与中统元年所设的十路宣抚使的官员汉人绝对占了多数的情况已经完全不同。接着忽必烈又于至元二年二月下令："以蒙古人充各路达鲁花赤，汉人充总管，回回人充同知，永为定制。"①蒙古人之外，其他各族人的职位与权力皆受到限制。

从表面看忽必烈用人政策出现反复是由李璮叛乱引起，但如果从文化心理去分析，忽必烈这种反复是必然的。首先忽必烈是元代第一个从草原游牧行国中走来的中国最高统治者，对汉族士人所言的儒家文化的理解是非常有限的。而汉文人在开始所展现给忽必烈的也大多是汉文化中优秀的一面，是能够有利于统治者统治的一面，其复杂糟粕的部分，并没有显露给这位蒙古帝王。犹如忽必烈的伯父窝阔台汗，当他信用儒士的时候，他天真地认为儒士应该全部是优秀的，当发现收税的儒生中出现两个贪污分子时，就责问耶律楚材："卿言孔子之教可行，儒者为好人，何故乃有此辈？"②在王文统叛乱后，忽必烈对许衡的指责也类似于此，忽必烈认为许衡早知王文统有反叛行为，只是没有及时进谏，责备许衡："窦汉卿独言王以道（王文统字以道），当时汝何为不言？岂孔子教法使汝若是耶？汝不遵孔子教法自若是耶？往者不咎，今后勿尔也。是云是，非云非，可者行，不可者勿行。"③忽必烈与其伯父的思维方式如此相似！由个别儒士的错误，或儒士的个别错误，能够推演到孔教理论的错误，进而推演到孔子本人的错误。由个别汉人的错误进而能够推演到整个汉人的罪过。随着元代王朝中汉人数量的增加，品行能力自然会有差异，与之前潜邸王府中那些少量汉族儒士精英不同。潜邸时期奔赴漠南去王府的人，多数是对忽必烈充满期望，视忽必烈为"明君"，辅佐和渴望其能够统一天下，自然可以做到忠诚。而一统天下后，天下汉人千千万万，朝野中为官职的汉人也有许多，甚至像李璮这样原本就有"异志"的人，他既背叛元也不忠于宋，谋反完全出于自己的野心，原本不属于民族问题；但是忽必烈一旦遇到这样的背叛，他自己不能够

---

① 《元史》卷六《世祖三》，中华书局1976年版，第106页。
② 《元史》卷一百四十六《耶律楚材传》，中华书局1976年版，第3462页。
③ （元）苏天爵辑撰：《元朝名臣事略》，姚景安点校，中华书局1996年版，第169页。

对这种行为得到合理的解释,民族意识在他的思想中很快就占了上风。其次忽必烈在用人方面,根本出发点还是实用的标准,只是他的实用范围扩展了,不像前四汗仅仅注重一技之长的人物。在一技之长外,注重能够治理一方的人才,尤其重视能够为自己政权直接带来眼前经济效益的人才。从他在位三十五年中所用的历任宰相可以充分说明这一点。中统初年首用王文统为相,因其有理财之术。之后阿合马任宰相专权二十年,"徒知敛财之巧,而不知生财之由",阿合马最终被王著等汉人"诱杀",忽必烈知其罪恶后,发墓剖棺,纵犬食其肉。之后又用卢世荣"立法治财",卢世荣上任后,又起用了阿合马时期的一班官吏,将行省、宣慰司、按察司等主要官府全部纳入以理财为中心的事务中,卢世荣的理财触犯了很多权贵的利益,御史台弹劾其贪赃枉法,盗取官物,上任半年后被降旨诛杀。卢世荣之后的另一位继位者是桑哥,桑哥是吐蕃噶玛洛部落人,通晓蒙古、汉、畏兀儿、藏多种语言,起初充任帝师八思巴的译史随帝师进京,并被多次派遣到忽必烈驾前奏事,至元中,被提拔为总制院使,负责管理佛教兼治吐蕃之事。因其办事干练,"好言财力",颇为忽必烈器重。至元二十四年(1287)二月在中书省之外,另设尚书省,尚书省以桑哥、铁木儿为平章政事。半年之后,桑哥因理财初见成效,忽必烈对桑哥宠信眷顾有加,同年十月桑哥升为尚书省右丞相,兼总制院使,领功德使司事,进阶金紫光禄大夫,成为"一人之下"的最高官职。桑哥理财的措施,一是"更定钞法",一是钩考钱谷,继而增加赋税,终致天下汹汹,群盗四起。元人或曰:"桑哥贪暴残忍,又十倍于阿合马。"桑哥的专横跋扈引起了众怒,一些官僚贵族群起交替奏劾。经中书省、尚书省连续两日的辩论后,忽必烈派三百怯薛侍卫去抄桑哥家,所抄财物价值相当于皇宫内币的一半,尤其是忽必烈看到搬来的两箱珍珠后,大为震怒,质问桑哥:"你有这么多珍珠,我向你要两三颗珍珠,你却不给!"至元二十八年(1291)正月桑哥被罢职,七月伏诛。忽必烈时期四任理财宰相,王文统在《元史》中列入叛臣类,阿合马、卢世荣、桑哥被列入《元史》奸臣类。除阿合马被"诱杀"外,其余三人皆被忽必烈下诏诛杀。他们都曾经是忽必烈皇上最为宠眷的人物,权力达到顶峰。四位宰相形成这样相同的悲剧结局,他们虽有着各自不同的具体原因,但其中的一些原因是具有共性的：一是权大于职，他们都是占据着宰相的位置，而专事理财。"宰相者，上承天子，下统百司，治体系焉。"① 具有"下统百司"之权力而专事理财，这种权远大于职的后果，就是职能的骤然扩大显效，四位宰相的共同点，就是敛财急速见效，致使龙颜大欢。握天下之权力而办一件理财之事，见奇效是必然的。二是他们都缺乏"修身"之经历，其修养不足以为宰相。他们在骤然间成为天下第一臣，人性中的贪婪很快被激发出来。王文统"为人忌刻"，"少时读权谋书，好以言撼人"；阿合马"为人多智巧言，以功利成效自负"；卢世荣是以贿赂阿合马被晋升；桑哥原本"为人狡黠豪横，好言财利事"②。不具备宰相的资质而为宰相，其结果必然是祸害天下，最终也祸害自己。三是与忽必烈的用人标准有关。忽必烈在用人时，首先重用的是钱谷之士、经略之士及懂得军事的人，或者兼有这两种或三种才能的人。所用人才，多数是能够尽快为自己带来眼前利益的人。他常常会谈到自己用人时所主张的"实用性"，批判儒士们的无用之学。廉希宪因杵旨，罢相赋闲在家读书，忽必烈得知后批评道："读书固朕所教，读之不肯见用，何多读为？"③ 他曾与王府旧臣高良弼言："高丽小国，匠人某人皆胜汉人，至于儒人通经书，学孔、孟，汉人只是课赋吟诗，将何用？"④ 在与许衡谈到科举之事时，忽必烈曾说："卿所言务实，科举虚诞，朕所不取。"⑤ 忽必烈在选择用人时，非常注重实用性，这一点与他自己的先辈是一致的；但他的"实用性"比他先辈的范围有很大的扩展，而不仅仅是有巫医之术的战争预言家。

虽然忽必烈在后期的用人政策有所倒退，但在潜邸时期，在他"思大有为于天下"时，在他用人的第二、三、四的三个阶段中，他能够突破狭隘的民族观念，效仿汉地明君，重用四方有用之才，成就了他的千古帝业，同时也给予了一大批汉族文臣武将建功立业的机会。

对于汉族士人，按照儒家的观点，学习的终极目的是能够效用于天下。而这种效用的途径又是非常狭窄的，最好的途径是把自己"货"于帝王家，

---

① 《元史》卷一百一十二《宰相年表》，中华书局1976年版，第2789页。
② 《元史》卷二百六《叛臣类》《王文统传》，卷二百五《奸臣类》《阿合马》、《卢世荣》、《桑哥》。
③ （元）苏天爵辑撰：《元朝名臣事略》，姚景安点校，中华书局1996年版，第136页。
④ （元）苏天爵辑撰：《元朝名臣事略》，姚景安点校，中华书局1996年版，第229页。
⑤ （元）苏天爵辑撰：《元朝名臣事略》，姚景安点校，中华书局1996年版，第168页。

帮着天子治理天下。虽然历史上有许多人载入史册、留下"治天下"辉煌记载，但事实上这种机会千载难逢，可遇不可求。即使有科举的时代，科举取得成功是万分之一，而且也并不是科举成功就一定能被用。所以中国古代的士人一旦获得效力皇家和天下的机会，自然会感到非常幸运与兴奋。潇洒如天上来客的李白，在接到唐玄宗的诏旨时"仰天大笑出门去，我辈岂是蓬蒿人"，对于想"申管晏之谈，谋帝王之术"的李白，其兴奋程度可想而知，以为自己得到了千载难逢的进用机会。儒家祖先圣人孔子，也唯恐别人误解自己不求所用，急呼："沽之哉！沽之哉！吾待价者也。"（《论语·子罕》）对于处于宋、元时期的许多知识分子，他们期于有用的心理比太平时期更为迫切。当时，分裂了近四百年的中国，饱尝战争之苦的百姓急切渴望天下太平。士人与天下百姓同感，统一天下，结束战乱是天下所有人渴望的，也是士人应该担当的责任。当忽必烈征召郝经时，郝经叹曰："读书为学，本以致用也。今王好贤思治如此，吾学其有用矣！"① 郝经所叹，是历代知识分子共同的心声！郝经被召见时，所写《入燕行》诗，与李白被唐玄宗召见时的所作很有几分相似：

> 南风绿尽燕南草，一桁青山翠如扫。
> 骊珠昼擘沧海门，王气夜塞居庸道。
> 鱼龙万里都入会，颎洞合沓何扰扰？
> 黄金台边布衣客，拊髀激叹肝胆裂。
> 尘埃满目人不识。肮脏偃蹇虹霓结。
> 九原唤起燕太子，一尊快与浇明月。②
> ⋯⋯⋯⋯

郝经当时的感觉，似乎又有点像"昔日龌龊不足夸，今朝放荡思无涯"的孟郊。他作为一名布衣客，被忽必烈一召再召，他把忽必烈比作战国时候礼贤

---

① （元）苟宗道：《翰林侍读学士国信使郝公行状》，《郝经集校勘笺注》第十五册附录，田同旭校注，三晋出版社2018年版，第3356页。
② （元）郝经：《入燕行》，《郝经集校勘笺注》第四册，田同旭校注，三晋出版社2018年版，第724页。

下士的燕太子丹，而自己理应做以死报恩的荆轲！

　　以郝经为代表的进入潜邸王府、愿意仕元的文武之士，在学以致用中的一个重要观点是，认为士不论在任何时代都应该有所作为，"无不可为之世，亦无不可为之时"。郝经认为"士为有用学，有志终有为"，甚至认为"无时"而能够有为更为可贵，这是郝经等人与古代一般文人尤其是遗民文人的完全不同之处，郝经在《历志》篇中集中论述了这一观点：

　　　　与时而奋者，众人也；无时而奋者，豪杰也。……人之于世，治亦有用，乱亦有用。天生斯人，岂欲其治而安于享利，乱而安于避祸？治亦无用，乱亦无用，徒乐其生全其身而已乎？必有用也已。必有用，故亦必有为；必有为，故天下无不可为之世，亦无不可为之时。……知己之有用，与己之有为者，百千人一焉而已矣；知己之有用，与己之有为，而必于用必于为者，又万亿人一焉而已矣。①

　　《历志》篇是郝经版的《述志令》，郝经只是没有像曹操那样直接具体地细述自己的身世经历，而是委婉表述了自己为何要积极仕元的"心志"。首先郝经认为"与时俱进"是"众人"，是在能够有作为的时代有所作为的普通人所为；而真正的豪杰之士的可贵之处，是在不能有作为的时代而有所作为。他以圣人为例，"孔子去鲁奔卫，不用于齐，谮于楚，畏于匡，逼于宋，饿于陈蔡之郊，而穷于天下；孟子不果于梁，不遇于鲁，臣于齐，谆谆于滕薛"。圣人"择主而仕"的经历为郝经等人出仕忽必烈提供了历史依据。所以郝经认为士要想有作为与"时"无关，那些认为因时不可以有为而不为的人，实际是自私的人：

　　　　山林之士，往而不返，槁其形灰其心，以绝兹人，自同于麋鹿，安视天民之毙而莫之恤也。市朝之士，溺而不回，狃于利，徇于欲，既得而患失，自同于孤鬼，安视天民之毙而莫之顾也；文章之士，华而不

---

① （元）郝经：《历志》，《郝经集校勘笺注》第七册，田同旭校注，三晋出版社2018年版，第1500页。

实，工丽缛，炫辞令，以沽名而贾利，自同于绨绣，安视天民之毙而莫不之济也。

由是而言，道不丧天下不乱，可得乎？孟子曰："待文王而后兴者，凡民也。若夫豪杰之士，虽无文王犹兴。"今而天下既若此矣，文王其有乎尔？亦无有乎尔？诵书学道之士，将安坐而待之乎？将亦有为乎？必有其时而后有为乎？①

在此郝经对"山林之士"、"市朝之士"及"文章之士"都予以批判。认为在没有文王的时代，士人更应该以天下为己任，救天民于生死。正是这种不以时势所限制，立志有为的思想指导下，郝经等潜邸幕僚人能够在当时的环境下，选择并"培养明主"积极出仕。

与前代知识分子比较，金元时期的知识分子在追求所"用"时，其中的另一明显特点就是多数人注重"实用"之技能。与历代知识分子鄙夷的"奇技淫巧"不同，他们中的许多人在心怀"平天下"大志的同时在现实生活中总拥有一技之长。刘秉忠善占术，郝经懂医术，李治是数学奇才，许衡知天文懂医学，窦默以针灸闻名。原先被歧视的一些职业，当时的知识分子不得不为。传统士人多视吏职为异途，宁可老死丘壑，也不可屈身为吏；但在元代，充任胥吏成为儒人的一条主要出路，王府中幕僚成员刘秉忠、李德辉都曾有过为吏的经历。正是在这样的时代背景下，一些处于社会底层的知识分子，"躬践排场，面傅粉墨，以为我家生活，偶倡优而不辞"成为书会中的才人。促使他们做出这样的选择，首先是生存的需要。金朝灭亡之后，处于蒙古国统治下的北方知识分子中的绝大多数人，处境是艰难的。社会生活动荡不安，经济凋敝，科举停废，各级官学被破坏，多数知识分子失去了入仕的途径。现实迫使他们不得不重新安排自己的生活道路。元代文人能够接受并注重"实用"之技能的另外一个原因，就是元代人在总结宋代灭亡的原因时，其中一条理由是"空谈误国"。宋代是一个尚"议论"的时代："宋人议论未定，（金）兵已渡河"（陈邦瞻《宋史纪事本末》卷五六载）；欧阳修言

---

① （元）郝经：《历志》，《郝经集校勘笺注》第七册，田同旭校注，三晋出版社2018年版，第1501页。

"开口揽时事,议论争煌煌"(欧阳修《镇阳读书》);《宋史》卷一七三《食货志》序论也称:"世谓儒者议论多于事功,若宋人之言食货,大率然也。"历史的发展总是如此,当代人总结前代人的教训,前代人也曾总结前代人的过失,而在吸取教训纠正过失时,往往又是纠枉过正。宋代人认为唐代是藩镇势力太大,边镇兵权过重,因此亡国,于是一旦得到天下就"杯酒释兵权",而厚待文人。宋代成为中国读书人最为优越的一个朝代,中国人所谓的"万般皆下品,唯有读书高"的认识,始于宋代,也是宋代的现实反映,但边镇的战争伴随宋代始终。元人本来就尚武轻文,加之总结宋人的教训,元文人的地位,在宋的极高之后,落于极低。元代人不实行科举,与宋代人的过于热衷于科举有一定的原因。废除科举,其原因不仅仅是因蒙元统治者,汉人中一些知识分子在当时也并不看重科举。大理学家许衡在很年青时就不屑于科举,《元史》记载许衡:

> 幼有异质,七岁入学,授章句,问其师曰:"读书何为?"师曰:"取科第耳!"曰:"如斯而已乎?"师大奇之。每授书,又能问其旨义。久之,师谓其父母曰:"儿聪颖不凡,他日必有大过人者,吾非其师也。"遂辞去,父母强之不能止。如是者凡更三师。①

他后来在觐见忽必烈时,有相类似的说法:

> 庚申(公元1260年),上正位宸极,应诏北行。至上都,入见,问所学,曰:"孔子。"问所长,曰:"虚名无实,误达圣听。"问所能,曰:"勤力农务,教授童蒙。"问科举如何?曰:"不能。"上曰:"卿言务实,科举虚诞,朕所不取。"②

针对宋人的喜欢议论,元代一部分文人特别注重学问的实用性。许衡针对现实之需要提出了"治生说",所谓"治生"就是谋生之计,许衡与弟子言:

---

① 《元史》卷一百五十八《许衡传》,中华书局1976年版,第3716页。
② (元)苏天爵辑撰:《元朝名臣事略》,中华书局1996年版,第168页。

又言，为学者治生最为先务，苟生理不足，则于为学之道有所妨。彼旁求妄进，及作官嗜利者，殆亦窘于生理之所致也。士君子当以务农为生，商贾虽为逐末，亦有可为者，果处之不失义理，或以姑济一时，亦无不可。①

理学家许衡在此把"治生"提到了重要的位置，"为学者治生最为先务，苟生理不足，则于为学之道有所妨"，这大概是许多儒生贫穷的现实，让许衡认识到了这一道理。许衡之前的理学家多数人能够在衣食丰足的状态下穷究"性理"之学，少有人把"治生"这一问题和术语纳入自己的思考和著述中。儒家向来是重伦理道德而轻经济，在经济领域，又是"重本（农）而抑末（商）"，认为为学之人而搞经济谋利有伤于义，儒者不足取；而经商牟利，更有害于义，是儒者绝对不可为的。但是许衡在此提出"商贾虽为逐末，亦有可为者"，许衡的这种思想在一定程度上突破了儒家重伦理政治而轻物质经济的思想。这种突破是元人重视实用之学，在思想领域中的具体体现。许衡并且能够身体力行，他特别喜欢"教育匠"这样一份实际的工作。他多次推辞中书省左丞的职位，以至于在他再入辞时，忽必烈"命左右掖衡出"。许衡一惯喜欢从事的职业是教书育人这样一份直接有益于后人的工作。后来"八年，以为集贤大学士，兼国子祭酒，亲为择蒙古弟子俾教之。衡闻命，喜曰：'此吾事也。国人子大朴未散，视听专一，若置之善类中涵养数年，将必为国用。'"②

统治者的导向，现实的需求，前代经验教训的影响，致使元代提倡"务实有用"之学。元代知识分子的人生道路和选择开始了分流，而不似此前历史上的文士仅聚挤在"从政"一途。沦落在市井底层，多才多艺之文人，与倡优艺人为伍，成为市俗社会中的一员。文人第一次从"引车卖浆"之流中讨生活，"嘲风弄月"成为我家之生活；由于他们加入俗文学的创作，从此扭转了中国文学以抒情为主的特点，叙事文学确如雨后春笋般地蓬勃发展起来，形成了一代文学壮观，元曲成为诗骚词赋之后的一种重要文学形式。流

---

① 王成儒点校：《许衡集》，东方出版社 2007 年版，第 303 页。
② 《元史》卷一百五十八《许衡传》，中华书局 1976 年版，第 3727 页。

入奇巧淫技"卜筮"之流的士人，促进了元代科技的大发展，在《马可·波罗游记》中叙述了当时大都城中从事天文历法研究的情景：

> 汗八里城基督教徒、回教徒及契丹人中，有星者、巫师约五千人，大汗亦赐全年的衣食，与上述之贫户同。其人惟在城中执术，不为他业。彼等有一种观象器，上注行星官位，经行子午线之时间，与夫全年之凶点。各派之星者每年用其表器推测天体之运行，并定其各月之方位，由是决定气象之状况。更据行星之运行状态，预言各月之特有现象。例如某月雷始发声，并有风暴，某月地震，某月疾雷暴雨，某月疾病、死亡、战争、叛乱。彼等据其观象器指示，预言事物如此进行，然亦常言上帝得任意增减之。记录每年之预言于一小册子中，其名曰《塔古音》（历书），售价一钱，其预言较确者，则视其术较精，而其声誉较重。①

从《马可·波罗游记》这一段记载，可以看到天文学研究规模之大，在大都聚集五千余人；而且与元杂剧相类似，研究的成果用于百姓市民、行商游客之人。在元代当时已经普遍开始用《历书》，许衡、郭守敬等人制定的《授时历》，直接有利于国计民生，是当时世界上最为优秀的历法之一。而且全国已经有二十七处天文观察台，元帝国的科技尤其是天文技术在世界上处于领先地位。

元代士人所具有的"实用"的治生观念，对元杂剧繁荣及元代科技的大发展起着很重要的作用，同时也是形成潜邸幕僚的重要因素之一。思想中已有的"实用"观念及现实环境求生所需，许多士人在吟诗课赋、求道为文的"形而上"的学习之外，具有了现实需求的一技之长，形成了"复合型"的人才，而这类型的人才正是蒙元统治者所器重的。潜邸时的幕僚成员，多数是既懂得平天下、治国之策，又具有一技之长。他们中的许多人曾经业医、业巫，或事佛事道。在进入忽必烈王府后，在特殊的时代和环境中，承担起进谏君王、平定天下的大任。

---

① 马可·波罗：《马可·波罗行纪》，冯承钧译，东方出版社2011年版，第262页。

总结上述忽必烈用人的过程，大致是从开始只用僧、道、一技之长之人发展到后来用钱谷之士，进而用具有治理国家之才的人物，可以概括为是由"实"到"虚"的一个过程；而中国士人，从开始只愿意"从政"治天下，渐次学习一些实用之技术，慢慢接受向别的领域分流，可以概括为由"虚"而"实"的一个过程。两者各自向着自己相反的方向发展，而后在忽必烈潜邸的时空中相遇，使蒙古王子忽必烈与一群具有综合能力的汉族士人形成一个"共同体"，从而缔造了一个大元帝国！

# 参考文献

**国内参考资料**

包根弟：《元诗研究》，台湾幼狮文化事业公司1978年版。

陈高华、张帆、刘晓、党宝海点校：《元典章》，中华书局2011年版。

陈邦瞻：《元史纪事本末》，中华书局1979年版。

陈述编：《全辽文》，中华书局1982年版。

陈衍编：《元诗纪事》，上海古籍出版社1987年版。

陈正夫、何植靖：《许衡评传》，南京大学出版社1995年版。

邓绍基主编：《元代文学史》，人民文学出版社1991年版。

董杰英等主编：《元好问及辽金文学研究》，中国国际出版社1998年版。

费孝通：《费孝通全集》，内蒙古人民出版社2009年版。

傅海波、崔瑞德编：《剑桥中国西夏金元史》，中国社会科学出版社1998年版。

顾嗣立编：《元诗选癸集》，秀野草堂本，清嘉庆三年补刻。

顾嗣立编：《元诗选》，中华书局1987年版。

顾易生、蒋凡、刘明今：《宋金元文学批评史》，上海古籍出版社1996年版。

韩儒林主编：《元朝史》，人民出版社1986年版。

侯外庐、邱汉生、张岂之主编：《宋明理学史》，人民出版社1984年版。

胡传志：《金代文学研究》，安徽大学出版社2000年版。

胡适：《胡适古典文学研究论集》，上海古籍出版社1986年版。

黄震云：《辽代文学初探》，中国社会科学出版社1994年版。

黄宗羲：《宋元学案》，黄百家辑，全祖望修订，中华书局1986年版。

蒋祖怡、张涤云编:《全辽诗话》,岳麓书社1992年版。

柯劭忞:《新元史》,上海古籍出版社2012年版。

李志常:《长春真人西游记》,河北人民出版社2001年版。

李桂芝:《辽金简史》,福建人民出版社1996年版。

李国文:《中国文人的活法》,人民文学出版社2004年版。

李乔:《中国的师爷》,商务印书馆国际有限公司1995年版。

李世涛:《重构全球的文化抵抗空间》,社会科学文献出版社2008年版。

李修生编:《中国文学史纲要·宋辽金元文学卷》,北京大学出版社1987年版。

李修生主编:《全元文》,凤凰出版社1997—2004年版。

李正民、董国炎主编:《辽金元文学研究》,文化艺术出版社1999年版。

李治安:《忽必烈传》,人民出版社2004年版。

李军等校点:《袁桷集》,吉林文史出版社2010年版。

梁漱溟:《中国文化要义》,学林出版社1987年版。

廖奔、刘彦君:《中国戏曲发展史》,山西教育出版社2000年版。

刘秉忠:《藏春集》,《北京图书馆古籍珍藏本丛刊》影印,明天顺五年刻本。

刘达科:《河汾诸老研究》,山西人民出版社1993年版。

刘锋焘:《金代前期词研究》,陕西师范大学出版社1998年版。

罗立刚:《宋元之际的哲学与文学》,复旦大学出版社1999年版。

马积高:《宋明理学与文学》,湖南师范大学出版社1989年版。

蒙思明:《元代社会阶级制度》,上海人民出版社2006年版。

闵琦、陈兆纲:《中国古代官制》,新华出版社1993年版。

漆侠、乔幼梅:《辽夏金经济史》,河北大学出版社1998年版。

乔吉:《蒙古族全史·宗教》,内蒙古大学出版社2011年版。

邱树森:《元朝简史》,福建人民出版社1999年版。

任洪敏:《忽必烈潜邸儒士与元代文学研究》,中国社会科学出版社2016年版。

石云涛:《唐代幕府制度研究》,中国社会科学出版社2003年版。

舒焚：《辽史稿》，湖北人民出版社1984年版。

宋德金：《金代的社会生活》，陕西人民出版社1988年版。

宋濂等撰：《元史》，中华书局1976年版。

苏天爵辑撰：《元朝名臣事略》，中华书局1996年版。

苏天爵编：《元文类》，《四部丛刊》影印元至正本，上海古籍出版社1993年版。

苏天爵：《滋溪文稿》，中华书局1997年版。

唐长孺：《山居存稿》，中华书局2011年版。

唐圭璋编：《全金元词》，中华书局1979年版。

田同旭校注：《郝经集校勘笺注》，三晋出版社2018年版。

田同旭：《元杂剧通论》，山西教育出版社2007年版。

陶秋英编：《宋金元文论选》，人民文学出版社1984年版。

陶然：《金元词通论》，上海古籍出版社2001年版。

特·官布扎布、阿斯钢译：《蒙古秘史》，新华出版社2005年版。

吴梅：《辽金元文学史》，商务印书馆1934年版。

魏崇武等校点：《胡祗遹集》，吉林文史出版社2008年版。

魏崇武等校点：《李俊民集 杨奂集 杨弘道集》，吉林文史出版社2010年版。

萧启庆：《内北国而外中国》，中华书局2007年版。

熊梦祥：《析津志辑佚》，北京古籍出版社1983年版。

许衡：《许衡集》，王成儒点校，东方出版社2007年版。

许金榜：《中国戏曲文学史》，中国文学出版社1998年版。

徐远和：《理学与元代社会》，人民出版社1992年版。

徐子方：《元代文人心态史》，河北教育出版社2001年版。

薛磊：《元代宫廷史》，百花文艺出版社2008年版。

薛瑞兆、郭明志编：《全金诗》，南开大学出版社1995年版。

阎枫梧、康金声主编：《全辽金诗》，山西古籍出版社1999年版。

阎枫梧主编：《全辽金文》，山西古籍出版社2002年版。

杨镰：《元诗史》，人民文学出版社2003年版。

杨镰主编：《全元诗》，中华书局 2013 年版。

羊春秋：《散曲通论》，岳麓书社 1992 年版。

幺书仪：《元代文人心态》，文化艺术出版社 1984 年版。

叶新民、齐木德道尔吉编：《元上都研究文集》，中央民族大学出版社 2003 年版。

叶新民、齐木德道尔吉编：《元上都研究资料选编》，中央民族大学出版社 2003 年版。

姚奠中主编：《元好问全集》，山西人民出版社 1990 年版。

查洪德、李军：《元代文学文献学》，中国社会科学出版社 2002 年版。

查洪德：《理学背景下的元代文论与诗文》，中华书局 2005 年版。

查洪德编校：《姚燧集》，人民文学出版社 2011 年版。

查洪德：《元代文学通论》，东方出版中心 2019 年版。

詹杭伦：《金代文学史》，台湾贯雅书局 1993 年版。

张博泉：《金史简编》，辽宁人民出版社 1984 年版。

张宏生：《宋元之际作家的心灵活动》，现代出版社 1990 年版。

张晶：《辽金元文学论稿》，北京广播学院出版社 2003 年版。

张晶：《辽金元诗歌史论》，吉林教育出版社 1995 年版。

张荫麟：《中国史纲》，湖南文艺出版社 2011 年版。

赵翼：《廿二史劄记》，中国书店 1987 年版。

赵义山：《二十世纪元散曲研究总论》，上海古籍出版社 2002 年版。

郑振铎：《中国俗文学史》，作家出版社 1957 年版。

朱海林：《伦理关系》，光明日报出版社 2011 年版。

邹昌林：《中国礼文化》，社会科学文献出版社 2000 年版。

张岱年：《中国伦理思想研究》，江苏教育出版社 2009 年版。

周良霄等：《元代史》，上海人民出版社 1993 年版。

佐斌主编：《社会心理学》，高等教育出版社 2009 年版。

**国外参考资料**

〔波斯〕志费尼：《世界征服者史》，内蒙古人民出版社 1981 年版。

〔波斯〕拉施都丁：《史集》（中译本），商务印书馆 1983 年版。

〔德〕傅海波、〔英〕崔瑞德编：《剑桥中国西夏金元史》，中国社会科学出版社 1998 年版。

〔德〕马克斯·韦伯：《儒教与道教》，商务印书馆 1995 年版。

〔俄〕阿·马·波兹德涅耶夫：《蒙古及蒙古人》，张梦玲等翻译，内蒙古人民出版社 1983 年版。

〔美〕塞缪尔·亨廷顿、劳伦斯哈·里森主编：《文化的重要作用》，程克雄译，新华出版社 2010 年版。

〔美〕康拉德·菲利普·科塔克：《文化人类学——欣赏文化差异》，周云水译，中国人民大学出版社，2012 年版。

〔美〕莫里斯·罗沙比：《忽必烈及时代》，加利福尼亚大学出版社 1988 年版。

〔日〕安部健夫：《元代的知识分子和科举》，《日本学者研究中国史论著选译》第七册，中华书局 1992 年版。

〔意〕马可·波罗：《马可·波罗行纪》，冯承钧译，东方出版社 2011 年版。

# 后 记

这本小书即将出版了,从写作到出版历经十余年的时间。处在当今高速发展的时代,一本小书历时十余年,是很久的了。历时虽久,其结果"尚好"。言其"尚好",意义有二:其一,这本书最后能够在商务印书馆面世,于书是最理想之结果。其二,写这本书的时候,我在北外中文学院读博学习;出版这本书时,我在北外中文学院教学工作,于作者是一个"尚好"的归宿。

人之在世,想做、能做和所做之事,常常并不一致;能够一致,乃人之大幸!想做就是指自己喜欢做的事情,能做就是自己能力擅长做的事情,所做就是自己在现实世界中应该做和正在做的事情。已近花甲之年的我,几乎忘了自己想做和喜欢做的事情是什么。遥想年轻时候,有一段时间特别热衷于文学创作,也曾涂鸦过小说之类的作品,也因此读了中文专业。和我同时代读中文专业的人,大概都有过这样的爱好经历。因为不懂"文学创作"与"文学研究"的区别。

学校毕业,刚开始工作时,不忘文学爱好的"初心",还时时进行"创作",也曾在地方刊物上发表过小说一类的作品。组建家庭、添了孩子后,那点脆弱的"爱好"被刚强的现实所需挤压到九霄云外。现实中自己一生的路大致是三个循环圈:上学读书获取文凭,然后教书;再读书、再取更高的学历,再教书……1983年,获得中文专业的学历后,到中学教书。1996年,取得中国文学专业古代文学方向硕士学位后,进山西省教育学院中文系教书。当时省教院中文系开的文学课,是以文学体裁的分类授课的。古代文学专业中,唐诗、宋词自然是老师们的首选,之后是散文、小说。当我进入这个学校时,古代文学可代的课只有古代戏曲了。所以,上"古代戏曲"课既非自己想做、也非自己能做,毫无选择地开始了高校的古代戏曲课的教学工作。之前自己并没有这方面专业知识的储备,那个时候也不像现在可以在网上获取知识资料,学习和获得资料的途径是很有限的,尤其处在内地山西。所幸,自己当时居住在有百余年历史的山西大学校园里,询问到同住一个校园里的山西大学田同旭先生是做古代戏曲教学和研究的,于是登门拜访。先生给我什么样的具体内容的指导,时至今日已茫然。只是从此我们时时往来,交情日益深厚。同时,托在京城进修学习的同事,买回了一本刘彦君先生的《栏杆拍遍》,此书最大特点是学术理性的深思与激情感性的抒发融于一体,有极强的可读性,每次讲课我都要翻看一下相关的内容。由此,我慢慢开始迈入学术研究,零零星星写了一些关于戏曲研究的文章。一晃十年过去,那是人生最忙碌的十年,上老下小。至2006年8月,由田同旭先生负责组织的"全国郝经暨金元文化学术研讨会"在郝经的故乡山西陵川召开,我受邀参加。田先生硬性规定我必须写一篇研究郝经的论文上交会议,为了完成任务,同时又觉得郝经是山西人,情感上也觉得自己应该为这次会议做点贡献。于是我集中精力,读了郝经的一些文章,写成了《"常"与"达"的统一》一文。在会上有幸听到南开大学元代文学研究大家查洪德先生关于《元代文学研究历史及未来发展的前景》报告,为此很受启发,之后我便也常向查先生请教元代文学研究方面的一些问题。无论何时请教,先生都会非常耐心地给予解答。会后,我把自己写成的文章进一步修改,投给《民族文学研究》,竟然发表了!受此鼓舞,由郝经研究进一步探究与他相关的元初"世祖潜邸幕僚"集团文学创作,最终有幸在《文学遗产》发表了《金莲川文人集团的文学创作》一文。

出于现实生活所需,为解决两地分居,使一家人能在京团聚,已是"知命"之年的我,再次选择上学读博获取更高文凭的路。这是人生中的第三次循环,这条路是读书人解决问题唯一能想到并可行的选择。在进行博士论文选题时,导师魏崇新先生根据我的情况,毫不犹豫地决定让我继续做"忽必烈潜邸幕僚文学研究"。无疑,导师的决定给予了我极大的方便。然而学界日新月异,当我开始动手要系统、全面地做这个题目时,关于"潜邸幕僚集团"

的文学研究已经有了博士论文，我必须重新选择新的角度进行研究。事实上，自己一直对元世祖潜邸时幕僚形成途径、原因及成员的数量等这些基本问题有所思考，加之北外"跨文化"环境之影响，我便想从跨文化的视角分析研究忽必烈潜邸幕僚形成的原因，考证每个成员入幕的具体途径。当真正开始着手研究这个问题并要落笔成文时，深感自己的力不从心。完成这项研究首先需要一定考证功夫及较强收集分析文献的能力。而我既无学界前辈们文献考证的深厚功底，又无现在年轻人"敲键盘"可以搜索到全世界一切文献的能力，且我总对从电脑屏幕上搜出的内容难以全信，所以常常为考证和检索一条文献，要花很长的时间，有时需要去几个图书馆。好在，京城条件的便利也正在于此，有许多图书馆可以利用。国图、北大、京师、首师图书馆都可想办法出入。在京师读书的儿子马奔、首师读书的外甥刘建翔，利用他们的便利条件及搜索能力，帮忙查找资料。三年顺利完成博士论文获取学位，书稿初步成型；搁置四年未动；返回中文学院后又用三年时间，进一步考证、补充整理成为现在之模样。如此，人生中的又一个十年走过去了！生命历程由"知命"入"耳顺"！人的一生很短，能做事的时间更短，能做成的事太有限了！虽然此书花费很长时间，但能力所限，错漏一定难免；书中某些观点也仅是个人的一己之见，或许未必符合"本来的事实"。书之出版，本就是接受学界的检验，若能听到方家读者的指正，定当"耳顺"且雀跃！

  小书能够出版，得力于许多人的帮助。在此诚挚感谢导师魏崇新先生的指导；感谢南开大学查洪德先生、山西大学田同旭先生一直的鼓励、解惑，感谢商务印书馆丁波先生、周欣老师的帮助，感谢编辑贺茹的辛勤付出。今天上午，通过微信语音通话与丁波先生确定了有关出版的具体事宜后，甚感欣慰！欣慰、感激之际，写下此"后记"。

庚子年十月二十六日晚

于北京外国语大学中文学院414教师工作室